NBA
那些年我们一起
追的球星
2

（全新增补版）

冯逸明 / 主编

台海出版社

图书在版编目（CIP）数据

NBA：那些年我们一起追的球星.2：全新增补版/冯逸明主编.-- 北京：台海出版社，2022.9（2024.3 重印）
ISBN 978-7-5168-3351-3

Ⅰ.①N… Ⅱ.①冯… Ⅲ.①NBA—优秀运动员—列传—世界Ⅳ.①K815.47

中国版本图书馆 CIP 数据核字（2022）第 103927 号

NBA：那些年我们一起追的球星.2 全新增补版

主　　编：冯逸明

出 版 人：蔡　旭　　　　　　　封面设计：冯逸明　　牛　涛
责任编辑：员晓博

出版发行：台海出版社
地　　址：北京市东城区景山东街 20 号　邮政编码：100009
电　　话：010-64041652（发行，邮购）
传　　真：010-84045799（总编室）
网　　址：www.taimeng.org.cn/thcbs/default.htm
E — mail：thcbs@126.com

经　　销：全国各地新华书店
印　　刷：朗翔印刷（天津）有限公司
本书如有破损、缺页、装订错误，请与本社联系调换

开　　本：710 毫米 ×1000 毫米　　1/16
字　　数：348 千字　　　　　　　印　　张：15
版　　次：2022 年 9 月第 1 版　　印　　次：2024 年 3 月第 3 次印刷
书　　号：ISBN 978-7-5168-3351-3

定　　价：59.00 元

序文

JOKER

A–K

Q–10

9–6

5–2

NBA 总冠军 & MVP 名录

指环永耀

胜利者的风骨与荣耀

比尔·拉塞尔特别纪念札记

文：冯逸明

2022 年 7 月 31 日，“指环王”比尔·拉塞尔溘然长逝，享年 88 岁。作为凯尔特人的永恒传奇、NBA 胜利者的化身、后辈的楷模与榜样，拉塞尔的离去震动 NBA，甚至全世界。

凯尔特人深情缅怀：“拉塞尔一共夺得 11 届总冠军，包括一波‘8 连冠’，他还囊获 5 次常规赛 MVP 奖杯和 1 枚奥运金牌。此外他还是 NBA 历史上首位黑人主教练，并率领凯尔特人夺冠。他将胜利基因融入‘绿衫军’的血液。我们哀悼他逝世的同时，也赞颂他对篮球运动作出的伟大贡献。”

乔丹由衷感叹：“拉塞尔是一位先驱，他为每一位球员都树立了榜样，也包括我。”

库里温情追忆：“作为篮球史上最伟大的冠军，您让球场和世界变得更美好！”

拉塞尔曾率领凯尔特人在总决赛上先后 7 次击败湖人夺冠，作为“老对头”的湖人也送上深情悼词：“无论场上还是场下，您都是对冠军的定义。感谢您所做的一切，比尔。”

拉塞尔夺得 11 枚 NBA 总冠军戒指，不仅是 NBA，还是美国体育史上夺冠次数最多的人。“指环王”的威名高悬在篮球圣殿之上！他也成为篮球文化中关于“荣耀与胜利”的化身。从 2009 年起，象征 NBA 至尊荣誉的总决赛 MVP 奖杯以他命名（比尔·拉塞尔杯）。

虽然我们只在斑驳影像中看到过“指环王”的吉光片羽，但并不影响他在球迷心中的伟大，因为他是荣耀刻度尺最顶端的存在。几乎每个赛季夺得总冠军、总决赛 MVP 的球员，都会在他颔首微笑的注视下接过那尊比尔·拉塞尔杯，同时那位球员站在那个赛季巅峰的同时，也在历史巅峰（拉塞尔）的身边，不免要丈量一下与历史最佳的距离。

如今，比尔·拉塞尔虽然离开了我们，但他留下的那座巍峨无比的荣耀高峰，将永恒矗立在 NBA 的版图之上。为了表彰比尔·拉塞尔的杰出贡献，NBA 表示将永久退役 6 号球衣。

IN MEMORY BILL RUSSELL
1934.2.12——2022.7.31

一件球衣被联盟所有球队退役，这是一份NBA史无前例的殊荣。不过NBA也表示现役已穿6号战袍的球员除外，这意味着勒布朗·詹姆斯在将来依然能身披6号战袍，去完成那些未竟的传奇，譬如40000分、10000个篮板、10000次助攻的神迹。

NBA的篮球世界就是这样，有传承、有延续……

不尽狂澜走沧海。2022年夏天，"指环王"走了，带走NBA远古时代的最后一抹斜阳，却将余晖永恒地洒向大地。也是2022年夏天，"萌神"库里率领勇士夺得第四座总冠军奖杯，完成八年四冠的壮举的同时，又将我们青春记忆的纬度再次延展……

短短数年，风云骤变。是时候将《NBA：那些年我们一起追的球星2》重新梳理、精雕重塑，再次经过全新图文增补，隆重面世了。其中的个别球星也有星格位置的调整，众口难调，只能尽量做到及时、客观与公正，以供广大球迷朋友收藏。

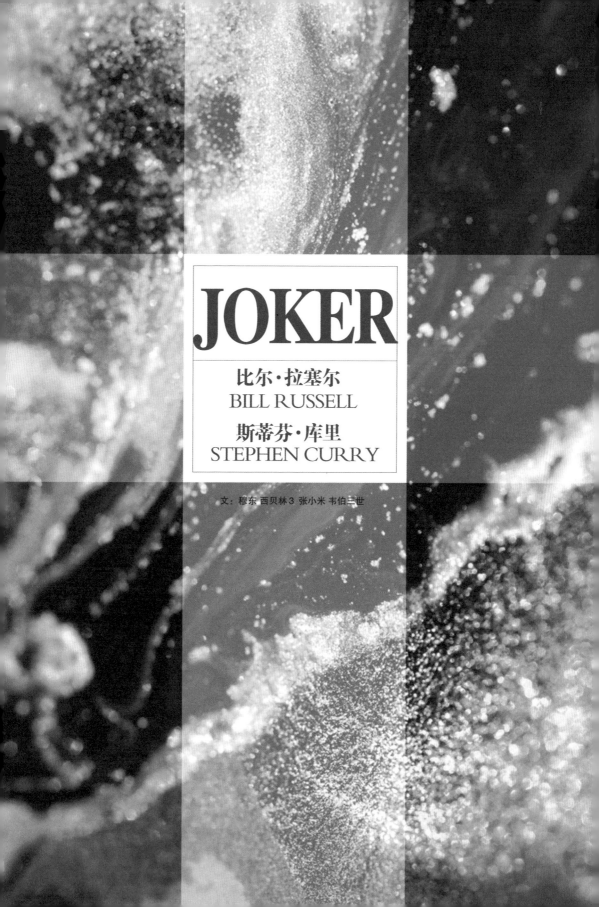

JOKER

比尔·拉塞尔
BILL RUSSELL

斯蒂芬·库里
STEPHEN CURRY

文：穆东 西贝林3 张小米 韦伯三世

如今拉塞尔虽然离去，但"指环王"的威名永远垂于圣殿之上，他的职业生涯就是一场战斗与胜利的狂欢。

● 档案

比尔·拉塞尔 / Bill Russell
出生地：美国路易斯安那州门罗市
出生日期：1934 年 2 月 12 日
身高：2.08 米 / 体重：98 公斤
效力球队：凯尔特人 / 球衣号码：6
场上位置：中锋

● 荣耀

11 届总冠军：1957 年、1959 年—1966 年、
1968 年、1969 年
5 届常规赛 MVP：1957/1958 赛季、1960/1961
赛季—1962/1963 赛季、1964/1965 赛季
1 届全明星 MVP：1963 年
12 届全明星：1958 年—1969 年
4 届篮板王：1957/1958 赛季、1958/1959 赛季、
1963/1964 赛季、1964/1965 赛季
3 届最佳阵容一阵：1958/1959 赛季、
1962/1963 赛季、1964/1965 赛季
篮球名人堂：1975 年
NBA 75 大球星

● 常规赛场均 15.1 分、22.5 个篮板、4.3 次助攻
● 季后赛场均 16.2 分、24.9 个篮板、4.7 次助攻

比尔·拉塞尔常规赛数据

赛季	球队	篮板	助攻	得分
1956/1957	凯尔特人	19.6	1.8	14.7
1957/1958	凯尔特人	22.7	2.9	16.6
1958/1959	凯尔特人	23.0	3.2	16.7
1959/1960	凯尔特人	24.0	3.7	18.2
1960/1961	凯尔特人	23.9	3.4	16.9
1961/1962	凯尔特人	23.6	4.5	18.9
1962/1963	凯尔特人	23.6	4.5	16.8
1963/1964	凯尔特人	24.7	4.7	15.0
1964/1965	凯尔特人	24.1	5.3	14.1
1965/1966	凯尔特人	22.8	4.8	12.9
1966/1967	凯尔特人	21.0	5.8	13.3
1967/1968	凯尔特人	18.6	4.6	12.5
1968/1969	凯尔特人	19.3	4.9	9.9

JOKER

指环王
比尔·拉塞尔

十一冠巨擘

拉塞尔是"绿衫王朝"的基石，他用现象级防守和盖帽改变了 NBA 的篮球理念，他的职业生涯就是一场战斗与胜利的狂欢。

拉塞尔曾经率领凯尔特人在 13 年内夺得 11 次总冠军，其中包括一次旷古绝今的"八连冠"，并在总决赛 7 次率凯尔特人击败张伯伦的球队。此外，在"指环王"的巨大阴影下，杰里·韦斯特无奈以"亚军"身份捧起总决赛 MVP 奖杯。

拉塞尔用卓越的防守与团队配合重新定义篮球的真谛：防守成就总冠军。直到现在，他的篮球哲学依然被 NBA 奉为取胜的法门。

如今拉塞尔虽然离开我们，但"指环王"的威名垂于圣殿之上，他缔造了一座高山仰止的荣耀高峰，激励后辈为之奋进。

1934 年 2 月 12 日，比尔·拉塞尔出生于路易斯安那州的门罗。

拉塞尔 8 岁时，全家迁居到加利福尼亚州的奥克兰。拉塞尔就读于奥克兰的麦克克莱蒙斯高中时，就展现出极为出色的篮球才华。进入旧金山大学之后，拉塞尔成为篮球队队长，并开创了独特的防守风格：敏捷而迅疾，侵略性十足。拉塞尔拥有着中锋的身高和盖帽技巧，加上后卫的脚步，很快就成为当时大学篮球界最具统治力的球员。

拉塞尔率领旧金山大学连续两年加冕 NCAA 总冠军，并打出恐怖的 55 连胜之后，引起了波士顿主教练里德·奥尔巴赫的注意：拉塞尔在防守端所展现的巨大威力，正是把凯尔特人从一支很好的球队变成一支伟大球队所需要的力量。

"红衣主教"的想法有点超前，因为当时 NBA 看重的主要是球员的进攻能力，防守能力是次要的。拉塞尔参加了 1956 年 NBA 选秀，在首轮第 2 顺位被圣路易斯老鹰选中，随后被奥尔巴赫带到凯尔特人。在那届选秀大会，凯尔特人还选了 K.C. 琼斯、汤米·海索恩。加上已有的鲍勃·库西和比尔·沙曼，NBA 统治期最长的王朝呼之欲出。

拉塞尔为凯尔特人带来的不仅是防守端的质变，还有进攻端的提高。他抢下篮板后能迅速把球直塞给库西，由库西直接发动快攻。

拉塞尔还是杰出的协防者，凯尔特人球员需要帮忙防守时，就大喊一声："嘿，比尔。"拉塞尔就像可以瞬移一般，总能极快地赶来进行包夹，还能及时归位。他这种超越整个时代的防守能力，能让其他凯尔特人球员都尽情释放进攻端的火力。

1956 年总决赛，凯尔特人遇到 5 年里 4 次打进总决赛的圣路易斯老鹰。双方 3 比 3 战成平局之后，第七场又鏖战到第二个加时赛。最后一刻，拉塞尔以闪电般的速度从底线冲过中场，盖掉了老鹰后卫科尔曼的投篮。凯尔特人以 125 比 123 胜出，赢得了队史上第一个总冠军，也拉开了"11 冠绿衫王朝"的序幕。

此后 12 年，凯尔特人除了 1958 年因为拉塞尔受伤而丢掉总冠军，以及 1967 年因为新老交替而输给张伯伦领衔的费城 76 人之外，包揽了其余的总冠军，包括空前绝后的"八连冠"。这期间拉塞尔创造了无数"名场面"，成为"绿衫王冠"最璀璨的明珠。

1959 年 4 月 1 日，东部决赛第七场，凯尔特人对阵锡拉丘兹民族，拉塞尔全场狂揽 18 分、32 个篮板，率队以 130 比 125 淘汰对手。总决赛中，拉塞尔更凭借预判性十足的压迫性防守，率队以 4 比 0 轻取湖人，创下 NBA 总决赛历史首次横扫对手的壮举。

1960 年 4 月 9 日，总决赛"抢七大战"，拉塞尔又拿下 22 分、35 个篮板，率领凯尔特人以 122 比 103 大胜老鹰，以 4 比 3 的总比分淘汰对手，成功卫冕。

1961/1962 赛季堪称神奇的一季。张伯伦场均豪取 50.4 分、25.7 个篮板。抵达职业生涯最巅峰的张伯伦在东部决赛"抢七大战"面对拉塞尔时，只得到了 22 分。毫无意外，拉塞尔率领凯尔特人拿下了最后的胜利。总决赛，面对贝勒和韦斯特领衔的湖人，比赛再次打到第七场，拉塞尔狂揽 30 分、40 个篮板，率领凯尔特人以 110 比 107 赢下湖人。

1968/1969 赛季，是拉塞尔的最后一个赛季，凯尔特人仅以东部第四的成绩进入季后赛。但季后赛的拉塞尔重燃斗志，率领老迈的凯尔特人一路杀入总决赛。这一次，凯尔特人总决赛的对手，还是湖人。此时"紫金军团"阵中添上一枚"大杀器"——张伯伦。前 6 场比赛两队打成 3 比 3 平局，又一次进入"抢七大战"。此时湖人拥有比凯尔特人更强的势力，湖人甚至提前在球馆挂上了庆祝夺冠的气球。但拉塞尔留下了一句掷地有声的宣言："这世上什么都可能，唯独湖人战胜凯尔特人，不可能！"

第三节里，两队打成 60 平，但凯尔特人很快把比分拉开到 91 比 74，还剩 10 分钟时，凯尔特人还以 100 比 83 领先湖人 17 分，但韦斯特带领湖人穷追不舍，并险些翻盘。最终，凭借唐·尼尔森的幸运投篮，凯尔特人以 108 比 106 战胜湖人，成功卫冕。

这一赛季让拉塞尔进入万神殿的顶端，他以 35 岁的年龄，完成了 13 年 11 次夺冠的旷世传奇，成了 NBA 史上最伟大的胜利者。

在那年凯尔特人的 18 场季后赛中，拉塞尔场均登场 46 分钟，而他又同时担任球队主教练，在没有助理教练的情况下完成了教练组所有的工作。拉塞尔似乎有种神奇的天赋，越是面对艰巨的挑战就做得越好，也会激励队友做得更好。当球队需要拉塞尔时，他总能做到最好，他全力以赴的竞争精神，直至今天依然流淌在凯尔特人的血液里。

拉塞尔是 20 世纪 60 年代波士顿"凯尔特人王朝"的基石，他是一位得到 5 届 MVP 并入选 12 届全明星阵容的伟大球员，一位总共抓下 21620 个篮板的硬派中锋。另外，他还以职业生涯场均 22.5 个篮板的成绩获得 4 次联盟篮板王。他曾经在一场比赛里抓下 51 个篮板，拥有连续 12 个赛季篮板总数"1000+"的成绩。

说到防守，这是拉塞尔的绝对强项，是他的成名绝技和看家本领，也是凯尔特人 13 年 11 冠自始至终最重要的武器和依仗，他的防守意识和水平可能是有史以来最强的——无论卡位、阻截、协防、抢断等，样样精通，尤其是盖帽，简直是冠绝古今。

作为 NBA 历史上最伟大的胜利者，熠熠生辉的 11 枚总冠军戒指就是对他最好的褒奖。基于他在总决赛的卓越表现，从 2009 年起，总决赛 MVP 奖杯冠名为"比尔·拉塞尔杯"。

2021 年，时逢 NBA 成立 75 周年的里程时刻，特别揭晓历史 75 大球星名单，拉塞尔名列第 6 位，同时他也是 NBA 历史上最伟大的 6 号球员。

2022 年 7 月 31 日，比尔·拉塞尔与世长辞，享年 88 岁。消息传来，震动全世界。拉塞尔曾率领凯尔特人豪取"八连冠"，作为球员与教练，一共夺得 11 枚总冠军戒指。作为美国体育史上获得冠军最多的球员，"指环王"的职业生涯都是一场战斗与胜利的狂欢，缔造了高山仰止的荣耀高峰，激励无数后辈为之奋进。

生涯高光闪回 / 泰山北斗的旷世对决

高光之耀：20 世纪 60 年代的 NBA，诞生了两位泰山北斗级的内线宗师——张伯伦和拉塞尔，一个是以超强得分睥睨天下，堪称史上得分能力最强的内线；另一个是以坚韧防守称雄于世，被誉为史上最伟大的防守型中锋，而他们的"矛盾大战"足以震古烁今。

张伯伦和拉塞尔在季后赛 7 次上演生死交锋。张伯伦得分如拾草芥，但拉塞尔和凯尔特人总有办法击败他的球队。拉塞尔的 11 枚总冠军戒指中竟然有 7 枚是面对张伯伦而得的，这也奠定了防守成就总冠军的篮球准则。

"只要跟超级巨星一起，
就有好事情发生。"
——史蒂夫·科尔

JOKER

萌神
斯蒂芬·库里

STEPHEN CURRY

★　★　★　★

超神之旅

2022 年，库里将全明星 MVP、西部决赛 MVP、总决赛 MVP 集于一身，拿到第四枚总冠军戒指，率领勇士重回王朝球队序列。

八年四冠，"水花追梦"携手十年，库里正写就一部"王者归来"现实版篮球童话，而他创造的本身比童话更震撼人心。

凌厉、肃杀，游动如蛟龙，斜刺如飞雪，34 岁的库里依然斩敌于谈笑之间。而他的三分，永远是"核武"般存在，震慑与碾压对手。正是因为"库有引力"，勇士全队才能打出水银泻地般的华丽进攻。

库里是否体系球员的争论不复存在，因为他就是体系本身。

在现代 NBA 球员中，还没有谁比 2021/2022 赛季斯蒂芬·库里的故事更跌宕起伏、动人心魄。在这个赛季之前，勇士已经连续两年未能挺进季后赛，人们在谈论新赛季夺冠热门球队时，早已把勇士排除在外，即使这支球队过去 7 年曾 3 夺总冠军。至于库里，那些固执的专家们依然质疑他的防守与单打能力，甚至认为他只是一位体系球员。

虽然库里已夺得 3 个总冠军和 2 个常规赛 MVP，也斩获象征进攻能力的"得分王"，但他还需要进一步证明自己，并且率领勇士走出泥潭，重现昔日王朝的辉煌。

于是，库里率队踏上 2021/2022 赛季的征程，也踏入了一段雄奇跌宕的超神之旅。

2021 年 12 月 15 日，库里迎来里程碑，他在麦迪逊花园命中了自己职业生涯第 2974

个三分球，超越雷·阿伦（2973），加冕历史三分王（三分球常规赛总命中数最多）。

2022年1月10日，勇士在主场击败骑士，汤普森时隔941天迎来复出，"水花兄弟"再现江湖。汤普森虽然久疏战阵但表现依旧高效，登场20分钟砍下17分。

2022年1月22日，"火勇大战"最后一刻，库里命中一记中投，完成自己职业生涯的首次压哨绝杀，率领勇士以105比103险胜火箭，这也是他的第8次绝杀。

2022年2月21日，全明星赛在克利夫兰举行。库里大放异彩，狂砍50分，命中16记三分球，将全明星三分纪录（9记）大幅提升，首次举起全明星MVP奖杯（科比·布莱恩特杯）。此战库里掀起"三分雨"奠定胜势，詹姆斯在最后时刻命中"绝命箭"，最终詹姆斯队以163比160击败杜兰特队。库里与詹姆斯，两位同在阿克伦城市医院出生的孩子，多年以后在家乡克利夫兰联手呈现了一场精彩绝伦的全明星盛宴。

2022年3月15日（美国时间3月14日），库里在自己34岁生日战上袭下47分，率队大胜奇才。"追梦"格林火线回归，"水花追梦"时隔千日终于重现江湖。

"庆生战"过后，库里在3月17日对阵凯尔特人的比赛中，拼抢时被斯马特压到左脚，导致脚踝韧带损伤，被迫休战12场，而当他复出时，已是季后赛时光。

2022年4月17日，勇士与掘金的季后赛首战，库里正式复出，替补登场轻取16分。第二战，再次替补出场的库里17投12中，砍下34分，命中率超过70%。

4月28日，库里重回首发，砍下30分，率领勇士以102比98险胜掘金，以总比分4比1淘汰了新科MVP约基奇领衔的球队，昂首挺进西部半决赛。这场比赛的最后时刻库里上篮命中后，做出"晚安"的庆祝动作，这个动作之后也风靡世界。

库里率领勇士翻过科罗拉多雪山，在西部半决赛却遭遇莫兰特领衔的年轻凶悍的孟菲斯灰熊。六场鏖战之后，勇士艰难地捣毁"熊巢"，又在西部决赛与东契奇统率的独行侠碰面。达拉斯的城垣显然挡不住骑射如风的"勇士军团"，独行侠先折两阵。

5月23日，库里拿下31分、11次助攻，季后赛生涯第47次砍下30+，在现场观战的诺维茨基（47次）面前完成超越的同时，率领勇士在达拉斯带走胜利，留给独行侠一个0比3的绝境。纵然东契奇这位持球大核心神勇无比，纵然达拉斯的球队刚刚淘汰夺冠大热门太阳，但他们依然无法匹敌火力全开的勇士。

5月27日，西部决赛第五场，勇士120比110战胜独行侠，以4比1淘汰对手，挺进总决赛，这也是他们在过去8年里6进总决赛。虽然经历两年幽暗低谷，但他们再回顶峰时，一切亦如从前，"水花追梦"依然并肩，他们携手了十年。

库里成为首位"魔术师"约翰逊杯（西部决赛MVP）的获得者。西决前三战他场均拿下28分、8.3篮板、6.7助攻，三分球命中率48.1%，一举为勇士奠定胜势。

2022年6月3日，总决赛在大通中心球馆打响。库里在首节命中6记三分球，独砍创总决赛个人单节新高的21分，率领勇士一路领先，三节战罢领先12分。就当所有人

都认为金州会收获总决赛首场胜利时，凯尔特人在第四节掀起绿色狂飙，他们打出 40 比 16 的总决赛历史末节最大分差，在大通中心球馆带走首场胜利。

勇士虽然赢得第二场，但来到波士顿北岸花园，他们又输掉第三场的比赛。

总决赛第四场，已输两场的勇士不容再败。于是库里摧枯拉朽般砍下 43 分，率领勇士在客场豪取一胜的同时，也击溃了凯尔特人的军心，后者再输掉第五战。

2022 年 6 月 17 日，总决赛第六场，库里砍下 34 分，率领勇士在客场以 103 比 93 击败凯尔特人，以总比分 4 比 2 淘汰对手，时隔四年再夺总冠军，完成八年四冠的壮举。

比赛最后一刻，库里潸然泪下，经历高峰低谷，人近中年，伙伴老去，但库里依然不断进化。增肌后的"萌神"几乎没有弱环，他用自己的倔强与坚持，率领老去的勇士依然天下独尊！那一夜库里傲立潮头，喜极而泣，每一滴泪水都晶莹璀璨、充满骄傲。

经过六场鏖战，34 岁的库里，终于站到联盟的最高峰。

回首 2022 年，库里打出了历史最强的一届总决赛表现，面对联盟最佳防守球员斯玛特以及最佳防守球队凯尔特人，他场均取得 31.2 分、6 个篮板、5 次助攻，真实命中率达到恐怖的 63%。并以 44% 的命中率，投中 31 记三分球，场均命中 5.2 记，高居总决赛三分球总命中数榜的历史第二位，值得一提的是，该榜的第一也是他（2016 年的 32 粒）。

凭借历史级的表现，库里终于拿到了那座也许早就属于他的总决赛 MVP 奖杯。

此外，库里的强大远非个人数据所体现。所谓"库有引力"，是指只要库里在场上就会对对手产生强大的牵制力与威慑力，让凯尔特人顾此失彼。对他包夹与不包夹都让"绿衫军"难逃一败，两种策略成了库里送给他们的两瓶"毒药"。

"只要跟超级巨星一起，就有好事情发生。"勇士主帅科尔羽扇轻挥，即便总决赛首战在主场输掉依然能神情自若，因为他的身边有库里。

正是拥有库里这样攻击力无穷的核心，汤普森、普尔、威金斯等勇士众将才能火力全开，打出山呼海啸般的立体进攻。正是拥有库里这样伟大而无私的领袖，勇士才能成为过去八年最好的球队。八年四冠，一座巍峨连绵的金州王朝终于呈现，而库里就是那座王城中勤勉坚韧、睥睨天下的王！

2022 年的夏天，蔚蓝金黄，库里怀抱两座奖杯，笑容灿烂，一切隽永如画。

生涯高光闪回 / 43 分逆天战

高光之耀： 总决赛 G4 战，库里呈现三分杀神的终极模式，演绎孤胆逆天的恢宏诗篇。

2022 年 6 月 11 日，总决赛第四战在波士顿北岸花园球馆开打。此役库里打出总决赛最强一战，他 26 投 14 中，命中 7 记三分球，砍下生涯第二高的 43 分（2019 总决赛 G3 曾砍 47 分），并贡献 10 个篮板、4 次助攻。最终，库里力压"双探花"（塔图姆 23 分 + 布朗 21 分）的 44 分，以一己之力率领勇士以 107 比 97 击败凯尔特人，将总比分扳成 2 比 2 平。

斯蒂芬·库里常规赛数据

赛季	球队	篮板	助攻	得分
2009/2010	勇士	4.5	5.9	17.5
2010/2011	勇士	3.9	5.8	18.6
2011/2012	勇士	3.4	5.3	14.7
2012/2013	勇士	4.0	6.9	22.9
2013/2014	勇士	4.3	8.5	24.0
2014/2015	勇士	4.3	7.7	23.6
2015/2016	勇士	5.4	6.7	30.1
2016/2017	勇士	4.5	6.6	25.3
2017/2018	勇士	5.1	6.1	26.4
2018/2019	勇士	5.4	5.2	27.3
2019/2020	勇士	5.2	6.6	20.8
2020/2021	勇士	5.5	5.8	32.2
2021/2022	勇士	5.2	6.3	25.5

●档案

斯蒂芬·库里 / Stephen Curry
出生地：美国俄亥俄州阿克伦
出生日期：1988 年 3 月 14 日
身高：1.91 米 / 体重：83.9 公斤
效力球队：勇士 / 球衣号码：30
场上位置：控球后卫

●荣耀

4 届总冠军：2015 年、2017 年、2018 年、2022 年
2 届常规赛 MVP：2014/2015 赛季、2015/2016 赛季
1 届总决赛 MVP：2022 年
1 届西部决赛 MVP：2022 年
1 届全明星 MVP：2022 年
8 届全明星：2014 年—2019 年、2021 年、2022 年
4 届最佳阵容一阵：2014/2015 赛季、2015/2016 赛季、
2018/2019 赛季、2020/2021 赛季
2 届得分王：2015/2016 赛季、2020/2021 赛季
1 届抢断王：2015/2016 赛季
2 届世锦赛冠军：2010 年、2014 年
NBA 75 大球星

●常规赛场均 24.3 分、4.7 个篮板、6.5 次助攻
●季后赛场均 26.6 分、5.4 个篮板、6.2 次助攻

A–K

A

张伯伦 / 贾巴尔 / 罗伯特森 / 韦斯特
CHAMBERLAIN/JABBAR/ROBERTSON/WEST

K

摩西·马龙 / 姚明 / 佩蒂特 / 巴里
MOSES MALONE/YAO MING /PETTIT /BARRY

张伯伦的名字注定会在NBA所有数据纪录表的最顶端频繁出现，尤其是得分那部分。

● 档案

威尔特·张伯伦 / Wilt Chamberlain
出生地：美国宾夕法尼亚州费城
出生日期：1936 年 8 月 21 日
身高：2.16 米 / 体重：125 公斤
效力球队：勇士、76 人、湖人 / 球衣号码：13
场上位置：中锋

● 荣耀

2 届总冠军：1967 年、1972 年
1 届总决赛 MVP：1972 年
4 届常规赛 MVP：1959/1960 赛季、1965/1966
赛季—1967/1968 赛季
1 届全明星 MVP：1960 年
13 届全明星：1960 年—1973 年
7 届得分王：1959/1960 赛季—1965/1966 赛季
11 届篮板王：1959/1960 赛季—1962/1963 赛季、
1965/1966 赛季—1968/1969 赛季、1970/1971
赛季—1972/1973 赛季
7 届最佳阵容一阵：1959/1960 赛季—1961/1962
赛季、1963/1964 赛季、1965/1966 赛季—
1967/1968 赛季
名人堂：1979 年
NBA 75 大球星

● 常规赛场均 30.1 分、22.9 个篮板、4.4 次助攻
● 季后赛场均 22.5 分、24.5 个篮板、4.2 次助攻

威尔特·张伯伦常规赛数据				
赛季	球队	篮板	助攻	得分
1959/1960	勇士	27.0	2.3	37.6
1960/1961	勇士	27.2	1.9	38.4
1961/1962	勇士	25.7	2.4	50.4
1962/1963	勇士	24.3	3.4	44.8
1963/1964	勇士	22.3	5.0	36.9
1964/1965	勇士	23.5	3.1	38.9
1964/1965	76 人	22.3	3.8	30.1
1965/1966	76 人	24.6	5.2	33.5
1966/1967	76 人	24.2	7.8	24.1
1967/1968	76 人	23.8	8.6	24.3
1968/1969	湖人	21.1	4.5	20.5
1969/1970	湖人	18.4	4.1	27.3
1970/1971	湖人	18.2	4.3	20.7
1971/1972	湖人	19.2	4.0	14.8
1972/1973	湖人	18.6	4.5	13.2

大北斗

威尔特·张伯伦

WILT CHAMBERLAIN

> 张伯伦是篮球运动史上最强悍的统治者，他在进攻端展现的能量震古烁今。他完美地把顶级身体条件、运动天赋、篮球技巧和进攻欲望结合在一起。作为 NBA 前 7 个赛季的得分王，在一对一情况下没有人能防住他，为此联盟只能专门修改禁区尺寸来限制。
>
> 张伯伦留下"神迹"无数：单场 100 分、赛季场均得分 50+、118 场得分 50+、连续 65 场得分 30+，每一项纪录都闪耀如星，高悬在 NBA 的夜空，群星环绕着"大北斗"璀璨永恒。

"大北斗"是威尔特·张伯伦的绰号，以天际里永恒的最耀眼、最辉煌的星星来比喻他，也形象地说明他留下的无数璀璨传奇将被永无止境地流传下去。

关于张伯伦，最权威的 NBA 官网评价道："他是篮球运动史上最强悍的统治者，在进攻端展现出的能量可谓空前绝后。如果要列出一份有史以来最伟大篮球运动员的名单，相信绝大多数球迷都会把张伯伦的名字放在最顶端。"

张伯伦是一个无法以常理衡量的超级巨人，他拥有 2.16 米的身高，125 公斤的体重，同时具备顶级后卫的速度和灵活性。这位田径运动的"发烧友"，曾交出一份相当专业的田径成绩单（跳高成绩 1.98 米、400 米 49 秒）。

张伯伦的静态天赋与动态天赋都趋于完美，他还将篮球技术和身体优势合二为一。他用强壮的上肢把对手挤开，在进攻、防守以及抢篮板球上占尽优势。

1936 年 8 月 21 日，张伯伦出生于宾夕法尼亚州费城的一个普通工人家庭，他自幼便展示出超强的运动天赋。少年时期的张伯伦是出类拔萃的田径运动员，擅长跳高和短

跑。1955 年，身高飙升至 2.16 米的张伯伦就读于堪萨斯大学，并加入校篮球队，很快就展现出惊人的篮球才华。1956 年，张伯伦在自己的 NCAA 处子秀中豪砍 52 分，并最终率堪萨斯大学队杀入 NCAA 总决赛，虽然以一分之差惜败于北卡大学队，但张伯伦依然凭借超强的表现，荣膺 MOP（NCAA 最杰出球员）。

与此同时，费城勇士看中了当时正在堪萨斯大学就读的张伯伦，求才若渴的勇士老板戈特里布通过新版的《地域选秀条例》，向联盟申请签下张伯伦，理由是"威尔特是费城人，且他就读大学所在城市没有 NBA 球队"。百般游说后，NBA 同意了他的请求，张伯伦因此成为勇士钦点的未来基石。

张伯伦在进入 NBA 之前就已成为传说：一位体育全才，百米成绩 11 秒以内，跳高达到 1.98 米，并在斯诺克、国际象棋、排球等方面都颇具天赋，可谓文武兼备。

直到 1959 年，张伯伦才正式登陆 NBA，他的处子秀就轰出了 43 分、28 个篮板的超级数据。整个赛季下来，他场均贡献 37.6 分、27 个篮板，囊括了最佳新秀、常规赛 MVP、全明星 MVP、最佳阵容一阵、得分王和篮板王等荣誉。此外，勇士也顺利进入季后赛，只可惜他们在第二轮被拉塞尔领军的凯尔特人击败，这是"大北斗"与"指环王"宿敌之争的开始。

1960/1961 赛季，张伯伦场均得分（38.4 分）和篮板（27.2 个）仍领跑全联盟，但勇士在季后赛首轮被西拉克斯民族横扫出局。1961/1962 赛季是勇士在费城的最后一个赛季，张伯伦用最具统治力的个人表演为球队乔迁献礼。整个赛季，他场均砍下 50.4 分、25.7 个篮板，成为 NBA 史上唯一一位赛季场均得分超过 50 分的球员。

1962 年 3 月 2 日，费城勇士对阵尼克斯，张伯伦 63 投 36 中，罚球 32 罚 28 中，砍下 100 分，率队以 169 比 147 击溃对手。NBA 史上唯一的百分盛宴自此达成。

虽然那一年的张伯伦风头正劲，但勇士仍然无法跨越"绿巨人"。双方鏖战七场，凯尔特人笑到最后，在"指环王"的严防死守下，张伯伦场均只得 33.6 分。赛季结束后，勇士将主场迁往旧金山，张伯伦随队"西游"，开始了又一段新的纪录之旅。

1962/1963 赛季，张伯伦场均拿下 44.8 分、24.3 个篮板，但勇士在乔迁新居之后的首个赛季竟无缘季后赛。1963/1964 赛季，张伯伦连续五年蝉联得分王，然而勇士在季后赛第二轮再次以 1 比 4 败给了凯尔特人，张伯伦面对拉塞尔，一胜难求。

1964/1965 赛季，全明星赛之后，张伯伦回到家乡费城，披上了 76 人的战袍。

自此，张伯伦的职业生涯分为两个部分：在勇士的张伯伦，是一个不断打破纪录的数据怪物，逼迫联盟不断修改规则；离开勇士之后，张伯伦又成为一个每晚都可能刷"三双"甚至"四双"的防守巨人，而且已经突破体育范畴，成为公众话题人物。

职业生涯前 7 年，包揽 7 个得分王却在季后赛一无所获的张伯伦，在 1966 年夏天听取了"秃鹫"汉纳姆的意见，放弃得分王，开始积极防守、助攻队友，率领 76 人打出常规赛 68 胜的显赫战绩，并最终夺得总冠军。1971/1972 赛季，作为老将的张伯伦甘愿成为湖人第四号得分手，随队打出常规赛 69 胜的成绩，再次夺得总冠军。

但是，他职业生涯中的冠军传说只此两个，其他时节，留下的都是他如何又破了某纪录、如何统治对手的传说，却很少与胜利有关。他的传奇里，没有拉塞尔作为主教练兼球员带队夺冠的传奇，缺少乔丹和韦斯特那些关键场次的传说，鲜有"魔术师"那样点石成金将胜利信手拈来的故事。

1966/1967 赛季，张伯伦丢掉了 7 年以来的得分王，场均只得 24 分，但仍送出 7.8 次助攻，带队打出传奇的 68 胜后夺冠。从此之后，他拼命传球。这就是他的传奇之处：他不会像乔丹、"魔术师"和伯德一样，相机而动，他很走极端，如果投篮会得到 100 分，就绝不传球，如果传球能逼近助攻王，就绝不投篮。

张伯伦是个好得分手，也是一位伟大的防守者，但作为核心人物，他太一根筋了。1968 年东部决赛第七场，面对卷土重来的凯尔特人，已经"爱上"传球的张伯伦，在队友们一片兵荒马乱之时依然执着地传球，自己只出手三次，最终再次败于波士顿。

盖棺定论时，拉塞尔成了创造凯尔特人千秋功业的"指环王"，张伯伦却只能是孤独的"大北斗"。他是一个强悍的破坏者，却不是一个伟大的创造者和领导者，而这一点，无论他选择的是进攻、防守抑或传球，都不曾改变。

离开勇士之后，张伯伦在 76 人和湖人各拿了一次总冠军，于 1973 年正式退役。

1999 年 12 月，为表彰张伯伦对球队的卓越贡献，勇士将 13 号球衣退役。彼时的"张大帅"已然仙逝，假如他在天堂有知，应该会颔首微笑，毕竟，他曾是一名真的勇士。

生涯高光闪回/百分神迹

高光之耀：一个甲子（60 年）过去了，百分神迹依然是最具统治力的个人得分秀。

1962 年 3 月 2 日，张伯伦仅用一张简单写就"100"的纸便足以说明那场比赛的伟大。

那场比赛张伯伦首节就取下 23 分，上半场得到 41 分。加上第三节砍下的 28 分，前三节战罢狂揽 69 分。第四节，经过队友坚持不懈地喂球，在终场前 46 秒，张伯伦终于得到了第 100 分，率领勇士以 169 比 147 击败尼克斯。

此战张伯伦 63 投 36 中，罚球 32 罚 28 中，赛后他表示："这是一个连我自己都不想打破的纪录。"的确，100 分创造了 NBA 球员的单场得分纪录，至今无人打破。

高效与长久，成为贾巴尔的独特"属性"，在NBA无人能与之比肩。

●档案

卡里姆·阿布杜尔 – 贾巴尔

Kareem Abdul–Jabbar

出生地：美国纽约

出生日期：1947 年 4 月 16 日

身高：2.18 米 / 体重：120 公斤

效力球队：雄鹿、湖人 / 球衣号码：33

场上位置：中锋

●荣耀

6 届总冠军：1971 年、1980 年、1982 年、1985 年、1987 年、1988 年

2 届总决赛 MVP：1971 年、1985 年

6 届常规赛 MVP：1970/1971 赛季、1971/1972 赛季、1973/1974 赛季、1975/1976 赛季、1976/1977 赛季、1979/1980 赛季

19 届全明星：1970 年—1977 年、1979 年—1989 年

2 届得分王：1970/1971 赛季、1971/1972 赛季

4 届盖帽王：1974/1975 赛季、1975/1976 赛季、1978/1979 赛季、1979/1980 赛季

10 届最佳阵容一阵：1970/1971 赛季—1973/1974 赛季、1975/1976 赛季、1976/1977 赛季、1979/1980 赛季、1980/1981 赛季、1983/1984 赛季、1985/1986 赛季

篮球名人堂：1995 年

NBA 75 大球星

●常规赛场均 24.6 分、11.2 个篮板、3.6 次助攻
●季后赛场均 24.3 分、10.5 个篮板、3.2 次助攻

卡里姆·贾巴尔常规赛数据

赛季	球队	篮板	盖帽	得分
1969/1970	雄鹿	14.5	—	28.8
1970/1971	雄鹿	16.0	—	31.7
1971/1972	雄鹿	16.6	—	34.8
1972/1973	雄鹿	16.1	—	30.2
1973/1974	雄鹿	14.5	3.5	27.0
1974/1975	雄鹿	14.0	3.3	30.0
1975/1976	湖人	16.9	4.1	27.7
1976/1977	湖人	13.3	3.2	26.2
1977/1978	湖人	12.9	3.0	25.8
1978/1979	湖人	12.8	4.0	23.8
1979/1980	湖人	10.8	3.4	24.8
1980/1981	湖人	10.3	2.9	26.2
1981/1982	湖人	8.7	2.7	23.9
1982/1983	湖人	7.5	2.2	21.8
1983/1984	湖人	7.3	1.8	21.5
1984/1985	湖人	7.9	2.1	22.0
1985/1986	湖人	6.1	1.6	23.4
1986/1987	湖人	6.7	1.2	17.5
1987/1988	湖人	6.0	1.2	14.6
1988/1989	湖人	4.5	1.1	10.1

天勾
卡里姆·阿布杜尔-贾巴尔

KAREEM JABBAR

> 纵横 NBA 长达 20 载，一共才被封盖 5 次，贾巴尔那划过天际般的"天勾"，是那个时代最无解的大杀器。他留下令人高山仰止的诸多印迹，他是 NBA 总得分王，还囊括 6 届常规赛 MVP、2 届总决赛 MVP、6 届总冠军、2 届得分王、4 届盖帽王、10 次最佳一阵以及 19 届全明星等荣耀，足以证明这位"常青树"的辉煌。
>
> 纵观其浩瀚而又漫长的职业生涯，众人总是惊叹"天勾"的优雅瑰丽，可贾巴尔所擅长的不仅仅局限于那记勾手……

　　强壮、粗犷、力量是中锋的主流风格。贾巴尔是技术流中锋的开山鼻祖，他在球场上侧身擎臂、手腕轻抖，留下一道划过天际的完美弧线，那便是赏心悦目的"天勾"。

　　"天勾"是贾巴尔的独门绝技，也是 NBA 中最有效率的必杀技之一——命中率超过 55%。凭借此技，加上 20 年超长的职业生涯，贾巴尔成为 NBA 的总得分王。

　　2012 年 11 月 17 日，湖人主场迎战太阳的比赛之前，巴斯家族为贾巴尔举办了隆重的雕像揭幕仪式。贾巴尔在仪式后激动不已，仰望着那尊用他标志性的勾手姿势打造的等身雕像，眼中流露出幸福的光芒。与此同时，曾经在球场上的一幕幕经典画面也于脑海中泛起涟漪，那么静，那么美，让人陶醉。

　　"费迪南德·刘易斯·阿辛多尔，身高 2.18 米，天赋超群、意识绝佳，是篮坛百年不遇的超级中锋，他会改写 NBA 的历史！"这是 20 世纪 60 年代"球探报告"关于贾巴尔的描述。贾巴尔原名费迪南德·刘易斯·阿辛多尔，一个拗口、冗长的名字。在加利福尼亚大学洛杉矶分校（简称 UCLA）的四年里，贾巴尔率领球队赢得了三次 NCAA 冠军。那时 UCLA 战术名扬天下，就是后来我们熟知的"挡拆战术"。

1969 年，贾巴尔成为全美关注的焦点人物，他被多家权威机构评选为年度最佳球员。而在 1967 年至 1969 年中，他更是包揽了 NCAA 的 MOP 和全美第一阵容的中锋头衔。

在凯尔特人王朝行将瓦解，张伯伦状态下滑的年代，贾巴尔的横空出世令 NBA 气象一新。1969 年 NBA 选秀大会，仅有两年建队史的密尔沃基雄鹿用状元签选中贾巴尔。

1969/1970 赛季，"天勾"贾巴尔初入 NBA，场均就得到 28.8 分、14.5 个篮板，率领雄鹿（上个赛季 27 胜 55 负）打出 56 胜 26 负的佳绩，毫无悬念地荣膺最佳新秀。

好事成双，雄鹿不仅战绩飞跃，还在交易市场收获颇丰。他们在 1970 年的夏天，交易得到了被称为史上最全能控卫的"大 O"。

"大 O"和"天勾"联袂成为超级内外线双人组，雄鹿在那个时代便拥有了"王炸"。

1970/1971 赛季，雄鹿打出 66 胜 16 负的联盟最佳战绩。贾巴尔场均交出 31.7 分、16 个篮板的成绩单，加冕常规赛 MVP。季后赛中，雄鹿更是风卷残云般完成 12 胜 2 负的壮举。并在总决赛横扫巴尔的摩子弹夺得总冠军，而这仅仅是雄鹿进入 NBA 的第三个年头。

1971 年秋天，贾巴尔的名字从费迪南德·刘易斯·阿辛多尔改为卡里姆·阿布杜尔 – 贾巴尔。1971/1972 赛季，更名后的贾巴尔更加强大，场均砍下 34.8 分，卫冕得分王和常规赛 MVP。

1973/1974 赛季，刚进联盟 4 年的贾巴尔三度捧起 MVP 奖杯。这一年，贾巴尔率领雄鹿重返总决赛，可惜不敌凯尔特人，未能再夺总冠军。

1974 年夏天，"大 O"退役，雄鹿结束了黄金岁月。1974/1975 赛季，他们仅仅取得 38 胜 44 负的战绩。与此同时，贾巴尔在密尔沃基找不到归属感，他决定离开。

1975 年，正值巅峰的贾巴尔空降"天使之城"洛杉矶，此后开启了长达 14 年的湖人传奇。从 1975 年到 1989 年，贾巴尔为"紫金军团"带来了 5 座总冠军金杯，分别是 1980 年、1982 年、1985 年、1987 年和 1988 年。

贾巴尔在为湖人效力的整整 14 年里，也收获了 3 次常规赛 MVP。1979 年，湖人用"状元签"选中密歇根大学的埃尔文·约翰逊，并在 1979/1980 赛季成功夺得总冠军。

湖人拿下 20 世纪 80 年代的第一个总冠军时，总决赛第六场，约翰逊顶替脚踝扭伤的贾巴尔客串中锋，拿下 42 分、15 个篮板。

贾巴尔欣喜地发现身边的小弟约翰逊，竟然是一位比"大 O"还要出色的全能后卫，于是"天勾"在此后数年里完成转型，从球队老大变成内线支柱。虽然年龄在增长，贾巴尔却老而弥坚。他的得分、篮板和盖帽依然强势，而他的勾手也成为大西部论坛球馆的标志之一，时任湖人主教练的帕特·莱利将"天勾"的名号赠予贾巴尔。

湖人用五次总冠军宣告了"紫金王朝"的诞生，人们可能会津津乐道于"魔术师"穿花绕树般的串联组织，惊叹于湖人行云流水般的精彩表演，但在那个冰火交织的湖凯争霸年代，沉稳内敛的贾巴尔默默地擎起湖人内线的一片天。

即使是在他的职业生涯末期，宝刀未老的他仍无人能挡，38 岁时仍被评为总决赛 MVP，41 岁还夺得总冠军戒指。而他获得这些荣誉所倚仗的就是在旁人看来有些匪夷所思的投篮方式——"天勾"。

年过不惑的贾巴尔依然在 NBA 征战了 3 个赛季。令人惊讶的是，在其效力湖人的 14 年里，仅仅缺席了 14 场比赛。1988 年，湖人在总决赛中击败活塞问鼎冠军，41 岁的贾巴尔成为总决赛史上年龄最大的首发中锋。

1989 年，42 岁的贾巴尔选择退役，湖人随即将他的 33 号球衣退役，那件承载无数辉煌与荣耀的紫金战衣高悬在大西部论坛球馆的穹顶上。

贾巴尔在 20 年 NBA 职业生涯里，豪取 38387 分（历史第一）、17440 个篮板、5660 次助攻、1160 次抢断、3189 次盖帽（历史第三），并 6 次率队夺得总冠军，6 次加冕常规赛 MVP，还是 2 届得分王、19 届全明星。

高效与长久，成为贾巴尔的独特"属性"，在 NBA 无人能与之比肩。2012 年 11 月 17 日，湖人在斯台普斯球馆外为贾巴尔树立了一尊雕像。当人们途经那里时会驻足观看，偶尔也会朝着天空来一记"天勾"。

2022 年 2 月 18 日，权威媒体公布 NBA75 大球星的座次名单。贾巴尔仅在乔丹、詹姆斯之后，名列第三，以此可见"天勾"在 NBA 中的显赫地位。

生涯高光闪回 / 最甜蜜的一冠

高光之耀: 贾巴尔曾说过，1985 年的总冠军戒指，是他陈列室里所摆的 6 枚戒指中最甜蜜、最有价值的一枚，理由是它来自魔鬼般的波士顿花园。

1985 年总决赛，湖人第一场就以 114 比 148 被凯尔特人击败。贾巴尔只得到 12 分和 3 个篮板，感觉受到侮辱的贾巴尔在第二场之前的两天休息时间里，反复观看比赛录像，并且用残酷的马拉松和无氧运动训练保持体力。

接下来，这个骄傲的 38 岁高龄巨星以他的表现回应了一切质疑，率领湖人连扳三局。总决赛第六场在波士顿举行，贾巴尔在 29 分钟里拿下 32 分、6 个篮板和 4 次盖帽，湖人也以 111 比 100 结束全部战斗。此前，湖人曾在总决赛上连续输给凯尔特人 8 次，这也是球队有史以来第一次在总决赛中战胜凯尔特人。

"我认为最伟大的球员是罗伯特森，可惜他没有赶上好时代。"
——威尔特·张伯伦

奥斯卡·罗伯特森常规赛数据

赛季	球队	篮板	助攻	得分
1960/1961	皇家	10.1	9.7	30.5
1961/1962	皇家	12.5	11.4	30.8
1962/1963	皇家	10.4	9.5	28.3
1963/1964	皇家	9.9	11.0	31.4
1964/1965	皇家	9.0	11.5	30.4
1965/1966	皇家	7.7	11.1	31.3
1966/1967	皇家	6.2	10.7	30.5
1967/1968	皇家	6.0	9.7	29.2
1968/1969	皇家	6.4	9.8	24.7
1969/1970	皇家	6.1	8.1	25.3
1970/1971	雄鹿	5.7	8.2	19.4
1971/1972	雄鹿	5.0	7.7	17.4
1972/1973	雄鹿	4.9	7.5	15.5
1973/1974	雄鹿	4.0	6.4	12.7

A
♣

大 O
奥斯卡·罗伯特森
OSCAR ROBERTSON

他是全能者的鼻祖，他是詹姆斯的"前身"，奥斯卡·罗伯特森有着赛季场均砍下"三双"的壮举。其 14 年职业生涯一共打出 181 次"三双"，这个纪录保持的年份一度被认为会比他的曾祖父（享年 116 岁，传说美国寿命最长的老人）更长久，直到威少横空出世。

纵观 NBA 历史，"大 O"是实至名归的"三双之王"。他身高达到 1.96 米，是第一个能盘活全场并组织进攻的高大型后卫，在此之前人们从未见到过这种类型的球员。他重新定义了高后卫这个位置，为后来的"魔术师"等全能型球员的出现打下了基础。

奥斯卡·罗伯特森（简称"大 O"）是辛辛那提大学史上首位黑人篮球运动员，曾在 NCAA 风光无限。

1960 年，罗伯特森带着 NCAA 的 14 项纪录进入 NBA，被辛辛那提皇家（萨克拉门托国王的前身）用本地选秀权选中，当时他的年薪是 3.3 万美元。

1960/1961 赛季，披上辛辛那提战袍的罗伯特森一出场便惊诧世人，"菜鸟"赛季场均贡献 30.5 分，位列得分榜第三位，毫无悬念地赢得最佳新秀。此外，罗伯特森在首个赛季便入选全明星，并且砍下 23 分、14 次助攻，荣膺全明星赛 MVP。"大 O"还在处子赛季场均送出 9.7 次助攻，终结了鲍勃·库西连续 8 届助攻王的纪录。

1961/1962 赛季奇峰突起，张伯伦单场砍下 100 分，罗伯特森也打出了前无古人的"三双"赛季，场均贡献 30.8 分、12.5 个篮板、11.4 次助攻，单赛季贡献 41 次"三双"。

罗伯特森对华丽"三双"数据并不感冒："我专注打球，从没想数据。我只是用自己认为正确的打球方式，打完一场，准备下一场，周而复始。"

　　"红衣主教"奥尔巴赫认为罗伯特森就是那个时代的乔丹，虽然他从未像那些后辈一样飞天遁地在篮筐上方打球。"大O"更热衷于用那些古老的技艺去征服对手。

　　罗伯特森拥有不少专属的招牌动作，比如头部虚晃接突破上篮，起跳滞空后或投或传的把戏，最著名的当属翻身跳投，科比承认自己的底线跳投就是偷师于"大O"。

　　罗伯特森的"三双"表演并非昙花一现，在前5个赛季场均数据就达到"三双"：场均30.3分、10.4个篮板、10.4次助攻。

　　1963/1964赛季，罗伯特森还拿到一座常规赛MVP奖杯，要知道从1960年到1968年，MVP被张伯伦和拉塞尔联手垄断，"大O"是唯一一位打破两位"巨人"垄断的球员。

　　然而辛辛那提皇家的命运并不像他们的队名一样尊贵，"大O"神奇的个人表现也不足以让球队走得更远，在季后赛中，他们始终无法突破凯尔特人和76人的联合围剿，总是充当"陪太子读书"的角色。1967/1968赛季，辛辛那提皇家开始缺席季后赛。

　　1969/1970赛季，鲍勃·库西成为辛辛那提皇家新主帅，为了拯救球市，41岁的库西披挂上场，与罗伯特森搭档出战7场。然而库西的入主成为罗伯特森离开的导火索，最终辛辛那提将"大O"送到了密尔沃基雄鹿。

　　关于罗伯特森的离去，不少媒体认为是当时的主教练库西策划了这笔交易，究其原因是出于嫉妒，当年"大O"打破了不少由库西保持的纪录……

　　两位"上古控卫大神"的恩怨是非无法说清，但罗伯特森就此离开皇家，加盟雄鹿，成就了一段神话。

　　在中锋称霸的时代，大卫战胜歌利亚的戏码从未上演，罗伯特森始终无法击败那些大个子，想要在那个年代取得成功，就必须和大个子联手。

　　在密尔沃基，罗伯特森不再是数据达人，他减少投篮次数，甘心做"二当家"，场均得分降至20分以下，因为他的身边站着联盟中最好的大个子——"天勾"贾巴尔。

1970/1971 赛季，雄鹿在常规赛豪取 66 胜，总决赛以 4 比 0 横扫巴尔的摩子弹，夺得总冠军。罗伯特森在 NBA 奋斗 11 个赛季之后，终于如愿拿到首枚总冠军戒指。

1973/1974 赛季，罗伯特森在 NBA 的最后一季，原本有机会拿到第二枚总冠军戒指，然而在 1974 年总决赛中，虽雄鹿力拼 7 场，但还是负于凯尔特人。

1974 年 9 月 4 日，罗伯特森宣布退役，结束波澜壮阔的 14 载 NBA 生涯。他的 14 号与 1 号球衣分别被国王与雄鹿退役。

尽管职业生涯只有一枚冠军戒指，罗伯特森还是得到了极高的评价，韦斯特认为"大O"一直是自己的标杆："我能变得更好，与'大O'有很大关系。"

1980 年 4 月，罗伯特森入选篮球名人堂。2006 年 ESPN 将其评为史上第二控卫，排在他前面的是"魔术师"约翰逊。

罗伯特森出道之前，NBA 还没有出现过如此全能的高大型后卫，在"魔术师"、乔丹还未出世的"黑白时代"，"大O"首先定义了全能后卫这个位置。

罗伯特森在 NBA 留下 26710 分、7804 个篮板、9887 次助攻的全面而又高产的数据。

他还有 1 届总冠军、1 届常规赛 MVP、3 届全明星 MVP、6 届助攻王、12 届全明星、9 届最佳第一阵容等荣耀头衔，并取得赛季场均"三双"的壮举。

出道即巅峰，其 14 年职业生涯中 10 次把球队带入季后赛，罗伯特森虽然只有一枚总冠军戒指，却坐拥历史第二控卫的名号，足见其成就的非凡。

2021 年，罗伯特森入选 NBA75 大球星，名列第 9 位。

虽然地位已经非常高，但罗伯特森似乎并不满足，他表示："如果我在这个没有对抗的年代打球，会获得更伟大的成就。"此外，"大O"还固执地认为库里的高命中率是得益于现代篮球的打法，他这番厚古薄今的言论引发了一系列争议。

也许，"大O"看待时代更迭以及后辈崛起，更需要一些前辈的气度与胸襟。

生涯高光闪回 / 赛季场均"三双"

高光之耀：1961/1962 赛季，"大O"砍下赛季场均"三双"，这在 NBA 曾被视为无人企及的境界。然而江湖代有人才出，威斯布鲁克在 2016/2017 赛季场均豪取 31.7 分、10.7 个篮板、10.4 次助攻，时隔 55 年再次创造赛季场均"三双"的神迹。

1961/1962 赛季，"大O"场均得到 30.8 分、12.5 个篮板、11.4 次助攻，打出单赛季场均"三双"，这只是"大O"在 NBA 的第二个赛季。此外他还曾多次接近赛季场均"三双"：1960/1961 赛季场均得到 30.5 分、10.1 个篮板、9.7 次助攻；1963/1964 赛季场均得到 31.4 分、9.9 个篮板、11 次助攻……

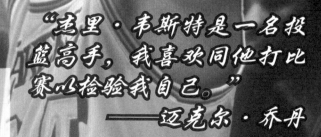

"杰里·韦斯特是一名投篮高手，我喜欢同他打比赛以检验我自己。"

——迈克尔·乔丹

● 档案
杰里·韦斯特 /Jerry West
出生地：美国西弗吉尼亚州雀里兰
出生日期：1938 年 5 月 28 日
身高：1.91 米 / 体重：84 公斤
效力球队：湖人 / 球衣号码：44
场上位置：得分后卫

● 荣耀
1 届总冠军：1972 年
1 届总决赛 MVP：1969 年
1 届全明星赛 MVP：1972 年
14 届全明星：1961 年—1974 年
1 届得分王：1969/1970 赛季
1 届助攻王：1971/1972 赛季
10 届最佳阵容一阵：1961/1962 赛季—1966/1967
赛季、1969/1970 赛季—1972/1973 赛季
篮球名人堂：1980 年
NBA 75 大球星

● 常规赛场均 27.0 分、5.8 个篮板、6.7 次助攻
● 季后赛场均 29.1 分、5.6 个篮板、6.3 次助攻

杰里·韦斯特常规赛数据

赛季	球队	篮板	助攻	得分
1960/1961	湖人	7.7	4.2	17.6
1961/1962	湖人	7.9	5.4	30.8
1962/1963	湖人	7.0	5.6	27.1
1963/1964	湖人	6.0	5.6	28.7
1964/1965	湖人	6.0	4.9	31.0
1965/1966	湖人	7.1	6.1	31.3
1966/1967	湖人	5.9	6.8	28.7
1967/1968	湖人	5.8	6.1	26.3
1968/1969	湖人	4.3	6.9	25.9
1969/1970	湖人	4.6	7.5	31.2
1970/1971	湖人	4.6	9.5	26.9
1971/1972	湖人	4.2	9.7	25.8
1972/1973	湖人	4.2	8.8	22.8
1973/1974	湖人	3.7	6.6	20.3

LOGO 男

杰里·韦斯特

JERRY WEST

韦斯特以温润如玉的绅士魅力征服世人，他被称为"湖人教父"、运球姿势最优雅的球员、NBA 的"LOGO 男"。

作为球员，他创造无数经典，却成为"凯尔特人王朝"的注脚；作为管理者，他亲手缔造了两个湖人"王朝"：Show Time 和"OK 王朝"。他有许多名动天下的绰号："关键先生""LOGO 男""湖人教父"，无论你用哪一个来称呼他，都不足以涵盖他伟大的篮球生涯——无论球场内外。

1938 年 5 月 28 日，杰里·韦斯特出生于西弗吉尼亚州的雀里兰小镇，他在家中排行老五。幼年时韦斯特身材瘦小，甚至还被父母禁止参加体育运动，以免造成伤害。随着渐渐长大，韦斯特迷恋于对着邻居仓库的一个自制篮筐玩投篮游戏，从此一发不可收。

1952 年，韦斯特就读于西弗吉尼亚州的东岸高中，1956 年，韦斯特当选西弗吉尼亚州最佳球员，他场均砍下 32.2 分，率领东岸高中勇夺该州冠军。为了纪念韦斯特的功绩，东岸高中更名为西（WEST）岸高中。

1956 年，面对 60 所名校的橄榄枝，韦斯特最终选择了家乡的西弗吉尼亚州大学。

在大学中，韦斯特总共得到 2309 分和 1240 个篮板。创下多项校纪录：总得分、场均得分、总投篮命中数、总篮板、得分 30 分以上场次数最多等纪录，至今无人打破。

1960 年，韦斯特还与"大 O"共同担任美国队长，率队夺得奥运会冠军。

1960 年选秀大会上，洛杉矶湖人在第二顺位选中了韦斯特。初进球队时，他的口音被队友们嘲笑，但很快，韦斯特就以温润如玉的绅士魅力征服了所有人。

在球场上，韦斯特就像一位苛刻的艺术家，不断调整修改自己的投篮姿势，最终成为联盟姿势最优美的人，成为 NBA 的"LOGO"。

韦斯特是堪称模板的得分后卫，他虽然身材不高大（只有 1.91 米），身体素质也非顶尖，并不具备统治球场的静态天赋，但他还是将自己不断修炼提升到这一高度。

从技术上讲，他完美无瑕。他的跳投无可挑剔、防守天衣无缝、运球就像广告片中一样华丽顺滑。他可以左右突破、攻击篮筐、干拔跳投、低位单打，除了无法完成篮筐上的空中作业，他简直无懈可击。

1965 年季后赛，韦斯特场均得到 40.6 分。在没有贝勒的情况下，韦斯特在第一轮场均轰下 46.3 分，独自扛着湖人在六场比赛中碾过巴尔的摩，创下 NBA 单赛季与单轮季后赛场均得分最高的两项纪录，至今无人打破。

1965/1966 赛季，韦斯特迎来高光的一季，他在常规赛场均得到 31.3 分、7.1 个篮板、6.1 次助攻。得分排名联盟第二，罚球数和命中数都排在第一。

在 20 世纪 60 年代的大部分时间里，韦斯特一直是湖人的主要得分手。由于勇猛奔放的风格，他遭受了很多伤病：鼻骨骨折、拇指断裂、跟腱拉伤、脚踝扭伤……同时他又留下经典无数：1962 年总决赛第三场的抢断后压哨上篮绝杀，1970 年总决赛第三场挽救比赛的中场超远进球，1969 年总决赛第一场爆炸性地轰下 53 分和 10 次助攻……

韦斯特只获得了一枚总冠军戒指，只因他不幸生活于"八连冠"的凯尔特人统治时代。八次总决赛铩羽而归的经历以及 NBA 历史上唯一一位亚军队队员获得总决赛 MVP 的殊荣，让韦斯特的职业生涯有一抹悲壮的色彩，其中更有无数惊心动魄的悲壮桥段：

1969 年总决赛的"抢七大战"，韦斯特飚下了 42 分、13 个篮板、12 次助攻的豪华"大三双"，湖人在落后 17 分的逆境下一路追上，最后因为唐·尼尔森的一记投篮，遗憾负于拉塞尔的凯尔特人。虽然湖人与总冠军失之交臂，但联盟还是对韦斯特表示了肯定与嘉奖：他成为唯一一位失去总冠军却赢得 NBA 总决赛 MVP 的球员。

1970 年总决赛对阵尼克斯，在第三场最后时刻，韦斯特在蜂鸣器响起之前命中了一记 18.2 米的超级远投（得两分，在那个年代没有三分），把比赛拖入加时。尽管韦斯特如此英勇，但尼克斯仍然赢得了比赛，并最终赢得系列赛。

1971 年 3 月，湖人举办"杰里·韦斯特之夜"，"老对手"拉塞尔自掏腰包赶到现场，并且坦言："一名球员所能得到的最高荣誉，就是同时代球员的尊敬和友谊。而你在这方面比任何人拥有的都更多。无论从哪个角度来说，韦斯特都是一名真正的冠军。如果我能够有一个愿望可以保证实现，那么我希望你能够一直快乐。"

借了拉塞尔的吉言，1971/1972 赛季湖人豪取 33 连胜，创造联盟历史最长连胜纪录，最终以 69 胜的联盟最佳战绩挺进季后赛，并一路杀入总决赛，终以 4 比 1 击败尼克斯夺得总冠军，韦斯特终于拿到首枚戒指，但他并无欣喜，因为这是他打得最差的一次总决赛。

1973/1974 赛季，联盟开始统计抢断，韦斯特因为腹股沟伤势只打了 31 场比赛，却贡献了 81 次抢断，可惜这发生在他职业生涯的尾声。

1973/1974 赛季，湖人在季后赛被雄鹿淘汰。36 岁的韦斯特因为伤病与年龄的关系，未能与湖人完成续约。之后，带着无数的辉煌和遗憾，这位在乔丹、科比之前最伟大的得分后卫结束了他的球员生涯。

韦斯特职业生涯合计 25192 分，季后赛场均 29.1 分，居历史第三。他 10 次入选最佳阵容，14 次入选全明星。

他之所以是"湖人教父"，因为他的篮球生涯远未结束。他依然在俱乐部中担任各种职务，之后又作为湖人教练，在 1976 年至 1979 年三次打入季后赛。

1982 年，韦斯特被任命为湖人总经理，他通过精明的交易和技巧性的选秀，使湖人在 20 世纪 80 年代一直处于 NBA 的顶端。从而缔造了 NBA 史上最伟大的十年团队 Show Time 演出。与此同时，他作为一个球员被选入名人堂以及 50 大球星。

经过 20 世纪 90 年代初期的一阵沉寂之后，韦斯特带领湖人再度进入季后赛，成为 1995 年 NBA 年度最佳经理。同年，韦斯特被任命为湖人篮球事务副总裁，1996 年他用迪瓦茨从黄蜂换来 13 顺位的科比，堪称神来之笔。

此后不久，韦斯特以一笔 1.2 亿美元的豪约将奥尼尔交易至湖人，日后横扫西海、威震东岸的"OK组合"诞生了。

2002 年，韦斯特离开洛杉矶，被孟菲斯灰熊聘为篮球总监。2004/2005 年赛季，灰熊首次在一个赛季赢得了 50 场比赛，他再次成为 NBA 年度最佳经理。2007 年他挂冠而去——在这之前，他运作了加索尔的交易，为湖人开启了另一个冠军时代。

2011 年，韦斯特的雕像在斯台普斯中心正式亮相，从此，他和"魔术师""天勾"并肩而立，昭示着"紫金王朝"的辉煌历史。

生涯高光闪回 / "LOGO 男"

高光之耀：韦斯特身形潇洒，运球动作宛如教科书一般标准，所以他的运球剪影成为 NBA 的标志，从 1969 年沿用至今。

NBA 标志首次出现在 1969 年的官方宣传资料上，标志的图案是一名球员运球的剪影，标志由红、白、蓝三种颜色构成，充分显示了 NBA 的特性。虽然 NBA 并没有公开标志的原型，但从剪影潇洒的运球身姿来看，世人都认为其原型就是韦斯特。

"FO，FO，FO！"
——摩西·马龙

摩西·马龙常规赛数据

赛季	球队	篮板	盖帽	得分
1974/1975	星光	14.6	1.5	18.8
1975/1976	精神	9.6	0.7	14.3
1976/1977	勇敢者	0.5	0.0	0.0
1976/1977	火箭	13.4	2.3	13.5
1977/1978	火箭	15.0	1.3	19.4
1978/1979	火箭	17.6	1.5	24.8
1979/1980	火箭	14.5	1.3	25.8
1980/1981	火箭	14.8	1.9	27.8
1981/1982	火箭	14.7	1.5	31.1
1982/1983	76人	15.3	2.0	24.5
1983/1984	76人	13.4	1.5	22.7
1984/1985	76人	13.1	1.6	24.6
1985/1986	76人	11.8	1.0	23.8
1986/1987	子弹	11.3	1.3	24.1
1987/1988	子弹	11.2	0.9	20.3
1988/1989	老鹰	11.8	1.2	20.2
1989/1990	老鹰	10.0	1.0	18.9
1990/1991	老鹰	8.1	0.9	10.6
1991/1992	雄鹿	9.1	0.8	15.6
1992/1993	雄鹿	4.2	0.7	4.5
1993/1994	76人	4.1	0.3	5.3
1994/1995	马刺	2.7	0.2	2.9

●档案

摩西·马龙 / Moses Malone
出生地：美国弗吉尼亚州彼得斯堡
出生日期：1955 年 3 月 23 日
身高：2.08 米 / 体重：110 公斤
效力球队：星光、精神、勇敢者、火箭、76 人、
子弹、老鹰、雄鹿、马刺
球衣号码：2、4、8、13、20、21、22、24
场上位置：中锋

●荣耀

1 届总冠军：1983 年
1 届总决赛 MVP：1983 年
3 届常规赛 MVP：1978/1979 赛季、1981/1982
赛季、1982/1983 赛季
12 届全明星：1978 年—1989 年
6 届篮板王：1978/1979 赛季、1980/1981 赛季—
1984/1985 赛季
4 届最佳阵容一阵：1978/1979 赛季、1981/1982
赛季、1982/1983 赛季、1984/1985 赛季
篮球名人堂：2001 年
NBA 75 大球星

●常规赛场均 20.6 分、12.2 个篮板、1.3 次盖帽
●季后赛场均 22.1 分、13.8 个篮板、1.6 次盖帽

孤独勇士
摩西·马龙
MOSES MALONE

当人们说起历史最佳中锋时，总会想到奥尼尔、贾巴尔和张伯伦等"巨兽"，但是总会忽略一个人，他就是摩西·马龙。

他是历史上第一位跳过大学进入职业联盟的高中生球员，在他的身后，是加内特、科比、麦迪、勒布朗这些如雷贯耳的名字。

他脚步轻捷，但超级强硬，拥有弹簧般连续起跳的能力，精通卡位技巧，能预判球的弹向，因此成为 NBA 史上最好的进攻篮板手。他还是一位极富效率的得分手。

他脾气火爆，拥有超凡脱俗的篮球才华，却命运多舛、颠沛流离，多达 10 次的换队生涯，让他有了"孤独勇士"的绰号。

1955 年 3 月 23 日，摩西·马龙出生于弗吉尼亚州的彼得斯堡。

摩西·马龙在高中时期就展现出非凡的篮球天赋，交出场均 30.8 分、12 个篮板的闪亮成绩单。1974 年，摩西·马龙高中毕业之后，没有选择进入大学深造，而是进入 ABA，效力犹他星光，开创了美国高中生直接成为职业篮球运动员的先河。

进入 ABA，摩西·马龙在处子赛季场均得到 18.8 分、14.6 个篮板，入选 1975 年 ABA 全明星阵容。1975 年 12 月，因为财务危机，星光被迫将摩西·马龙送到圣路易斯精神。

1976 年，ABA 被 NBA 兼并，圣路易斯精神不幸沦为没有加入 NBA 的球队之一，摩西·马龙也成为失业者。1976 年 8 月 5 日，波特兰开拓者在 ABA 已解散球队的球员选秀大会中，以第 5 顺位选中摩西·马龙。然而摩西·马龙还没有为波特兰披挂上场，就被送到布法罗勇敢者，用来交换一个 1978 年的首轮选秀权。这还不算完，仅仅两场比赛后，休斯敦火箭又用两个未来的首轮选秀权，从勇敢者手上得到摩西·马龙。

当时在 NBA，那些保守派并不相信这位 ABA 的高中生球员能在 NBA 有何作为，摩西·马龙不得不步入了一段颠沛流离的篮球之旅。最后，他在休斯敦安定下来。

摩西·马龙在火箭光速般崛起，成为翻江倒海的"篮板机器"和"禁区野兽"。

1976/1977 赛季，摩西·马龙打满了全部 82 场比赛，场均斩获联盟第三高的 13.4 个篮板，仅次于比尔·沃尔顿和贾巴尔，其中进攻篮板 437 个，打破了保罗·西拉斯当时创造的 365 个的纪录。在这个赛季的季后赛中，摩西·马龙场均掠下惊人的 18.8 分、16.9 个篮板。对阵华盛顿子弹的东部半决赛第二场，他摘下 15 个前场篮板，创下当时 NBA 的新纪录。

1978/1979 赛季，摩西·马龙彻底爆发，场均狂揽 24.8 分、17.6 个篮板，首次摘下篮板王，并加冕常规赛 MVP，这也拉开了摩西·马龙对前场篮板统治的序幕。

同时，摩西·马龙创造了 NBA 迄今为止单季进攻篮板纪录——587 个！ 1979 年 2 月 9 日，在和新奥尔良爵士的比赛中，摩西·马龙抢下职业生涯最高的 37 个篮板。

1979/1980 赛季，摩西·马龙场均得到 25.8 分、14.5 个篮板，得分榜名列第五，篮板榜名列第二。季后赛首轮第三场决胜局，摩西·马龙独揽 37 分和 20 个篮板，率领火箭以 141 比 120 取胜，并以总比分 2 比 1 淘汰马刺。

自 1980/1981 赛季起，摩西·马龙开始了一波"连续 5 年篮板王"的神迹之路。1981 年 3 月 11 日，火箭对阵金州勇士，摩西·马龙狂砍 51 分，展现出篮板之外同样不俗的得分能力。

1981 年季后赛，摩西·马龙场均贡献 26.8 分、14.5 个篮板，率领火箭杀入总决赛，可惜负于"二年级"新生拉里·伯德领衔的凯尔特人。

1981/1982 赛季，摩西·马龙再上一层楼，场均轰下 31.1 分、14.7 个篮板，拿到第二座常规赛 MVP 奖杯，并蝉联篮板王，得分榜上也仅次于乔治·格文，位居第二位。

1982 年 2 月 2 日，他在同圣迭戈快船的比赛中砍下 53 分。仅仅 9 天之后，即 2 月 11 日火箭对阵西雅图超音速，他又创造了单场 21 个进攻篮板的 NBA 新纪录。

摩西·马龙在火箭的个人表现辉煌无比，但始终无缘总冠军。1982 年夏天，火箭进入重建期，9 月 15 日，摩西·马龙在休斯敦留下 6 年巅峰岁月后，加盟费城 76 人。76 人原本就非常强大，汇聚了"J 博士"、安德鲁·托尼、莫里斯·奇克斯和琼斯，如今又加盟了一个 MVP 先生——摩西·马龙，其实力足以笑傲联盟。

1982/1983 赛季，摩西·马龙以场均 15.3 个篮板的佳绩，完成"篮板王三连庄"。76 人在季后赛更是所向披靡，直到夺取总冠军为止，只输了 1 场比赛！

摩西·马龙在季后赛场均贡献 26 分和 15.8 个篮板。在横扫湖人的四场总决赛中，他和贾巴尔的总篮板数分别为 70 与 30，从此摩西·马龙成为横亘在"天勾"心头的一根刺。

摩西·马龙继续着对篮板的统治，但时代开始悄然更替，湖人、凯尔特人双雄并起，

76人渐渐走下神坛。1985/1986赛季开始不久，摩西·马龙又一次进入颠沛流离的旅程，辗转于华盛顿和亚特兰大，继续保持他那神奇、恒定的"20+10"的招牌数据。

1989/1990赛季，摩西·马龙在效力老鹰的第二年，未能保持连续11个赛季场均20分和10个篮板的高水准。虽然18.9分和10个篮板足够闪耀，但对于摩西·马龙而言，却有些英雄迟暮的感觉，即便他依然能在这个赛季抢下（赛季最高）364个进攻篮板。

1990/1991赛季，摩西·马龙只首发了15场，场均仅交出10.6分、8.1个篮板，出场时间只有23.3分钟，降到了历史新低。1995年1月15日，在圣安东尼奥马刺，横跨了三个时代的摩西·马龙接受手术治疗，然后悄然引退。

1996年，摩西·马龙入选NBA 50大球星。2001年，他又入选了篮球名人堂。同年，摩西·马龙的24号球衣在休斯敦火箭正式退役。

摩西·马龙在NBA效力19年，夺得1届总冠军、1届总决赛MVP、3届常规赛MVP、6届篮板王，并12次入选全明星阵容、4次入选最佳第一阵容。可惜的是，虽然摩西·马龙荣耀满身，但在那个年代，NBA崇尚"一人一城"的忠诚，无人愿意提起这位频繁换队的"孤独勇士"，这也是摩西·马龙被低估的原因。

2015年9月13日，摩西·马龙因病逝世，享年60岁。

一代篮球巨星辞别人世，留下了绚烂的轨迹——21年篮球生涯（ABA+NBA），摩西·马龙将得分与篮板能力展现到历史最高级别。他总得分达到29580分，其中在NBA总共得到27409分，一度高居历史第七；总共揽下17834个篮板，仅次于张伯伦、拉塞尔，居历史第三。摩西·马龙还保持着单季进攻篮板、单场进攻篮板（21个）NBA双项纪录。

令人欣慰的是，摩西·马龙并没有被NBA和球迷忘记。2021年2月9日，他的2号球衣在76人退役。2021年，摩西·马龙又入选NBA 75大球星名单。

有了无数球迷的记挂，曾经的"孤独勇士"并不孤单。

生涯高光闪回／FO、FO、FO

高光之耀：1983年季后赛开始前，摩西·马龙喊出了口号"FO，FO，FO"（FO即four，意思是每轮用4场横扫对手，一共3轮，所以三个FO）。

1982/1983赛季，摩西·马龙与"J博士"联手，率领费城76人所向披靡，取得65胜17负的骄人战绩。摩西·马龙场均砍下24.5分和15.3个篮板（其中包括惊人的5.7个前场篮板），当选了该赛季的常规赛MVP。

1983年季后赛伊始，新科MVP摩西·马龙向联盟诸雄发出"FO，FO，FO"的战书。结果，76人首轮以4比0横扫尼克斯，东部决赛以4比1击败雄鹿，总决赛又以4比0横扫湖人夺冠。摩西·马龙几乎兑现了诺言，他的"FO，FO，FO"也成为一段佳话。

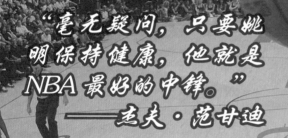

"毫无疑问，只要姚明保持健康，他就是 NBA 最好的中锋。"

——杰夫·范甘迪

姚明常规赛数据

赛季	球队	篮板	盖帽	得分
2002/2003	火箭	8.2	1.8	13.5
2003/2004	火箭	9.0	1.9	17.5
2004/2005	火箭	8.4	2.0	18.3
2005/2006	火箭	10.2	1.6	22.3
2006/2007	火箭	9.4	2.0	25.0
2007/2008	火箭	10.8	2.0	22.0
2008/2009	火箭	9.9	1.9	19.7
2010/2011	火箭	5.4	1.6	10.2

● **档案**

姚明 / Yao Ming
出生地：中国上海市徐汇区
出生日期：1980 年 9 月 12 日
身高：2.26 米 / 体重：141 公斤
效力球队：火箭 / 球衣号码：11
场上位置：中锋

● **荣耀**

8 届全明星：2003 年—2009 年、2011 年
篮球名人堂：2016 年
最佳新秀阵容一阵：2002/2003 赛季

● 常规赛场均 19.0 分、9.2 个篮板、1.9 次盖帽
● 季后赛场均 19.8 分、9.3 个篮板、1.5 次盖帽

小巨人
姚明

YAO MING

姚明不仅是一位球星，更是一个走向世界的中国符号。他将中国人的儒雅睿智、温文尔雅而又坚韧倔强的特质展现在世界面前，那是像水一样的力量，看似波澜不惊却有一种无法阻挡的前进力量。

姚明在赛场上锋芒内敛，但统治力十足。精湛细腻的球技和完美的身高（2.26 米）让他在 NBA 赛场成为一座无法逾越的高峰。

如果姚明健康，毫无疑问会是 NBA 第一中锋，13 投全中、单场41 分、22 连胜、全明星首发，也曾完爆邓肯、"大鲨鱼"、"魔兽"，带领球队杀入西部半决赛。这些点滴记忆都曾是每位中国球迷最为津津乐道的话题，并成为珍藏在心中的永恒骄傲。

2011 年 7 月 20 日，31 岁的姚明宣布退役，看似非常突然，却早有征兆。

2010/2011 赛季，姚明因伤只打了 5 场比赛就再度赛季结束。正值当打之年退役虽然留下无尽遗憾，但这些遗憾掩盖不了姚明所取得的成就和荣耀。站在 2.26 米的高处，他几乎以一己之力推动了 NBA 的全球化发展。

1980 年 9 月 12 日，姚明出生在上海的一个篮球世家。他的母亲方凤娣身高 1.88 米，曾是中国女篮的主力中锋兼队长，父亲姚志源身高 2.08 米，曾是上海男篮的主力中锋。姚明出生时体重 5 公斤，体长远远超过普通新生儿，似乎完美地继承了父母的篮球基因。

姚明 17 岁就入选了中国国家青年队，并随队获得亚洲青年男子篮球锦标赛冠军。

2000 年 9 月，年仅 20 岁的姚明随中国男篮出征悉尼奥运会。在 6 场奥运男篮比赛中，姚明场均拿到 10.5 分、6 个篮板和 2.2 次盖帽，并以 13 次盖帽并列奥运盖帽榜第一名，以 63.9% 的投篮命中率名列第三名。"小巨人"的名号首次闪耀世界。

2001/2002 赛季，全国男篮甲 A 联赛（CBA），姚明场均贡献 32.4 分、19 个篮板，率领东方大鲨鱼杀进总决赛。整个总决赛，姚明场均轰下 40 分、21 个篮板和 4.3 次盖帽，率队以 3 比 1 击败八一，东方大鲨鱼也夺得队史首座总冠军奖杯。

2002 年 6 月 27 日，NBA 选秀大会，休斯敦火箭在首轮第一顺位选中姚明，姚明也成为 NBA 历史上首位外籍状元。

2002 年，姚明随中国男篮出征篮球世锦赛，这位 NBA 新科状元备受关注。他场均得到 21 分、2.2 次封盖，投篮命中率高达 75.3%，三项数据均名列所有球员的第一位，毫无争议地成为此届男篮世锦赛的最佳中锋。

2002 年 11 月 18 日，火箭对阵湖人，这是姚明在 NBA 的第八场比赛。此战姚明 9 投全中，拿下 20 分、6 个篮板，火箭也因此以 93 比 89 击败湖人。时任 TNT 评论员的巴克利豪赌失败（他曾赌姚明单场不会超 19 分），被迫兑现赌约——亲吻驴屁股。

2002/2003 赛季，作为 NBA 史上首位外籍状元的姚明表现不俗，场均得到 13.5 分、8.2 个篮板和 1.74 次封盖，入选最佳新秀第一阵容。姚明还获得 1286324 张选票，力压"大鲨鱼"成为 2003 年全明星赛西部首发中锋。

2004 年，姚明率领火箭闯进季后赛，遇到"OK 组合"领衔的湖人。"姚鲨对决"虽然吸引眼球，但两队实力悬殊，火箭最终以 1 比 4 败下阵来。姚明在自己的首次季后赛之旅表现非凡，场均得到 15 分、7.4 个篮板，打出准全明星中锋的风采。

2004 年雅典奥运会，已经成为中国男篮绝对领袖的姚明，立誓"不破前八，不剃须"。姚明在中国男篮赢下 2002 年世锦赛冠军南斯拉夫的关键比赛里，得到 27 分、13 个篮板，率领中国队历史性地晋级八强。

2004 年夏天，火箭与魔术交易，签下两届得分王特雷西·麦格雷迪。

麦迪搭档姚明，得分王加上状元中锋，一时间堪比"OK 组合"的"姚麦组合"横空出世。

2004/2005 赛季，"姚麦组合"合作的首个赛季，麦迪场均砍下 25.7 分、5.7 次助攻，姚明场均得到 18.3 分、8.4 个篮板，他们率领火箭一路挺进季后赛，并给"诺天王"的小牛当头一棒，在达拉斯来了一个 2 比 0。

但是，这样幸福的时刻并不长久，尽管两人的磨合日趋成熟，但因为彼此轮番伤病，始终无法率领火箭完成突破，取得与之匹配的荣耀。

2007 年 4 月 17 日，火箭以 120 比 117 战胜太阳，取得了季后赛主场优势。这场比赛麦迪 31 投 14 中，得到 39 分、9 次助攻；姚明 20 投 14 中，砍下 34 分、9 个篮板。这场比赛可以看成是"姚麦"联手最振奋人心的一场比赛。

2007/2008 赛季，火箭创造了联盟历史第二长的连胜战绩——22 连胜（仅次于 1971 年湖人创造的 33 连胜）。在 22 场连胜的比赛之中，姚明仅参加了前 12 场，就因为左脚

应力性骨折而告别了该赛季余下的比赛，而这个伤病也成为姚明职业生涯的隐患。

2008 年 7 月 17 日，姚明在受伤 143 天之后终于复出。而在北京奥运会上，姚明带领中国男篮从"死亡之组"当中杀出，挤入八强。姚明在奥运会的五场比赛中场均砍下 19 分、8.2 个篮板、1.5 次盖帽，投篮命中率高达 51.5%。

2008/2009 赛季，打了 77 场比赛的姚明场均砍下 19.7 分、9.9 个篮板和 1.9 次盖帽，在麦迪因伤缺阵的危急时刻，姚明率领火箭以西部第五的身份挺进季后赛。

季后赛首轮火箭以 4 比 2 淘汰开拓者，姚明 NBA 生涯首次进入季后赛第二轮。

值得一提的是，2009 年 4 月 19 日，火箭做客玫瑰花园球馆，最终以 108 比 81 击败开拓者取得季后赛首胜。姚明此役 9 投全中，砍下 24 分，投篮命中率高达 100%。

火箭在半决赛与湖人会师，首战姚明 17 投 9 中，砍下季后赛最高的 28 分，上演了一回"王者归来"。他在膝盖被撞伤后拒绝回到更衣室，从通道返回后，用一记中投扩大领先优势，最终火箭以 100 比 92 在斯台普斯告捷。

可惜姚明在第三战结束后左脚踝轻微骨裂，因此赛季结束。火箭因为姚明的受伤失去与湖人一拼高下的资本，最终以 3 比 4 败在湖人手中。

整个系列赛，姚明场均贡献 19.6 分、11.3 个篮板和 1.3 次盖帽。但令人痛心的是，从此之后姚明开始了漫长的养伤期，火箭的腾空也因此戛然而止。

更为痛心的是，姚明左脚的伤势始终无法痊愈。2011 年 7 月 20 日，姚明在无奈之下，正式宣布退役。

姚明在 NBA 的数据就此定格：出战 486 场、先发 476 场，总共得到 9247 分、4494 个篮板、769 次助攻、189 次抢断、920 次封盖。

"我认为没有人能像姚明那样，他是一位能够接管比赛的伟大中锋。"
——沙奎尔·奥尼尔

虽然姚明在 NBA 只打了 9 个赛季，但是他留下了无数荣誉：NBA 历史上第一位外籍状元，连续 8 次入选全明星，5 次入选联盟最佳阵容，入选最佳新秀第一阵容。

在国际赛场上，姚明同样成就惊人，他率领中国男篮在 2004 年雅典奥运会上进入前八，也在 2006 年日本男篮世锦赛上当选过赛事得分王。

他高大强壮而又幽默睿智，他谦和内敛而又坚韧强悍，他天赋异禀而又勤奋不辍；他凭借天赋和努力被高傲的美国人接受，向世界展示了极具东方魅力的中国特质。

用科比的话讲："姚明是我们所有人之间的一座桥梁！"姚明用精湛的球技和含蓄的微笑征服了世人，然而唯一无法征服的就是伤病。如今他转身离去时，NBA 留下了一个来自东方的闪亮印迹。

2016 年 9 月 9 日，姚明入选名人堂。2017 年 2 月 4 日，姚明的 11 号球衣被休斯敦火箭退役。在 NBA 长达 9 年的岁月里，一直效力于火箭，场均贡献 19 分、9.3 个篮板，并成为这支球队的象征，对于球衣退役的殊荣他可谓实至名归。

姚明拥有独一无二之处，他用自己在 NBA 的形象、个人的人格魅力，让世界上人口最多的国家掀起篮球热潮，其中蕴含的价值是难以衡量的。

作为篮球交流的使者，姚明是中国篮球的标志与骄傲，为中美篮球做出了巨大贡献。

生涯高光闪回 / "姚鲨"对决

高光之耀："大鲨鱼"是 NBA 近 20 年来的最强中锋，典型的美国式风格，崇尚破坏性和毁灭性，在场上盛气凌人。"小巨人"拥有出众的身高以及出色的投篮技巧，谦虚内敛、深谙以柔克刚、后发制人的中国式智慧。"姚鲨对决"成了 NBA 不可或缺的一部分。奥尼尔是姚明的参照物，与他对决，姚明能看到自己的点滴进步。

2002 年 12 月 4 日，在著名的"马刺双塔"——邓肯和罗宾逊面前，姚明得到 27 分、18 个篮板、3 次盖帽，这在 NBA 引发了一场地震。于是，"姚鲨对决"成为现象级话题，因为球迷厌倦了奥尼尔的一家独大，渴望出现一个能够与"大鲨鱼"抗衡的人。

2003 年 1 月 18 日，姚明和奥尼尔首次交锋。开场姚明不仅 4 投 3 中，拿下 6 分，防守端更是连续用 3 次盖帽封杀奥尼尔，看到"大鲨鱼"吃瘪，现场观众沸腾了。

尽管奥尼尔砍下 33 分、13 个篮板，数据上领先姚明（10 分、10 个篮板），但是火箭以 108 比 104 赢得比赛的胜利，姚明也赢得挑剔的美国球迷的赞许。

2004 年 2 月 12 日，姚明在奥尼尔面前独得 29 分、11 个篮板，率领火箭再胜湖人。在接下来的"姚鲨"对决中，奥尼尔深深感到这位中国"巨人"的快速成长。

"姚鲨"对决共 20 次，彼此 10 胜 10 负。在这 20 次的经典对决中，姚明场均贡献 17.1 分和 9.7 个篮板，奥尼尔场均贡献 20.3 分和 9.6 个篮板。两位风格迥异的内线球员联手奉献的巅峰对决，也可能是 NBA 最后一次来自中锋之间的对决盛宴。

在如今骑射如风的小球时代，那些古典中锋的内线对抗似乎已成追忆……

天赋平平却能成
为伟大的球员，
这就是佩蒂特缔
造的励志传奇。

● 档案

鲍勃·佩蒂特 / Bob Pettit
出生地：美国路易斯安那州巴吞鲁日
出生日期：1932 年 12 月 12 日
身高：2.06 米 / 体重：93 公斤
效力球队：老鹰 / 球衣号码：9
场上位置：大前锋

● 荣耀

1 届总冠军：1958 年
2 届常规赛 MVP：1955/1956 赛季、1958/1959 赛季
4 届全明星 MVP：1956 年、1958 年、1959 年、
1962 年
11 届全明星：1955 年—1965 年
2 届得分王：1955/1956 赛季、1958/1959 赛季
1 届篮板王：1955/1956 赛季
10 届最佳阵容一阵：1954/1955 赛季—
1964/1965 赛季
篮球名人堂：1970 年
NBA 75 大球星

● 常规赛场均 26.4 分、16.2 个篮板、3.0 次助攻
● 季后赛场均 25.5 分、14.8 个篮板、2.7 次助攻

鲍勃·佩蒂特常规赛数据

赛季	球队	篮板	助攻	得分
1954/1955	老鹰	13.8	3.2	20.4
1955/1956	老鹰	16.2	2.6	25.7
1956/1957	老鹰	14.6	1.9	24.7
1957/1958	老鹰	17.4	2.2	24.6
1958/1959	老鹰	16.4	3.1	29.2
1959/1960	老鹰	17.0	3.6	26.1
1960/1961	老鹰	20.3	3.4	27.9
1961/1962	老鹰	18.7	3.7	31.1
1962/1963	老鹰	15.1	3.1	28.4
1963/1964	老鹰	15.3	3.2	27.4
1964/1965	老鹰	12.4	2.6	22.5

鹰王

鲍勃·佩蒂特

BOB PETTIT

鲍勃·佩蒂特是 NBA 最早的传奇巨星之一，也是 NBA 历史上第一个职业生涯得分达到 20000 分的球员。

他在凯尔特人统治的时代抢下唯一一枚没有被"绿衫军"掠走的总冠军戒指，同时他两次荣膺常规赛 MVP，两夺得分王，四次获得全明星 MVP 更是让他成为初代"星中之星"，独霸 NBA 浩瀚的星河长达半个世纪，只有科比在 50 年后集齐四届全明星 MVP，与之比肩。

佩蒂特效力联盟 11 年，每个赛季场均得分都达到 20 分以上，他是联盟 20 世纪五六十年代最强的大前锋，没有之一。

当现在的球迷谈论谁是 NBA 历史上最强大的前锋时，人部分人都将候选人的名单锁定在邓肯、加内特、诺维斯基之间，偶有一些老球迷会提到巴克利和马龙，这些都是伟大的巨星，但还请将鲍勃·佩蒂特的名字也添加进去。

佩蒂特身材瘦弱，在以强壮身体为依托的职业篮球赛场，他一度被所有人认为在联盟无法生存。而他却凭借坚持不懈的训练和拼搏精神在篮球场上打出一方天地，并华丽绽放，成为 NBA 一颗璀璨的巨星。

1932 年 12 月 12 日，佩蒂特出生在路易斯安那州一座名叫巴吞鲁日的小城。少年时代的佩蒂特没有展现出运动天赋，在巴吞鲁日中学就读时，因为身材过于瘦弱，还两度被校队淘汰。佩蒂特偏偏有一股子拧劲儿，在被校队淘汰之后，他便开始疯狂加练，终于在高三时被校队再次录取。

重回校队后，佩蒂特展露出"特训"的成果，他在赛场上变得无所不能，很快成为球队领袖。1950 年的高中联赛，佩蒂特率领巴吞鲁日中学球队斩获了校史第一座路易斯安那州高中联赛的冠军奖杯。

佩蒂特在高三赛季表现出色，受邀就读路易斯安那州立大学，并成为校篮球队的领袖。整个大学生涯，他场均能够斩获 27.4 分，两次荣膺全美最佳（大学）球员。

1954 年，佩蒂特参加 NBA 选秀大会，在首轮第二顺位被密尔沃基老鹰选中。

初入 NBA，佩蒂特因为身材瘦削、运动天赋平平，再遭质疑，但他很快用实际表现给予有力回击。新秀赛季，佩蒂特场均贡献 20.4 分、13.8 个篮板，当选最佳新秀，同时还入选了全明星。得分靠天赋，篮板靠努力，佩蒂特靠着积极、全力的拼抢，让自己的篮球数据上双，达到"20+10"的一流内线水准。

虽然数据出色，但作为新秀的佩蒂特还不能成为一名出色的领袖，那个赛季老鹰战绩只有可怜的 26 胜 46 负。佩蒂特显然意识到了这个问题。

1955 年休赛期，老鹰搬迁到圣路易斯。接下来的 1955/1956 赛季，佩蒂特场均拿下25.7 分、16.2 个篮板，俨然成为超级巨星，老鹰也比上赛季多赢了 7 场比赛。

这样的战绩还是不能让人满意，但老鹰显然也意识到拥有佩蒂特，已经让他们有了称霸联盟的基础。于是，他们在 1956/1957 赛季开始之前对队伍进行大刀阔斧的改造：用挑选比尔·拉塞尔的那个选秀权从波士顿凯尔特人那里换来了爱德华·麦考利以及新秀克里夫·海根；而在另一笔同纽约尼克斯的交易中他们还得到了后卫斯雷特·马丁；接着，他们又找来了此前刚刚被活塞裁掉的亚历克斯·汉纳姆。

经过一番调整之后，老鹰也仅取得 34 胜 48 负的战绩，不过得益于当时西部羸弱，他们竟然挺进季后赛，并一路杀到了总决赛，遇到拉塞尔领衔的凯尔特人。

1957 年总决赛，老鹰和凯尔特人进入"抢七大战"，佩蒂特在最后时刻命中两记罚球，比赛进入加时赛。直到加时赛最后一刻，打光最后一发子弹的老鹰才终于败下阵来。

值得一提的是，整个 1957 年的季后赛，佩蒂特的表现有如神助，场均取得 29.8 分和 16.8 个篮板的"豪华两双"表现，简直无可挑剔。

1957/1958 赛季，佩蒂特场均砍下 24.6 分、17.4个篮板，率领老鹰卷土重来，在季后赛更是一路过关斩将，再度杀入总决赛，对面依然是老对手——凯尔特人！

这次的总决赛，更加异彩纷呈。佩蒂特展现出无与伦比的统治力，在第六场砍下震惊世人的 50 分，最终率领老鹰以 4 比 2 击溃凯尔特人，将总冠军收入囊中！

佩蒂特率领老鹰夺得这一冠的意义还在于截断了拉塞尔那支凯尔特人的连冠次数，让那支"绿衫军"仅仅停留在"八连冠"，而没有连冠次数上双。

老鹰在接下来的三个赛季，一直都是西部领头羊。佩蒂特也一直保持着 25+ 的得分和 15+ 的篮板的超级表现。但他和老鹰却没有再次品尝到总冠军的滋味，日渐崛起的"紫金王朝"和依旧坚挺的"绿衫军"，让佩蒂特始终没能如愿取得胜利。

1961/1962 赛季，老鹰阵容逐渐老去，虽然佩蒂特在那个赛季场均拿下 31.1 分和 18.7 个篮板，但球队战绩却已经一落千丈，仅仅获得了 29 胜。之后的两个赛季，佩蒂特虽然依旧强势，老鹰似乎也焕发了青春，但球队再也没有重返总决赛的舞台。

1964/1965 赛季，年逾 32 岁的佩蒂特受到伤病侵袭，缺席 50 场比赛，老鹰也再次止步分区决赛。赛季结束之后，佩蒂特宣布退役，带着生涯场均 26.4 分，累计 20880 分和 12849 个篮板的光辉数据，以及 1 届总冠军、2 届常规赛 MVP、2 届得分王、4 届全明星 MVP、11 届全明星、10 届最佳阵容一阵的显赫荣耀，正式告别 NBA 的舞台。

佩蒂特虽然退役了，但他留给篮球世界一个光辉伟岸的背影。他的拼搏精神，一直都是 NBA 教练教育球员的最佳范本。他也给篮球技术增添了一个新词汇——二次进攻。最早的"二次进攻"就是因为他不断争抢进攻篮板，并再度完成进攻而产生的。

既不是张伯伦那种砍分狂魔，也并非拉塞尔这种球场赢家，同时不具备库西的华丽运球、贝勒的炫酷扣篮，但佩蒂特充满拼搏精神。同时代的球员都用"顽强搏斗者""斗士"这些词来形容他，季后赛场均博到 10.4 次罚球就足以证明佩蒂特的强悍。

天赋平平却能成为伟大的球员，这就是佩蒂特缔造的励志传奇。

虽然他的身影已经模糊，但请记住这位联盟历史上首位"鹰王"、首位 20000 分先生、首位超级大前锋！无论 NBA 如何发展，请相信，当讨论起最伟大的大前锋时，一定有他的一席之地。

生涯高光闪回／砍下 50 分率队夺冠

高光之耀：要不是佩蒂特搅局，"指环王"可能会拿下 10 连冠。佩蒂特带领的老鹰和拉塞尔带领的凯尔特人在总决赛相遇过四次，老鹰只赢过一次。虽然只有一次，但留下了无数壮丽诗篇，其中就包括佩蒂特的惊世表演。

1958 年总决赛第六场，佩蒂特打出生涯最佳表现，在前三节独砍 31 分，第四节更是包揽全队 21 分中的 19 分。比赛还有 15 秒，佩蒂特投中关键一球，让球队领先 3 分。

最终，老鹰以 110 比 109 赢下比赛，并以总比分 4 比 2 击败"绿衫军"，夺得队史上唯一的一座总冠军奖杯，也送给凯尔特人在"11 冠"统治时期总决赛的唯一一败。

"我认为里克·巴里不仅是伟大的得分手，还是出色的传球手。"
——比尔·沙曼

●档案

里克·巴里 / Rick Barry
出生地：美国新泽西州伊丽莎白城
出生日期：1944 年 3 月 28 日
身高：2.01 米 / 体重：93 公斤
效力球队：勇士、篮网、火箭
球衣号码：2、4、24 / 场上位置：小前锋

里克·巴里常规赛数据

赛季	球队	篮板	助攻	得分
1965/1966	勇士	10.6	2.2	25.7
1966/1967	勇士	9.2	3.6	35.6
1968/1969	橡树	9.4	3.9	34.0
1969/1970	首都	7.0	3.4	27.7
1970/1971	篮网	6.8	5.0	29.4
1971/1972	篮网	7.5	4.1	31.5
1972/1973	勇士	8.9	4.9	22.3
1973/1974	勇士	6.8	6.1	25.1
1974/1975	勇士	5.7	6.2	30.6
1975/1976	勇士	6.1	6.1	21.0
1976/1977	勇士	5.3	6.0	21.8
1977/1978	勇士	5.5	5.4	23.1
1978/1979	火箭	3.5	6.3	13.5
1979/1980	火箭	3.3	3.7	12.0

●荣耀

1 届总冠军：1975 年
1 届总决赛 MVP：1975 年
1 届全明星 MVP：1967 年
8 届全明星：1966 年、1967 年、1973 年—1978 年
1 届得分王：1966/1967 赛季
1 届抢断王：1974/1975 赛季
5 届最佳阵容一阵：1965/1966 赛季、1966/1967
赛季、1973/1974 赛季—1975/1976 赛季
4 届 ABA 最佳阵容一阵：1968/1969 赛季—
1971/1972 赛季
篮球名人堂：1978 年
NBA 75 大球星

●常规赛场均 23.2 分、6.5 个篮板、5.1 次助攻
●季后赛场均 24.8 分、5.6 个篮板、4.6 次助攻

得分机器

里克·巴里

RICK BARRY

他是唯一一位将 NBA、ABA 和 NCAA 三大联赛得分王集于一身的球员，他用"端尿盆"的姿势投出 90% 的罚球命中率。

NBA 历史上有四位名叫巴里的球员，布伦特·巴里、德鲁·巴里和琼·巴里是货真价实的亲兄弟，然而无论是实力还是知名度，与他们的老爸里克·巴里相比，三兄弟都黯然失色。

在 NBA 中巴里家族声名显赫，怪异的"端尿盆"罚球并没有阻挡"老爷子"里克·巴里挺进 NBA 50 大球星的步伐。

1944 年 3 月 28 日，里克·巴里出生于新泽西的伊丽莎白城。因为父亲是一名篮球教练，曾在 ABA 联盟执教过，这令巴里从小就与篮球形影不离，延续着篮球世家的传承。

巴里就读于洛瑟勒高中时，两次以高中生身份荣膺全美最佳球员，从而得到迈阿密大学的奖学金。 就读于迈阿密大学后，巴里邂逅了日后的妻子帕梅拉，也为日后进入职业篮坛打下了坚实的基础。彼时名不见经传的迈阿密大学是 NCAA 典型的鱼腩，巴里的到来改变了一切。1964/1965 赛季，巴里场均砍下 37.4 分，荣膺 NCAA 得分王，带着场均 29.8 分和 16.5 个篮板的"两双"成绩单告别大学篮坛。

巴里于 1965 年参加 NBA 选秀，在首轮第二顺位被旧金山勇士选中。

新秀赛季，巴里就一鸣惊人，场均砍下 25.7 分，当选最佳新秀，入选全明星以及最佳第一阵容。巴里在 NBA 的第二个赛季便创造单季 2775 分的职业生涯得分纪录，并以场均 35.6 分勇夺得分王，比第二名的奥斯卡·罗伯特森足足高出 5 分。

巴里场均砍下 35.6 分的战绩，即便是放在 NBA 浩瀚的历史长河中也异常闪耀。此前只有张伯伦和贝勒打出过更高的飙分赛季，在此后 20 年，也只有乔丹以场均 37.1 分的成绩超越了他。

就在这一年，巴里率领勇士杀入了总决赛，与张伯伦领衔的 76 人鏖战六场后惜败，第三场巴里 48 投 22 中，狂砍总决赛第二高的 55 分（贝勒 61 分居第一）。此外，巴里在总决赛场均砍下 NBA 历史新高的 40.8 分，这一纪录直到 1993 年才被乔丹打破。

NBA 生涯的前两年，巴里可谓是呼风唤雨，但他却萌生去意，准备跳槽，希望加盟 ABA 的奥克兰橡树。一方面 5 万美元的薪水难以抗拒，另一方面巴里的岳父布鲁斯·霍尔正是橡树的主帅。讽刺的是巴里加盟橡树时，霍尔已经离职，接过教鞭的正是一年前还嘲笑"红白蓝三色球是海豹才玩的玩意儿"的名教头阿列克斯·汉纳姆。

巴里在 ABA 很快显示出超强的统治力，1969 年率队夺冠，当季 MVP 评选中也仅次于步行者的梅尔·丹尼尔斯。尽管他因为膝伤只打了 35 场比赛，不过仍然以场均 34 分的成绩拿下得分王，成为史上第一个 NBA 和 ABA 的双料得分王。

1969/1970 赛季开始之前，奥克兰橡树宣布前往华盛顿，并改名国会，巴里大为不满。一个赛季后华盛顿国会再度迁徙，更名为弗吉尼亚侍卫，巴里再度开炮："我可不想让我的孩子拥有南方口音。"最终喋喋不休的巴里被交易至纽约网，为球队出战的两个赛季，巴里场均贡献 29.4 分和 31.5 分。

巴里为 ABA 效力 4 个赛季，4 次入选全明星，夺得一次总冠军以及一次得分王。职业生涯的 7 个赛季，巴里的生活"丰富多彩"——置身两个联盟，效力三支不同的球队，辗转四个不同城市。

ABA 著名记者吉姆·奥布莱恩在其 1972 年出版的《ABA 全明星》一书中写道："在效力 ABA 期间，巴里绝对是最佳球员。从一开始他就是这个年轻联盟的首席大明星，影响力超乎想象，这让很多人追随巴里引领的潮流，与这个新兴的职业篮球联盟签约。"

1972/1973 赛季巴里重返 NBA，整个联盟见证的是另外一个巴里，在此之前他是一个纯粹的得分手，归来之后他已经变成了全能战术者。按照巴里的说法，这些进步是加盟 ABA 的意外收获，因为在他看来具备 NBA 水准的 ABA 球员寥寥无几，缺乏帮手的巴里只能强迫自己开发出传球和防守技能。

作为完美主义者，巴里从不保留自己的观点，他对一切事物的苛刻让队友不胜其烦。但特立独行的性格并不会让巴里的实力打半点儿折扣，整个 20 世纪 70 年代，他和"J博士"都是衡量前锋好坏的标尺。1974/1975 赛季，巴里到达顶峰，场均贡献 30.6 分、2.85 次抢断，率领金州勇士一路杀入总决赛，并在总决赛以 4 比 0 横扫子弹，夺得总冠军。

巴里荣膺了总决赛 MVP，然而在常规赛 MVP 的评选中却备受冷落。当年勇士的队友布奇·比尔德解释原因说："很明显，巴里在球场上的种种行为影响了形象。"

巴里脾气火爆、动作粗野、爱抱怨裁判，而这些恰恰是他求胜欲望太强的表现。

1975 年之后，勇士开始从巅峰滑落，慢慢走下神坛。1977/1978 赛季巴里仍然可以每场砍下 23.1 分，然而由于太平洋赛区的崛起，赛季 43 胜的勇士居然没有打进季后赛。与勇士 6 年合约期满后，巴里决定进入联盟试水，与休斯敦火箭签约。

职业生涯最后两季，巴里在火箭担任的角色发生了本质的变化。那是一支拥有摩西·马龙、卡尔文·莫菲和汤姆贾诺维奇的球队，巴里不需要为得分操心，他彻底变成了一个组织前锋，1978/1979 赛季，他送出职业生涯最高的 502 次助攻。

最后两年，巴里的罚球更为精准，继续将"端尿盆"式罚球发扬光大，他的职业生涯最终以连续三个赛季的"罚球王"收尾。

1980 年 4 月 14 日，巴里完成职业生涯最后一场比赛，得到 15 分。该赛季结束，36 岁的巴里宣布退役。在其 14 年的职业生涯里，他留下 25279 分的总得分，跻身历史最强得分手的序列。毋庸置疑，巴里是 NBA 史上最出色的得分手和组织者之一，他是场均得到 20 分以上且罚球命中率超过 88% 的球员，他的助攻可以与詹姆斯、伯德比肩，然而巴里的知名度、曝光率并未与他的能力成正比。

巴里是整个 20 世纪 70 年代 NBA 与 ABA 最优秀的小前锋，具有摧毁一切的攻击力。巴里职业生涯先后 9 次在 NBA 与 ABA 入选过第一阵容。

职业生涯 14 年，巴里 10 次率队杀入季后赛，夺得 1 届总冠军，他还荣膺 1 届总决赛 MVP、1 届全明星 MVP，入选 8 届全明星、5 届最佳第一阵容……

巴里在两大联盟中均呈现顶级表现：ABA 场均得到 32.2 分、8.3 个篮板、3.7 次助攻，NBA 场均得到 24.8 分、5.6 个篮板、4.6 次助攻。

退役后的巴里也入选了名人堂。2021 年，巴里入选 75 大球星，排名第 27 位。

生涯高光闪回 / 巴里家族

高光之耀：巴里的三个儿子都进入过 NBA，其中琼·巴里和布伦特·巴里也博得了一定名声，但这三个儿子的成就与父亲相差太多。

巴里一共有四个儿子，其中三人进入 NBA。

琼·巴里属于中规中矩的角色后卫，有着良好的防守与关键时刻突施冷箭的能力，场均得分 5.3 分；布伦特·巴里有着恐怖的身体素质，早年缔造过"白人也能飞"的罚球线飘移。从 1996 年获得扣篮冠军以后，"白飞人"的美誉就伴随布伦特左右，加上其分别在 2005 年、2007 年随马刺获得总冠军，场均得到 7.3 分，他算是三兄弟中篮球造诣最高的一位。德鲁·巴里则只在 NBA 打了两场比赛，技术统计为 0 分。

Q-10

Q

尤因 / 罗宾逊 / 贝勒 / 哈夫里切克
EWING/ROBINSON /BAYLOR/HAVLICEK

J

马拉维奇 / 巴特勒 / 海耶斯 / 库西
MARAVICH/BUTLER/HAYES/COUSY

10

塔图姆 / 约基奇 / 佩顿 / 门罗
TATUM/JOKIC /PAYTON /MONROE

● 档案

帕特里克·尤因 / Patrick Ewing

出生地：牙买加金斯顿

出生日期：1962 年 8 月 5 日

身高：2.13 米 / 体重：109 公斤

效力球队：尼克斯、超音速、魔术

球衣号码：6、33

场上位置：中锋

● 荣耀

11 届全明星：1986 年、1988 年—1997 年

3 届最佳防守阵容二阵：1987/1988 赛季、

1988/1989 赛季、1991/1992 赛季

1 届最佳阵容一阵：1989/1990 赛季

最佳新秀：1985/1986 赛季

2 届奥运冠军：1984 年、1992 年

篮球名人堂：2008 年

NBA 75 大球星

● 常规赛场均 21.0 分、9.8 个篮板、2.4 次盖帽

● 季后赛场均 20.2 分、10.3 个篮板、2.2 次盖帽

帕特里克·尤因常规赛数据

赛季	球队	篮板	盖帽	得分
1985/1986	尼克斯	9.0	2.1	20.0
1986/1987	尼克斯	8.8	2.3	21.5
1987/1988	尼克斯	8.2	3.0	20.2
1988/1989	尼克斯	9.3	3.5	22.7
1989/1990	尼克斯	10.9	4.0	28.6
1990/1991	尼克斯	11.2	3.2	26.6
1991/1992	尼克斯	11.2	3.0	24.0
1992/1993	尼克斯	12.1	2.0	24.2
1993/1994	尼克斯	11.2	2.7	24.5
1994/1995	尼克斯	11.0	2.0	23.9
1995/1996	尼克斯	10.6	2.4	22.5
1996/1997	尼克斯	10.7	2.4	22.4
1997/1998	尼克斯	10.2	2.2	20.8
1998/1999	尼克斯	9.9	2.6	17.3
1999/2000	尼克斯	9.7	1.4	15.0
2000/2001	超音速	7.4	1.2	9.6
2001/2002	魔术	4.0	0.7	6.0

"我从不为打翻的牛奶哭泣。"

——帕特里克·尤因

大猩猩
帕特里克·尤因
PATRICK EWING

他是曾经的"纽约之王",曾把"篮球之神"乔丹逼进抢七绝境;他虎踞在麦迪逊广场之上,像一尊金刚怒目的"巨神";他拥有中锋教科书般的球技,掠下荣誉无数,却独缺那枚总冠军戒指。

他就是帕特里克·尤因,"四大中锋"(奥拉朱旺、奥尼尔、罗宾逊、尤因)中唯一没有获得总冠军的球员。

谈起尤因,第一反应就是《灌篮高手》里的"大猩猩",作为20世纪90年代"四大中锋"之一,尤因以其凶悍风格令人生畏。

帕特里克·尤因贵为 1985 年的 NBA 状元,一进联盟就来到纽约这座纸醉金迷之城,然后成为这座城市的王者,低调地坐在尼克斯的王座之上,一坐就是 15 个春秋。

在进入 NBA 之前,尤因就和一生的对手——奥拉朱旺在 NCAA 展开了一场冠军争夺战。那是 1984 年,尤因率领乔治城大学队一路杀入 NCAA 总决赛,对面站着奥拉朱旺领衔的休斯敦大学队。最终,尤因挫败了青涩的对手,乔治城大学捧起冠军奖杯。只是那个时候,尤因还没意识到,他捧得的首座奖杯,也是他最后一座冠军奖杯。

1985/1986 赛季,尤因初入 NBA,就凭借场均 20 分、9 个篮板外加 2 记封盖的优秀数据,将最佳新秀奖杯揽入怀中。他的进攻技术虽然谈不上丰富多样,但实战性强,擅长低位背身强打以及投篮假动作,这些才是他立身四大中锋之林的本钱。当然,他真正赖以成名的还是强悍的防守。

尤因的到来,让尼克斯跻身东部豪强的行列,但当时纽约人总是不满意他们的领袖长着一副"黑金刚"的面容,他们觉得作为全美乃至世界的核心城市,他们理应拥有形象更好的领袖,怎么也得有几分乔丹的气度,外加几分谦谦君子风采。因此,媒体没事就拿他开涮，尤因在纽约的日子过得一直不太开心。

虽然耳边聒噪声不断，但尤因还是兢兢业业，每一场比赛都倾尽全力。从他进入联盟开始，一直都维持着赛季场均"20+10"的顶级内线水准。

1989/1990 赛季，尤因达到巅峰一季，赛季场均以 55.1% 投篮命中率砍下 28.6 分，还贡献 10.9 个篮板、3.99 次盖帽，入选了最佳阵容。1990 年 3 月 24 日，尼克斯对阵凯尔特人，尤因砍下个人职业生涯最高的 51 分。

1991/1992 赛季，帕特·莱利成为尼克斯主教练，随着"神算子"的到来，尼克斯迎来一个昂扬的新阶段。莱利入主的首个赛季，尼克斯便豪取 60 胜。那年的季后赛，尼克斯在东部半决赛把公牛拖进"抢七"，但乔丹用一场 42 分的表现，带走胜利。

1993/1994 赛季，尤因场均砍下 24.5 分、11.2 个篮板、2.75 次盖帽。季后赛，他更是率领尼克斯一路杀入总决赛，对面站着的是——（昔日 NCAA 的输家）奥拉朱旺领衔的火箭。那个总决赛，成为两大"巨人"的内线搏杀。尤因一共送出 30 记"火锅"，欲在篮下与奥拉朱旺生死相搏。奈何，"大梦"剑走偏锋，轻巧灵动地迈出"梦幻舞步"，让尤因无所适从。最终尼克斯队兵惜败，但尤因并没有输掉这场顶级中锋的对决。

1997 年，风云变幻，诸神黄昏。尤因这座"铁塔"也轰然倒下（1997/1998 赛季，尤因遭遇手腕骨折，缺席大半个赛季，伤愈归来后难以找回之前的状态）。

1999 年，季后赛第一轮，尤因带着尼克斯以东部第八的身份挑战东部第一的热火。伴随着莫宁与拉里·约翰逊的互殴、范甘迪"抱大腿"的"名场面"，以及"中投王"的绝杀，尼克斯上演了神奇的"黑八奇迹"，并一路杀到总决赛，最终败给"双塔"领衔的马刺。

那一年的"黑八"旅程，即将年满 37 岁的尤因经历着职业生涯最后的辉煌，场均砍下 13 分、8.7 个篮板，在攻防两端打出威慑力，依然成为尼克斯的"定海神针"。

接下来的两年，尤因发现自己心有余而力不足。更让他心寒的是，纽约人很快忘记了他曾经给这里带来的丰盈岁月，开始酝酿着交易，用他为纽约带来最后的价值。

2000 年夏天，尤因被送到超音速，尼克斯从此围绕阿兰·休斯敦和斯普雷维尔进行组建。一年之后，尤因又以自由球员的身份加入魔术，在最后的职业生涯里，辅佐麦迪。

2002 年 9 月 18 日，尤因正式宣布退役。

虽然尤因的 33 号球衣毫无悬念地在尼克斯退役，但晚年被尼克斯扫地出门的经历，让尤因始终耿耿于怀。对尼克斯而言，这种不近人情的行为也一度导致人才凋零。

曾经风光无限的"纽约之王"，最终也逃不过岁月的雕刻，带着无缘捧杯的遗憾，离开了 NBA，徒留一段"四大中锋"的传奇，任后人评说。

尤因效力 NBA17 年，曾获得最佳新秀、11 次入选东部明星、5 次入选 NBA 最佳阵容二阵，并在 1990 年入选最佳阵容一阵。此外，他还获得两枚奥运金牌。

尤因没有夺得总冠军，也没有获得 MVP 以及得分王、篮板王、盖帽王和最佳防守球员等个人最佳荣誉奖项，这是因为他生活在乔丹统治与奥拉朱旺巅峰的年代。

尤因为尼克斯征战了 15 个赛季，13 次率队挺进季后赛，5 次遭遇乔丹领衔的公牛，5 次被淘汰。尤因也曾经率领尼克斯两进入总决赛，分别不敌奥拉朱旺领军的火箭、"海军上将"罗宾逊与邓肯率领的马刺，两次均铩羽而归。

尤因的职业生涯让人有种"既生尤，何生乔"的感慨。在这个荣誉至上的年代，尤因无疑被视作"四大中锋"最倒霉的一位。即便如此，尤因毫无遗憾。正如他所言："我付出了 110% 的努力，拥有一个伟大的职业生涯，我没有遗憾。"

2008 年，尤因入选篮球名人堂。2021 年，尤因又被选入了 NBA 75 大球星。对于没有总冠军加持的球员能得到这个殊荣，说明尤因得到了联盟的认可。他用伟岸而又坚实的身躯，铸就了铁血中锋的盛世模板，无愧于"无冕之王"。

生涯高光闪回 / 无冕之王

高光之耀：尤因终其一生都没能拿到总冠军，但这并不能否定他的伟大，他是纽约尼克斯队史上最伟大的球星，也是当之无愧的"无冕之王"。

尤因是乔治城大学的一面旗帜，他率队夺得 NCAA 冠军，之后这里又培养了穆托姆博、莫宁这样的顶级中锋，还有艾弗森这样的超级后卫。

尤因作为 1985 年 NBA 状元驾临纽约，在尼克斯开启属于他的时代。

尤因的球风凶悍，技术细腻而又全面。他有着 2.13 米的身高以及 2.23 米超长的臂展，擅长封盖。他除了在篮下倒海翻江之外，还拥有 20 世纪 90 年代中锋里最远的射程。

"他拥有前锋的身材、中锋的力量、后卫的速度，是一位技术极其全面的中锋。"

——克里斯·韦伯

● 档案

大卫·罗宾逊 /David Robinson
出生地：美国佛罗里达州基韦斯特
出生日期：1965 年 8 月 6 日
身高：2.16 米 / 体重：107 公斤
效力球队：马刺 / 球衣号码：50
场上位置：中锋

● 荣耀

2 届总冠军：1999 年、2003 年
1 届常规赛 MVP：1994/1995 赛季
10 届全明星：1990 年—1996 年、1998 年、
2000 年—2001 年
1 届得分王：1993/1994 赛季
1 届篮板王：1990/1991 赛季
1 届盖帽王：1991/1992 赛季
1 届最佳防守球员：1991/1992 赛季
4 届最佳防守阵容一阵：1990/1991 赛季、
1991/1992 赛季、1994/1995 赛季、1995/1996
赛季
4 届最佳阵容一阵：1990/1991 赛季、
1991/1992 赛季、1994/1995 赛季、1995/1996
赛季
2 届奥运冠军：1992 年、1996 年
篮球名人堂：2009 年
NBA 75 大球星

● 常规赛场均 21.1 分、10.6 个篮板、3.0 次盖帽
● 季后赛场均 18.1 分、10.6 个篮板、2.5 次盖帽

大卫·罗宾逊常规赛数据

赛季	球队	篮板	盖帽	得分
1989/1990	马刺	12.0	3.9	24.3
1990/1991	马刺	13.0	3.9	25.6
1991/1992	马刺	12.2	4.5	23.2
1992/1993	马刺	11.7	3.2	23.4
1993/1994	马刺	10.7	3.3	29.8
1994/1995	马刺	10.8	3.2	27.6
1995/1996	马刺	12.2	3.3	25.0
1996/1997	马刺	8.5	1.0	17.7
1997/1998	马刺	10.6	2.6	21.6
1998/1999	马刺	10.0	2.4	15.8
1999/2000	马刺	9.6	2.3	17.8
2000/2001	马刺	8.6	2.5	14.4
2001/2002	马刺	8.3	1.8	12.2
2002/2003	马刺	7.9	1.7	8.5

海军上将

大卫·罗宾逊

DAVID ROBINSON

球迷根据罗宾逊的海军背景和 NBA 的成就，给他起了拉风的"海军上将"绰号。实际上罗宾逊的军衔只是中尉，但从罗宾逊在赛场的表现来看，"海军上将"可谓实至名归。

罗宾逊具备中锋的一切高阶技能：拉塞尔的防守意识、张伯伦的力量和敏捷、帕里什的快攻能力、奥拉朱旺的脚步和协调性，加上 2.16 米的身高，足以统治 NBA 赛场。巅峰时期入选双一阵，"四大中锋"中唯一的 71 分先生，罗宾逊也印证了"海军上将"的威名。

1965 年 8 月 6 日，大卫·罗宾逊出生在佛罗里达的基韦斯特，父亲是一名在海军服役多年的老兵。与那些从小就立志进入 NBA 的孩子不同，罗宾逊没有打算从事篮球职业。1983 年，高中毕业的罗宾逊准备子承父业，选择进入海军学院，主修数学。

在海军学院学习期间，罗宾逊身高猛增 18 厘米。其鹤立鸡群的身高，加上出色的运动能力足以让任何教练怦然心动，这样的大个子与篮球绝缘，简直是暴殄天物，于是罗宾逊被选入校队。在四年级时，他均场砍下 28.2 分、11.8 个篮板以及 4.5 次盖帽，率队闯入 NCAA 决赛，并荣膺了 NCAA 最佳球员的称号，创造 30 项海军学院的篮球纪录。

1987 年 NBA 选秀大会，罗宾逊被圣安东尼奥马刺在首轮第一位选中。成为状元并没有让罗宾逊感到惊喜，他坚持要完成剩余的两年兵役，才来马刺打球。

真正惊喜的是圣安东尼奥人，拉里·布朗第一次见到罗宾逊时惊为天人："这小子的速度匪夷所思，除了我小时候见过的拉塞尔之外，从没见过如此能跑的'巨人'。"

1989 年，罗宾逊服完两年海军兵役后来到马刺，因此他得到"海军上尉"的绰号。

后来随着他成为马刺核心，并且率队夺冠，球迷将他的"军衔"晋升，成为"海军上将"。

罗宾逊虽然姗姗来迟，但没有让马刺失望，新秀赛季他就打出场均 24.3 分、12 个篮板的"两双"数据，进入最佳阵容和最佳防守阵容。更为关键的是，因为他的到来，马刺从之前赛季的 21 胜飙升至 56 胜，这足以证明罗宾逊的带队能力。

"二年级"时，罗宾逊场均能摘下 13 个篮板，荣膺篮板王，挤掉奥拉朱旺当选最佳阵容一阵的正印中锋。

罗宾逊在"三年级"时，场均能贡献 4.5 记盖帽，荣膺盖帽王。

1992 年夏天，罗宾逊成为史上最强"梦之队"的一员，在巴塞罗那奥运会上夺金。

1993/1994 赛季，罗宾逊迈入职业生涯的巅峰，常规赛场均夺得 29.8 分、10.7 个篮板、4.8 次助攻、3.3 次盖帽以及 11.4 次罚球，并打出惊世骇俗的"四双"，让"微笑刺客"无地自容。常规赛"收官战"，罗宾逊狂砍 71 分，力压奥尼尔荣膺当季得分王。

1995 年，罗宾逊遭遇了职业生涯第一次滑铁卢。作为新科常规赛 MVP，率领马刺杀至西部决赛，遇到"大梦"领衔的火箭。奥拉朱旺用"梦幻舞步"限制了罗宾逊，在两位超级中锋的直接对话中，"上将"明显落于下风，马刺也因此折戟。

1997 年，马刺在首轮第一顺位摘得来自维克森林大学的蒂姆·邓肯。罗宾逊与邓肯

组成马刺"双塔"，在彼此合作的第一个赛季初显威力。1997/1998 赛季，罗宾逊场均得到 21.6 分、10.6 个篮板和 2.63 次盖帽，而邓肯场均贡献 21.1 分、11.9 个篮板和 2.51 次盖帽。

他们合作的第二个赛季，邓肯的风头已经压过了老队长，罗宾逊也张开怀抱，迎接这位帮助自己实现梦想的年轻人。

与湖人更衣室的钩心斗角形成鲜明对比，马刺两位传奇中锋平稳地完成权力交接。波波维奇说："我和罗宾逊交换意见时，根本没有争论，因为他意识到这是对全队最好的方式。"

邓肯认为这是非常美妙的过程，"罗宾逊是老大哥，我在他的羽翼下不断学习进步"。

1999 年，罗宾逊尚有余勇，他和邓肯的高低位"双塔"连线能引发蝴蝶效应。马刺最终在总决赛以 4 比 1 轻取尤因领衔的尼克斯，捧起队史的首座总冠军奖杯。邓肯成为这支冠军

马刺队伍中无可争议的主角,罗宾逊则甘心成为分量最重的"金牌配角"。

"罗宾逊给了所有人一个来到圣安东尼奥的理由,"主力后卫艾弗里·约翰逊说,"他的成功让马刺成为季后赛中理所当然的常客,吸引更多的人来这里一起参加巡河活动(马刺夺冠庆典的保留节目)。"

然而圣安东尼奥差点儿失去"上将"。2000年传出邓肯转会魔术消息,马刺希望放弃罗宾逊,引进韦伯,罗宾逊坦言这是他第一次感觉自己无法在圣安东尼奥终老,最终还是马刺老板霍尔特扭转局势。某一天马刺总经理办公室的电话骤然响起,电话里传出老板的怒吼:"赶快续约罗宾逊,我们不能失去他——还有一半的马刺球迷。"

2003年罗宾逊英雄迟暮,不过在职业生涯最后一战,37岁的"海军上将"还是"老夫聊发少年狂"。那是总决赛的第六场,马刺对阵篮网,罗宾逊最终砍下13分、17个篮板、2次盖帽,帮助马刺击败篮网,以总比分4比2淘汰对手,再夺总冠军。

"这是我的最后一场比赛,"罗宾逊说,"总冠军,更好的剧本!"

"海军上将"归去时荣誉满载:2届NBA总冠军、2届常规赛MVP、1届得分王、6届全明星,并4次入选最佳阵容一阵以及4次入选最佳防守阵容一阵。

大卫·斯特恩颁发奖杯时没有忘记这位老将:"今晚,是一个伟大的时刻,因为我们有机会同罗宾逊说一声再见,谢谢你,罗宾逊。"2003年,邓肯和罗宾逊联袂当选《体育画报》年度最佳运动员,主编麦克唐内尔解释了两人当选的原因:"在他们明星身份的背后,隐藏着伟大的人格和运动家精神。我相信我们挑出了最好的人选。"

"海军上将"的传奇已经尘封,他的50号球衣高悬在AT&T中心的穹顶之上,他的名字载入篮球名人堂的史册,并入选NBA 75大球星。罗宾逊的职业生涯接近完美,他对篮球有着独特理解,他不想成为乔丹,只想做独一无二的自己。

生涯高光闪回/71分之战

高光之耀:作为20世纪90年代"四大中锋"之一,"海军上将"罗宾逊无疑是一个篮球奇才,但他算不上是一个超级得分手,而能成为跻身"70分俱乐部"的五位高手之一,不得不说这还是归功于那个赛季得分王的终极排名战。

1994年4月24日,马刺对阵快船,"海军上将"得到职业生涯最高的71分。

这场比赛之前,罗宾逊与奥尼尔争夺该赛季得分王进入白热化。魔术的最后一场已经战罢,奥尼尔得到32分。随后马刺给了罗宾逊无限开火权,"海军上将"最终41投26中,25罚18中,狂砍71分,以场均29.8分超越奥尼尔的场均29.3分,摘下得分王桂冠。罗宾逊因此也成为NBA史上第四名"70+"先生,前三位分别是张伯伦、埃尔金·贝勒和大卫·汤普森。

● 档案

埃尔金·贝勒 /Elgin Baylor

出生地：美国华盛顿哥伦比亚特区

出生日期：1934 年 9 月 16 日

身高：1.96 米 / 体重：102 公斤

效力球队：湖人 / 球衣号码：22

场上位置：小前锋

● 荣耀

1 届全明星 MVP：1959 年

11 届全明星：1959 年—1965 年、1967 年—1970 年

10 届最佳阵容一阵：1958/1959 赛季—1964/1965 赛季、1966/1967 赛季—1968/1969 赛季

篮球名人堂：1977 年

NBA 75 大球星

● 常规赛场均数 27.4 分、13.5 个篮板、4.3 次助攻
● 季后赛场均数 27.0 分、12.9 个篮板、4.0 次助攻

"如果谈论从前，
我认为没有谁能和
他相提并论。"
——杰里·韦斯特

埃尔金·贝勒常规赛数据

赛季	球队	篮板	助攻	得分
1958/1959	湖人	15.0	4.1	24.9
1959/1960	湖人	16.4	3.5	29.6
1960/1961	湖人	19.8	5.1	34.8
1961/1962	湖人	18.6	4.6	38.3
1962/1963	湖人	14.3	4.8	34.0
1963/1964	湖人	12.0	4.4	25.4
1964/1965	湖人	12.8	3.8	27.1
1965/1966	湖人	9.6	3.4	16.6
1966/1967	湖人	12.8	3.1	26.6
1967/1968	湖人	12.2	4.6	26.0
1968/1969	湖人	10.6	5.4	24.8
1969/1970	湖人	10.4	5.4	24.0
1970/1971	湖人	5.5	1.0	10.0
1971/1972	湖人	6.3	2.0	11.8

贝勒爷

埃尔金·贝勒

ELGIN BAYLOR

贝勒是20世纪60年代NBA逸群绝伦的前锋——运动能力、体格、技艺的全面度，无不如此。1962年总决赛，湖人对凯尔特人第五场，贝勒飙下61分、22个篮板球——他的对手是联盟最好的外围防守者之一桑德斯，桑德斯身后是史上最伟大的防守中锋拉塞尔。

至今他依然保持着总决赛单场得分纪录61分，总决赛半场得分纪录33分，以及八进总决赛依然两手空空的尴尬纪录。

在NBA的各种N大悲情人物的评选中，你总能见到埃尔金·贝勒的名字，他在中锋统治的时代，为外线球员打出一方天地，也是第一位被定义为超级巨星的人。

贝勒生涯可谓荣耀满载，唯独缺少那一枚属于自己的总冠军戒指。他荣膺过最佳新秀，10次入选第一阵容，11次入选全明星，并夺过一届全明星MVP，入选了50大球星和篮球名人堂，甚至还拿到过一届最佳总经理奖。

可惜的是，贝勒曾先后8次率领湖人杀入总决赛，却始终与总冠军失之交臂。然而就在他因伤提前退役的那个赛季，湖人在常规赛创纪录地豪取33连胜，并在季后赛一路高歌猛进，最终夺得总冠军。贝勒象征性地收获了一枚总冠军戒指，但他深深知道那枚戒指所承载的那届总冠军荣耀并不属于他。

作为NBA史上最伟大的小前锋之一，贝勒是第一位在篮筐之上打球的球员。他得分能力十分强大，1962年总决赛，贝勒在第五场砍下61分，创造总决赛单场得分新高，至今这项纪录无人能够打破。

贝勒职业生涯场均得到27.4分（NBA历史第四），而作为一名身高只有1.96米的外线球员，职业生涯一共抢到创湖人队史纪录的 11463 个篮板，至今无人能破，足以令人叹服。

1934 年 9 月 16 日，贝勒出生于华盛顿的哥伦比亚特区，他的父亲因为喜欢"埃尔金"品牌的腕表，所以给他起名为埃尔金·贝勒。

贝勒在高中时期已是为小有名气的体育明星，擅长篮球和橄榄球。

1956 年起，贝勒先后为爱达荷、西雅图大学效力，场均能得到 31.3 分，并在 1958 年率领酋长杀进 NCAA 总决赛，可惜未能夺冠，这似乎预示着"无冕"的宿命。

1958 年，贝勒在首轮第一顺位被当时的明尼阿波利斯湖人选中。那时的湖人已没有初代王牌中锋乔治·麦肯，俨然成为 NBA 中的没落贵族。

内忧外患的湖人急需一位能"救世"的球星，为此他们说服了贝勒，让后者放弃在西雅图大学的最后一个学年，提前进入了职业生涯。

"如果贝勒没能打出符合其身价的成绩，我可能就得转行了，球队也可能会垮掉。"时任湖人老板的鲍勃·肖特说。他为贝勒开出了 2 万美元的年薪，这在当时是一笔巨款。

贝勒没让湖人失望，他在"菜鸟"赛季，就完成以王牌球员的身份率队杀入总决赛的壮举，可谓一鸣惊人。1958/1959 赛季，贝勒交出场均 24.9 分、15 个篮板外加 4.1 次助攻的豪华成绩单，毫无悬念地拿下最佳新秀奖。并且带领湖人打进总决赛，可惜被凯尔特人横扫。自此，"绿衫军"拉开"八连冠"的序幕，贝勒也踏上了悲情之路。

1960 年，湖人以首轮第二顺位选中了韦斯特，贝勒与韦斯特组成了当时得分火力最为强大的外线锋卫二人组。

1960 年 11 月 16 日，湖人对阵尼克斯，贝勒砍下 71 分，创造 NBA 单场最高得分纪录。虽然这个纪录被张伯伦（单场 100 分）打破，但贝勒的得分能力俨然已达到巅峰。从 1960 年至 1963 年，贝勒赛季场均得分：34.8 分、38.3 分和 34.0 分，创造了多项得分纪录。但遗憾的是，贝勒始终没有捧得总冠军奖杯。

其中 1961/1962 赛季，堪称贝勒最巅峰的一季，场均砍下 38.3 分。但这一季贝勒遇到了场均 50 分的张伯伦，憾失得分王。贝勒率领湖人一路杀到总决赛，第五场"天王山之战"，贝勒变身成为一台得分机器，爆砍 61 分，创造了总决赛得分纪录。

可惜的是，贝勒这场总决赛舞台上最华丽的得分表演，被"八连冠"时期的凯尔特人战车无情碾压，徒留一声叹息。湖人在"抢七大战"不敌凯尔特人，拉塞尔挥舞着长臂狂揽 30 分、40 个篮板的身影，永远定格在贝勒的脑海中，成为一生的梦魇。

贝勒先后 8 次率领湖人杀入总决赛，却从未夺得总冠军。只能说，时运不济，因为他们遭遇到那支"八连冠"的凯尔特人，拉塞尔就像一座无法翻越的大山。

1971/1972 赛季，因为伤病，贝勒只打了 9 场比赛，在 1971 年 11 月 6 日宣布退役。

造化弄人，就在贝勒提前退役的那个赛季，湖人豪取 33 连胜，并在总决赛以 4 比 1 击败尼克斯，最终夺得总冠军。湖人也象征性地颁给贝勒一枚总冠军戒指，但贝勒在 14 年职业生涯中，还是没有夺得总冠军，但他早已成为世人心中的"无冕之王"。

1976 年，贝勒入选篮球名人堂。1986 年，他被洛杉矶快船聘为执行副主席，并一直工作至 2008 年。2006 年，快船首次打入季后赛，贝勒因此获得最佳经理称号。

2009 年 2 月 4 日，为了纪念贝勒和韦斯特这两位先贤为湖人做出的杰出贡献，尤其是来到洛杉矶最初的那些岁月，他们携手让湖人重回豪门的序列，湖人在洛杉矶纪念体育广场的墙壁上为这两位开路先锋浇筑了两个青铜像，命名为"冰火双墙"，以示破冰开路和薪火相传之意。2018 年，湖人在斯台普斯中心球馆外建造了贝勒的雕像。

从 1960 年湖人来到洛杉矶至如今，已拥有 17 尊闪耀夺目的总冠军奖杯，还有无数令人心驰神往的"紫金传奇"。

人们同样不应忘记，当年湖人从冰天雪地的明尼阿波利斯辗转千里来到洛杉矶，第一个走进洛杉矶的湖人球员名叫贝勒，那个在"天使之城"根植"紫金"血脉的人。

2021 年 3 月 23 日，埃尔金·贝勒与世长辞，享年 86 岁。同年 10 月，"贝勒爷"入选了 NBA 75 大球星，并且跻身前 25 名。由此来看，没有总冠军加持，NBA 并没有因此否认"贝勒爷"的伟大。

生涯高光闪回／总决赛 61 分 + 22 个篮板

高光之耀：1962 年总决赛第五场，贝勒用个人无与伦比的运动天赋和得分能力，把自己推至个人的巅峰。他在凯尔特人头上砍下了 61 分、22 个篮板，61 分创造了 NBA 球员在总决赛的单场得分纪录，至今无人打破。

1962 年 4 月 14 日，湖人和凯尔特人在波士顿北岸花园球馆打响总决赛第五战。在这场巅峰对决中，贝勒将得分才华淋漓展现。第一节贝勒砍下 18 分，第二节又轰下 15 分，半场独得 33 分刷新总决赛半场个人得分新高。下半场贝勒再砍下 28 分，全场比赛，他 48 投 22 中，砍下 61 分，还抢下 22 个篮板，率领湖人 126 比 121 在客场取胜。贝勒在这一战不可阻挡，用各种方式肆意得分，深深刺痛了现场凯尔特人球迷的心。

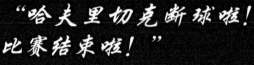

"哈夫里切克断球啦！
比赛结束啦！"
——约翰尼·莫斯特

●档案

约翰·哈夫里切克 / John Havlicek
出生地：美国俄亥俄州马丁斯费里
出生日期：1940 年 4 月 8 日
身高：1.96 米 / 体重：92 公斤
效力球队：凯尔特人 / 球衣号码：17
场上位置：小前锋

●荣耀

8 届总冠军：1963 年—1966 年、1968 年、
1969 年、1974 年、1976 年
1 届总决赛 MVP：1974 年
13 届全明星：1966 年—1978 年
5 届最佳防守阵容一阵：1971/1972 赛季—
1975/1976 赛季
4 届最佳阵容一阵：1970/1971 赛季—
1973/1974 赛季
篮球名人堂：1984 年
NBA 75 大球星

● 常规赛场均 20.8 分、6.3 个篮板、4.8 次助攻
● 季后赛场均 22.0 分、6.9 个篮板、4.8 次助攻

约翰·哈夫里切克常规赛数据				
赛季	球队	篮板	助攻	得分
1962/1963	凯尔特人	6.7	2.2	14.3
1963/1964	凯尔特人	5.4	3.0	19.9
1964/1965	凯尔特人	4.9	2.7	18.3
1965/1966	凯尔特人	6.0	3.0	18.8
1966/1967	凯尔特人	6.6	3.4	21.4
1967/1968	凯尔特人	6.7	4.7	20.7
1968/1969	凯尔特人	7.0	5.4	21.6
1969/1970	凯尔特人	7.8	6.8	24.2
1970/1971	凯尔特人	9.0	7.5	28.9
1971/1972	凯尔特人	8.2	7.5	27.5
1972/1973	凯尔特人	7.1	6.6	23.8
1973/1974	凯尔特人	6.4	4.9	22.6
1974/1975	凯尔特人	5.9	5.3	19.2
1975/1976	凯尔特人	4.1	3.7	17.0
1976/1977	凯尔特人	4.8	5.1	17.7
1977/1978	凯尔特人	4.0	4.0	16.1

HONDO

约翰·哈夫里切克

JOHN HAVLICEK

> 哈夫里切克单凭无穷耐力就已经是史上最厉害的球员之一了，可这家伙还是个得分高手、灵巧的控球手以及机智的防守球员，同时他又是手握八枚总冠军戒指的人生赢家，老天也太偏心了。
>
> 在体能、戒指、数据之外，哈夫里切克是一个什么样的球员？答曰，他是皮蓬之前的皮蓬，NBA 史上"摇摆人"的鼻祖，20 世纪六七十年代最全能的锋线球员。

约翰·哈夫里切克绰号"Hondo"，取自约翰·韦恩的同名电影中主角的名字。

回溯哈夫里切克在 NBA 长达 16 载的"绿衫"生涯，最让世人不断提及的就是那记神奇抢断，以及伴随着那记抢断"凯尔特人之声"约翰尼·莫斯特说的那句经典解说词："哈夫里切克断球啦！比赛结束啦！"

那一刻发生在 1965 年东部决赛的"抢七大战"。最后时刻，凯尔特人以 110 比 109 领先，但拉塞尔发球失误，让夺回球权的 76 人有了反败为胜的良机。76 人后卫哈尔·格里尔发界外球，电光石火间，哈夫里切克陡然杀出将球断下，随后传给了萨姆·琼斯。

比赛结束，胜负已分，大局已定。

球迷们潮水般疯狂地冲上球场，当时的凯尔特人解说员约翰尼·莫斯特瞬间陷入亢奋状态，大声呼喊："哈夫里切克断球啦！比赛结束啦！哈夫里切克断球啦！"

凯尔特人凭借这记"哈夫里切克抢断"，越过 76 人这座高峰，进军总决赛，并以 4 比 1 击败湖人夺冠，完成了"七连冠"，然后是"八连冠"。

如果说凯尔特人"八连冠"王朝最可能被颠覆的一刻，便是那一刻，但哈夫里切克用那记神奇抢断阻止了颠覆的可能。正是因为如此，那句"哈夫里切克抢断"在半个世纪以后依然拥有震撼人心的力量。

1962 年，哈夫里切克在首轮第 7 顺位被 NBA 凯尔特人选中的同时，又被 NFL（橄榄球联盟）克利夫兰布朗选中，经过一番深思之后，哈夫里切克选择了篮球之路。

当时的凯尔特人已经取得"四连冠"，可谓正值巅峰、人才济济。哈夫里切克在这支冠军之师中只能接过弗兰克·拉姆齐的枪，充当替补。

拉姆齐被誉为 NBA"最佳第六人"的鼻祖，他是"红衣主教"奥尔巴赫开创"第六人"战术的首位超级替补球员。哈夫里切克则是第二个，也是最成功的一个。

哈夫里切克在 NBA 首个赛季场均便得到 14.3 分、6.7 个篮板，第二个赛季场均得分提升到 19.9 分。对于这个时期替补的角色，哈夫里切克非常有觉悟："我努力奔跑，然后接过库西的传球完成上篮。"哈夫里切克是个跑不死的家伙。

在防守端，哈夫里切克也够快、够狠、够结实，其不可思议的耐力得益于他在布里奇波特高中时练就的"铁肺"，那时哈夫里切克同时参加三个（篮球、棒球、橄榄球）项目，都入选了全州的最佳阵容。在选秀前，"红衣主教"看过哈夫里切克的训练之后，被他无限充沛的体能所震撼，送其绰号"永动机"。1970/1971 赛季，哈夫里切克场均贡献 28.9 分、9.0 个篮板、7.5 次助攻，全面程度可见一斑。

职业生涯前四年，哈夫里切克跟随凯尔特人夺得四个总冠军。时隔一年之后，又连夺两冠。第六个冠军是在 1969 年，伟大的拉塞尔在这一年再次宿命般击败张伯伦，拿到 13 年职业生涯里第 11 个总冠军，成为 NBA 最大的赢家，功成身退。

至此，以拉塞尔、库西、海索恩、K.C. 琼斯、萨姆·琼斯命名的"绿衫时代"结束了一段辉煌的传奇，而在这个时候，哈夫里切克的巅峰生涯才刚刚开启。他站在一连串辉煌的名字背后，努力让这个 NBA 史上最伟大的王朝得以延续。

1971/1972 赛季，哈夫里切克场均得到 27.5 分、8.2 个篮板、7.5 次助攻。尼克斯的传奇教练里德·霍兹曼曾表示："他单凭无穷的耐力就已经是史上最厉害的球员之一了。可这家伙同时还是个得分高手、灵巧的控球手以及机智的防守球员。老天也太偏心了。"

虽然没能延续凯尔特人"八连冠"的辉煌，但哈夫里切克的表现俯仰无愧：他率领凯尔特人在 1971/1972 赛季和 1972/1973 赛季，连续拿下东部最佳战绩，成功打入东部决赛。1973/1974 赛季和 1975/1976 赛季，哈夫里切克率领凯尔特人完成"两连冠"，他也荣膺了 1974 年总决赛 MVP。至此，他手上的总冠军戒指数达到 8 枚。

1978 年 4 月 9 日，哈夫里切克宣布退役，留下一串闪光的数据：职业生涯最多出场场次（1269 次），季后赛最多出场场次（172 次）；唯一一位连续 16 个赛季里单赛季得分 1000+ 的球员；职业生涯总得分榜 26895 分；职业生涯总出场 46407 分钟。

哈夫里切克虽然无法超越拉塞尔，后来由于伯德的存在，他也无缘成为"绿衫军"第一小前锋，但这些无损于他的伟大。

  1976 年总决赛第五场，哈夫里切克在最后两秒命中一记完美跳投，准绝杀！观众已经拥进场中庆祝，但保罗·韦斯特法尔主动技术犯规，换来中场发球，赫德一记跳投将比赛拖进加时——虽然凯尔特人在加时赛还是击败了太阳，如愿捧起总冠军奖杯，但哈夫里切克"绝杀夺冠"的完美意境还是被破坏了。

  值得一提的是，1976 年季后赛刚开始，哈夫里切克左脚底韧带断裂，队医给出的方案是每天在冰水里浸泡 3 小时。剽悍的哈夫里切克每天都泡上 6~7 个小时，因为他认为这样就能起到双倍效果。 也就是这样的"偏执狂"，才能缔造传奇。

  1978 年 4 月 9 日，哈夫里切克宣布退役，这位"绿衫"史得分王就此归隐。

  凯尔特人在哈夫里切克退役同年退役了他的 17 号球衣。1984 年，哈夫里切克入选篮球名人堂，1996 年又入选 NBA 50 大球星。

  2019 年 4 月 25 日，哈夫里切克因患帕金森病，医治无效逝世，享年 79 岁。

  2021 年 10 月 21 日，NBA 在 75 周年之际推出 75 大球星，哈夫里切克赫然在列。作为"20 世纪 60 年代的皮蓬"，却拥有堪比乔丹、科比的得分能力，同时也是让韦斯特最欣赏的伟大对手，哈夫里切克理应位列"仙班"，受到后世之人的敬仰。

生涯高光闪回 / 世纪抢断

高光之耀： 1965 年东部决赛堪称伟大，这里有拉塞尔和张伯伦的巅峰对决。但永载史册的是莫斯特的那句 NBA 直播最强音："哈夫里切克抢断啦！"

  1965 年东部决赛第七场，比赛还剩 5 秒，76 人以 109 比 110 落后。拉塞尔发界外球被断，76 人准备发起反败为胜的最后一攻。格瑞尔准备发球给张伯伦，哈夫里切克却闪电般跳起将球断下，随后赛场上就响起了那句"哈夫里切克抢断啦"的吼声。

  凯尔特人如愿捧得了总冠军奖杯，这是他们的"七连冠"，而"八连冠"王朝也隐隐浮现。

NBA 史上打法最华丽的球员之一，你也可以称他为 NBA 史上最帅的球员。

● **档案**

皮特·马拉维奇 / Pete Maravich

出生地：美国宾夕法尼亚州阿里帕奎

出生日期：1947 年 6 月 22 日

身高：1.96 米 / 体重：89 公斤

效力球队：老鹰、爵士、凯尔特人

球衣号码：7、44

场上位置：得分后卫

● **荣耀**

5 届全明星：1973 年、1974 年、1977 年—1979 年

1 届得分王：1976/1977 赛季

2 届最佳阵容一阵：1975/1976 赛季、1976/1977 赛季

篮球名人堂：1987 年

NBA 75 大球星

● 常规赛场均 24.2 分、4.2 个篮板、5.4 次助攻
● 季后赛场均 18.7 分、3.7 个篮板、3.8 次助攻

皮特·马拉维奇常规赛数据

赛季	球队	篮板	助攻	得分
1970/1971	老鹰	3.7	4.4	23.2
1971/1972	老鹰	3.9	6.0	19.3
1972/1973	老鹰	4.4	6.9	26.1
1973/1974	老鹰	4.9	5.2	27.7
1974/1975	爵士	5.3	6.2	21.5
1975/1976	爵士	4.8	5.4	25.9
1976/1977	爵士	5.1	5.4	31.1
1977/1978	爵士	3.6	6.7	27.0
1978/1979	爵士	2.5	5.0	22.6
1979/1980	爵士	2.4	3.2	17.1
1979/1980	凯尔特人	1.5	1.1	11.5

J
♠

手枪

皮特·马拉维奇

PETE MARAVICH

　　一头摇滚歌手般飘逸的长发，加上堪比影视明星的俊逸面容，还有出神入化、殊行绝才的篮球绝技加持，我们试想如果"手枪"活在如今，将是一种何等风靡天下的存在。

　　40 岁英年早逝，生命中的最后时刻停留在篮球场，这也许就是马拉维奇的宿命，他是唯一一位无法现场接受荣誉的 50 大球星，但球迷永远不会忘记马拉维奇帅气的拔枪动作，那是"手枪"的专利。

　　从亚特兰大的自由天空到盐湖城的优雅球场，马拉维奇在书写着一部部动人的球场诗篇。

　　1947 年 6 月 22 日，皮特·马拉维奇出生于美国宾夕法尼亚州阿里帕奎的一个篮球世家。他的父亲普莱斯·马拉维奇曾是一名职业篮球球员，先后效力于 NBL 和 BAA，儿子出生时，他已经开始执教生涯。

　　马拉维奇很早就开始接受篮球专业训练。因为父亲普莱斯在路易斯安那州立大学担任主教练，马拉维奇也选择在这所大学就读，并在代表路易斯安那州立大学的处子秀中，疯狂砍下 50 分、14 个篮板、11 次助攻，因此声名鹊起。

　　1966/1967 赛季，马拉维奇在大一赛季，就拥有场均 43.6 分的惊人表现。因为其投篮动作酷似牛仔拔出左轮手枪，且火力强大，"手枪"绰号实至名归。

　　大学时代的马拉维奇就像摇滚明星，发型与约翰·列侬如出一辙，邋遢的旧袜一度成为他的招牌，特立独行的表演时刻是他比赛中无法分割的部分。

　　由于马拉维奇的存在，路易斯安那州大成为全美最受欢迎的客队。

　　马拉维奇只用了三个赛季就成为 NCAA 历史得分王，同时霸占了几乎所有跟得分有关的纪录：职业生涯最高总得分（3667 分）、职业生涯最高场均得分（44.2 分）、最多命中数（1987 次）和最多出手次数（3166 次）。

NCAA 的传奇履历，让马拉维奇成为 NBA 炙手可热的新人，1970 年亚特兰大老鹰在首轮第 3 顺位将"手枪"收至帐下。

从迈入职业篮坛的第一天起，马拉维奇就跟争议形影不离，批评家们否定他的职业生涯，因为华丽的数据之外他从来都不是一个胜利者，而 NBA 始终遵循胜利至上的篮球哲学。亚特兰大的"老兵们"一开始就不喜欢马拉维奇，因为这个初来乍到的"菜鸟"拿着让人眼红的高薪。

马拉维奇炫酷的球风和不羁的态度与整个时代格格不入，他喜欢用华丽的表演取悦球迷，却拒绝向世俗谄媚。他开创了许多招牌传球动作，譬如行进间背后传球、不看人传球、双手向前击地传球和大范围转移球，这些在那个保守时代都是难以想象的。

ESPN 专栏作家罗伯特·雷普斯特如此评价他："马拉维奇是 Show Time 之前的 Show Time。唯一的问题就是他从来不考虑身边 4 位队友。"人们沉醉于马拉维奇神出鬼没的表演，但亚特兰大不需要"手枪"这位兜售球票的得分机器。

"这是我的风格，"马拉维奇对于质疑不以为意，"我这么做是为了球队，为了球迷，为了我自己。使用背后传球从来不是为了卖弄炫耀，而是根据实际情况合理运用。"

理念不合导致老鹰与马拉维奇分道扬镳。1974 年，"手枪"加盟新奥尔良爵士。

刚刚加入 NBA 的新奥尔良爵士没有太多的清规戒律，马拉维奇拥有随心所欲的发挥空间。1976/1977 赛季，马拉维奇迎来职业生涯的巅峰，他出战 73 场，13 场得分达到 40+，场均贡献 31.1 分，荣膺得分王。值得一提的是，1977 年 2 月 25 日，马拉维奇砍下 68 分，对手是拥有防守悍将弗雷泽的尼克斯。从比赛一开始直到比赛还剩不到两分钟犯满离场，"手枪"就始终没有停止过射击。

马拉维奇得分盛宴的背后是球队尴尬的战绩，"手枪"为爵士效力的 6 个赛季里，球队彻底与季后赛无缘。在坊间看来，马拉维奇是个人第一、团队第二的反面典型，批评家们认为他习惯单枪匹马，马拉维奇一直没有摆脱那些尖锐的批评："比尔·沃顿会觉得自己属于波特兰，贾巴尔认定他是个湖人，'J 博士'觉得自己与 76 人融为一体，但马拉维奇认定自己不属于爵士，他比爵士还要大。"

聚光灯下马拉维奇风光无限，名利双收，篮球是他的生活方式，却无法给他快乐。与大多数 NBA 球员一样，伤病成为马拉维奇职业生涯的转折点，那记杂耍一般带有浓烈手枪风格的传球最终撕裂了他的膝盖韧带。

1980 年被爵士放弃的马拉维奇成为凯尔特人的雇佣兵，如同喝醉的"披头士"一样，他身材走样、面目憔悴，却依然是球迷的宠儿，至少在波士顿他还享有众星捧月的待遇，每个进球都让球迷疯狂不已。这一次马拉维奇达到了职业生涯的极限——东部决赛，然而在季后赛中他场均只有 6 分入账。马拉维奇年轻时才华横溢，不知胜利为何物，生涯暮年终于体味到赢球的可贵，却已沦为配角。

1979/1980 赛季结束之后，马拉维奇因为伤病等原因，不得不选择退役。

马拉维奇在 NBA 共经历了 10 年，分别为老鹰、爵士、凯尔特人效过力，场均交出 24.2 分、4.2 个篮板、5.4 次助攻的成绩单，并 4 次入选最佳阵容、5 次入选全明星，还拿过 1 届得分王。马拉维奇球风潇洒，充满想象力。作为当时顶级外线攻击手，他被称为 "史前库里"，可惜那个时代没有三分线，他用花式运球和精准中远投，震动联盟。

1987 年，马拉维奇入选篮球名人堂，成为当时最年轻的入选者。

早在 1974 年，马拉维奇在一次接受采访时说："我不希望再打 10 年篮球，然后在 40 岁时死于心脏病。"一语成谶，1988 年 1 月 5 日，马拉维奇在一场三对三业余比赛中猝死，享年 40 岁。人们在检查遗体时惊奇地发现，马拉维奇天生缺少一条重要的冠状动脉，类似病例的病人通常活不过 20 岁，更别提在球场上来回奔跑 20 年。

马拉维奇去世的消息震惊世人，鲍勃·迪伦不敢相信："听到皮特猝死的消息我大吃一惊，他就像神圣而又恐怖的篮球杀手，华丽飞舞，他就是球场上的魔术师。"

1996 年，马拉维奇入选 NBA 50 大球星，也是唯一一位无法到达现场领奖的巨星。

马拉维奇的一生也充满遗憾：从未进过总决赛，有一手出众的传球技术但队友太弱，远投精准但那时没有三分线。虽然英年早逝，但马拉维奇在 NBA 开创了华丽风格的先河，留下一曲优雅而又明亮的篮球艺术之歌。

生涯高光闪回 / "手枪"永耀

高光之耀：马拉维奇很早就得到 "手枪" 这个绰号，因为其投篮动作像手枪上膛，也因为其闪电般的出手速度和弹无虚发的命中率。马拉维奇还将背后运球和腿间传球的技术发扬光大，虽然这两项技术在当时不被认可，专家们认为这些有点戏弄篮球，但是这位敢于创新的天才用事实证明这种花哨技术不但有观赏性，而且有实战性。

手枪由于短小轻便，准确率很高，而马拉维奇一直都以中远投篮著称。在他的职业生涯里，还没有 3 分球的规定，他所有的得分，不管出手点多远，都被算成 2 分。

在马拉维奇最后一个赛季（1979/1980），NBA 终于启用三分机制。尽管马拉维奇的技巧已经钝化，膝盖已经废掉，但他尝试投三分球的表现却依旧精准（15 中 10）。虽然 "手枪" 已老，但仍弹无虚发，他形似手枪上膛的投篮姿势将永远留在广大球迷的记忆中。

人们常说马拉维奇太醉心于自己的舞台，无视队友，但如果 1978 年他没有撕裂膝盖韧带，那么正值 30 岁最好年华的他，也许会改写球风偏独的命运。

那时的马拉维奇连续两年入选联盟第一阵容，夺取得分王，在 "20 世纪 70 年代的佩顿" 弗雷泽头上砍下 68 分，但伤病令这位绝世天才的辉煌之路戛然而止。

"我至今都不明白，我们当初为何放走巴特勒。"
——乔尔·恩比德

● **档案**

吉米·巴特勒 /Jimmy Butler

出生地：美国得克萨斯州休斯敦

出生日期：1989 年 9 月 14 日

身高：2.01 米 / 体重：104 公斤

效力球队：公牛、森林狼、76 人、热火

球衣号码：21、23、22

场上位置：小前锋

● **荣耀**

6 届全明星：2015 年—2018 年、2020 年、
2022 年

1 届抢断王：2020/2021 赛季

5 届最佳防守阵容二阵：2013/2014 赛
季—2015/2016 赛季、2017/2018 赛季、
2020/2021 赛季

1 届奥运冠军：2016 年

1 届进步最快球员：2014/2015 赛季

● 常规赛场均 17.7 分、5.3 个篮板、4.1 次助攻

● 季后赛场均 20.0 分、6.0 个篮板、4.4 次助攻

吉米·巴特勒常规赛数据

赛季	球队	篮板	抢断	得分
2011/2012	公牛	1.3	0.3	2.6
2012/2013	公牛	4.0	1.0	8.6
2013/2014	公牛	4.9	1.9	13.1
2014/2015	公牛	5.8	1.8	20.0
2015/2016	公牛	5.3	1.6	20.9
2016/2017	公牛	6.2	1.9	23.9
2017/2018	森林狼	5.3	2.0	22.2
2018/2019	森林狼	5.2	2.4	21.3
2018/2019	76 人	5.3	1.8	18.2
2019/2020	热火	6.6	1.8	19.9
2020/2021	热火	6.9	2.1	21.5
2021/2022	热火	5.9	1.7	21.4

〔 J ♥ 〕

硬汉

吉米·巴特勒

JIMMY BUTLER

> 巴特勒很强，但说不出哪里强。当他一次次在"高端局"打出令人信服的"炸裂"表现，即便是再苛刻的批评家，也不得不承认这就是超级巨星的表现。身体强悍、心脏更强大，巴特勒拥有一颗极度渴望胜利的雄心，保留着老派球员的桀骜风骨与无畏精神。
>
> 他防守起家，进攻稳健，球风朴实无华，但招招致命。
>
> 在世俗的眼中，巴特勒一直以来都是强横铁血的侧翼防守悍将，而非领袖和统帅，但经过这几年季后赛"高端局"的锤炼之后，你会发现几乎找不到比巴特勒更称职的领袖与统帅。

NBA 不乏出身贫寒、身世悲惨的球员，但巴特勒的际遇堪称一个无人能及的极端。

1989 年 9 月 14 日，吉米·巴特勒出生于休斯敦郊区的汤博尔小镇。当他还在襁褓之中时，生父便弃妻儿于不顾，离家出走。当然，这仅仅是巴特勒悲惨童年的开始。在他 13 岁那年，也许是因为对巴特勒父亲的恨意，也许是因为不堪贫困的现状，生母隆迪亚对巴特勒说出一句扎心的话："我不喜欢你的长相，你走吧。"

巴特勒就这样被赶出家门后，被迫开始了寄人篱下、居无定所的流浪生活。直到被好友莱斯利的母亲米歇尔·兰伯特收养，巴特勒才初次品味到家的温馨。

养母兰伯特给予巴特勒无微不至的关爱，温馨的家庭也给了巴特勒追逐梦想的充足动力。在泰勒学院的高四那年，巴特勒拿遍了高中篮球联赛的所有分区奖项。

马奎特大学为巴特勒提供全额奖学金，2009 年巴特勒场均得到 14.7 分、6.4 个篮板，三分命中率高达 50%。大四赛季，他率领马奎特大学校队杀入 NCAA 的 16 强，场均能贡献 15.7 分、6.1 个篮板和 2.3 次助攻，完成了一名大学球员的华丽蜕变。

2011 年选秀大会，公牛在首轮第 30 顺位选中巴特勒。防守至上的锡伯杜教练对于这位作风硬朗、不善言谈的休斯敦小伙儿非常满意，希望将其打造成侧翼防守悍将。

经过处子赛季的蛰伏，巴特勒在 2012/2013 赛季进入主力轮换阵容，场均贡献 8.6 分、4 个篮板。2013 年东部半决赛，巴特勒对詹姆斯展开"牛皮糖"防守，颇见功力。

2013/2014 赛季，公牛当家球星罗斯因伤只打了 10 场比赛，巴特勒临危受命，成为球队的首发，赛季结束后，他也以其强悍、坚韧的防守入选了最佳防守阵容二阵。

2014/2015 赛季，罗斯伤愈归来，但已不复巅峰，无法胜任公牛战术核心的角色。彼时巴特勒赢得了球队的认可，他被推上了公牛核心的位子。

"黄袍加身"的巴特勒在整个 2014/2015 赛季表现抢眼，场均得到 20 分、5.8 个篮板、3.3 次助攻和 1.8 次抢断，不仅入选了全明星，还荣膺了该赛季的进步最快球员。

2015 年季后赛，公牛首轮淘汰雄鹿，巴特勒场均砍下 24.8 分。半决赛巴特勒面对詹姆斯，毫无惧色，场均砍下 21 分、5.7 个篮板和 2.3 次抢断。遗憾的是，公牛在两度大比分领先的情况下，惨遭骑士逆转，无缘东部决赛。

2015/2016 赛季巴特勒偶尔灵光乍现。2016 年 1 月 4 日公牛逆转猛龙，巴特勒轰下 42 分，其中下半场得到 40 分，打破了乔丹创下的公牛半场得分纪录（39 分）。2016 年 1 月 15 日，公牛客场挑战 76 人，巴特勒又砍下生涯新高的 53 分。

2016/2017 赛季，巴特勒与韦德、隆多组成"公牛三巨头"。作为绝对核心，巴特勒场均贡献 23.9 分。季后赛首轮同凯尔特人的对决中公牛一度以 2 比 0 领先，但隆多的受伤让公牛失去"指挥官"，连输 4 场之后饮恨出局。

2017 年 6 月，公牛将巴特勒交易至森林狼，巴特勒在明尼苏达与恩师锡伯杜再聚首。

2017/2018 赛季，巴特勒成为这支年轻森林狼的带头大哥，锡伯杜教练希望这位爱徒能够引领维金斯、唐斯等年轻球员走上正轨。巴特勒不负所托，以其铁血防守和强悍气质，给年轻的队伍带来前所未有的坚韧属性，森林狼时隔 14 年再次杀入季后赛。

巴特勒对胜利充满偏执与渴望，因直言斥责某些懈怠的队友而与之心生嫌隙，最终导致了巴特勒无意续约。森林狼迫不得已，在 2018 年 11 月 11 日将他交易至 76 人。

2018/2019 赛季，巴特勒为 76 人出战 55 场，场均贡献 18.2 分、5.3 个篮板，76 人以 51 胜的成绩位列东部第三。2019 年季后赛首战篮网，巴特勒砍下 36 分、9 个篮板，刷新生涯季后赛单场得分纪录，自此也打开了他神奇的"季后赛"模式。

在巴特勒的强力辅佐下，西蒙斯与恩比德如鱼得水，率领 76 人在首轮以 4 比 1 淘汰篮网。进入东部半决赛，76 人面对猛龙，经过一番火星撞地球的搏杀，在"抢七"决胜的最后一秒，伦纳德投中匪夷所思的压哨三分球，76 人的季后赛征程戛然而止。

2019 年 7 月，巴特勒加盟迈阿密热火，合同为 4 年 1.42 亿美元的顶薪。斯波尔斯特拉教练谈到巴特勒加盟时说，"他已经证明了领导力，在这里会取得更令人瞩目的成就。"

此时的热火早已不是"三巨头"时代那支星光闪耀的顶级豪强，而是由首轮低顺位、二轮秀和落选秀组成的平民球队，然而这与巴特勒朴实无华的球风完美契合。

斯波教练聚沙成塔、运筹帷幄，巴特勒也迅速确立"铁血硬核"的领袖风范。这支平民化的热火在东部竟然掀起烈火燎原之势。

2019/2020赛季，初来乍到的巴特勒便与阿德巴约、希罗、邓肯·罗宾逊等年轻球员配合默契，带领热火披荆斩棘，以东部第五名的成绩挺进季后赛。

2020年季后赛，热火强势逆袭，首轮横扫步行者，东部半决赛以4比1淘汰常规赛东部战绩第一的雄鹿，东部决赛又以4比2击败凯尔特人，时隔6年重返总决赛。

热火与湖人的总决赛开打前，外界普遍看好"紫金军"，但巴特勒给出强悍回应：第三场他豪取40分、11个篮板和13次助攻的"大三双"；第五场，他砍下35分、12个篮板、11次助攻和5次抢断，成为历史首位在首次总决赛中砍下两次"三双"的球员。尽管热火最终以2比4不敌湖人，但巴特勒还是凭借超强表现令人肃然起敬。

2020/2021赛季，热火只位列东部第六，首轮他们被雄鹿成功复仇，被0比4横扫出局，但巴特勒依然保持"攻防一体"的顶级水准，斩获赛季抢断王（场均2.1次），并入选了最佳阵容三阵以及最佳防守阵容二阵。

2021/2022赛季，在新援洛瑞、P.J.塔克鼎力相助下，热火在常规赛以53胜取得东部第一的战绩，巴特勒场均得到21.4分、5.9个篮板和5.5次助攻，延续了全明星级表现。

而到了季后赛，巴特勒立刻进入超级巨星模式，首轮对阵老鹰的第二场，他独自轰下45分。东部半决赛对阵老东家76人，巴特勒又狂砍40分，以至于恩比德发出"我们为何放走巴特勒"的灵魂拷问。东部决赛，热火再次面对凯尔特人。

2022年5月18日，东部决赛第一场，虽然上半场"绿衫军"领先8分，但巴特勒第三节独砍17分，率队将比分反超。最终他豪取41分、9个篮板、5次助攻、4次抢断和3次盖帽，在攻防两端展现出令对手窒息的强悍与全面，率领热火大胜凯尔特人。

热火取得开门红之后，巴特勒受到膝盖炎症的困扰，状态大打折扣，凯尔特人乘机反扑，一举在客场拿下"天王山"，回到主场的"绿衫军"志在一战挺进总决赛。

2022年5月28日，东部决赛第六场在北岸花园进行，已输三场的热火无路可退。巴特勒挺身而出，砍下47分，拖着伤腿打出逆天一战，率领热火击败凯尔特人。那一战的巴特勒令人想起2012年东部决赛第六场的詹姆斯。当巴特勒最后时刻命中关键球，那一刻他与乔丹"形神合一"，完成了唯有"篮球之神"才能完成的壮举。

虽然"抢七大战"热火负于凯尔特人无缘总决赛，但巴特勒的壮举将永载史册。

巴特勒很强，但说不出哪里强。当他一次次在"高端局"打出"炸裂"表现，即便是再苛刻的批评家，也不得不承认这就是超级巨星的表现。

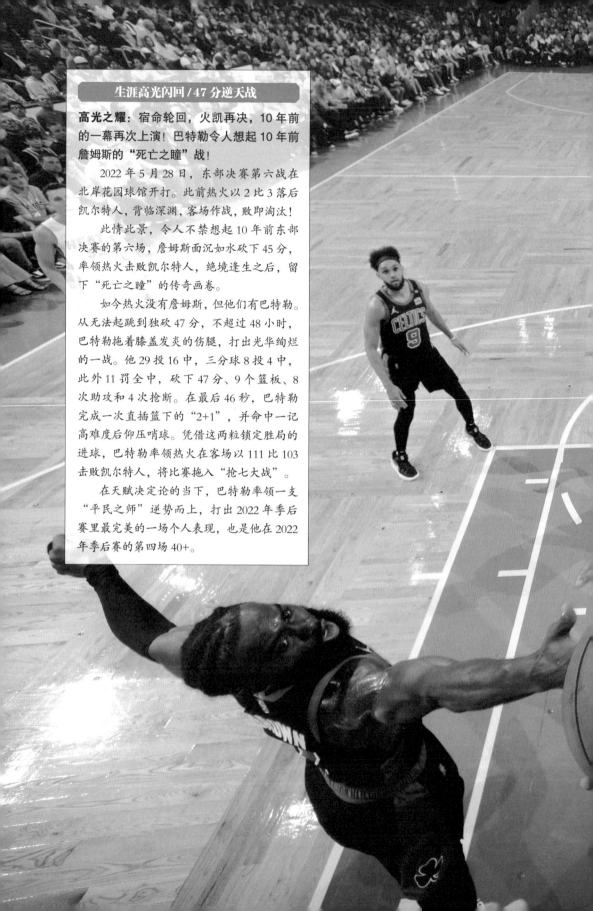

生涯高光闪回 / 47 分逆天战

高光之耀： 宿命轮回，火凯再决，10 年前的一幕再次上演！巴特勒令人想起 10 年前詹姆斯的"死亡之瞳"战！

2022 年 5 月 28 日，东部决赛第六战在北岸花园球馆开打。此前热火以 2 比 3 落后凯尔特人，背临深渊，客场作战，败即淘汰！

此情此景，令人不禁想起 10 年前东部决赛的第六场，詹姆斯面沉如水砍下 45 分，率领热火击败凯尔特人，绝境逢生之后，留下"死亡之瞳"的传奇画卷。

如今热火没有詹姆斯，但他们有巴特勒。从无法起跳到独砍 47 分，不超过 48 小时，巴特勒拖着膝盖发炎的伤腿，打出光华绚烂的一战。他 29 投 16 中，三分球 8 投 4 中，此外 11 罚全中，砍下 47 分、9 个篮板、8 次助攻和 4 次抢断。在最后 46 秒，巴特勒完成一次直插篮下的"2+1"，并命中一记高难度后仰压哨球。凭借这两粒锁定胜局的进球，巴特勒率领热火在客场以 111 比 103 击败凯尔特人，将比赛拖入"抢七大战"。

在天赋决定论的当下，巴特勒率领一支"平民之师"逆势而上，打出 2022 年季后赛里最完美的一场个人表现，也是他在 2022 年季后赛的第四场 40+。

征战 NBA 16 个赛季只
缺席 9 场, 埃尔文·海
耶斯堪称"铁人"。

● 档案
埃尔文·海耶斯 / Elvin Hayes
出生地: 美国路易斯安那州雷维尔
出生日期: 1945 年 11 月 17 日
身高: 2.06 米 / 体重: 107 公斤
效力球队: 火箭、子弹 / 球衣号码: 11、44
场上位置: 大前锋

● 荣耀
1 届总冠军: 1978 年
12 届全明星: 1969 年—1980 年
1 届得分王: 1968/1969 赛季
2 届篮板王: 1969/1970 赛季、1973/1974 赛季
3 届最佳阵容一阵: 1974/1975 赛季、
1976/1977 赛季、1978/1979 赛季
篮球名人堂: 1990 年
NBA 75 大球星

● 常规赛场均 21.0 分、12.5 个篮板、1.8 次助攻
● 季后赛场均 22.9 分、13.0 个篮板、1.9 次助攻

埃尔文·海耶斯常规赛数据

赛季	球队	篮板	盖帽	得分
1968/1969	火箭	17.1	—	28.4
1969/1970	火箭	16.9	—	27.5
1970/1971	火箭	16.6	—	28.7
1971/1972	火箭	14.6	—	25.2
1972/1973	子弹	14.5	—	21.2
1973/1974	子弹	18.1	3.0	21.4
1974/1975	子弹	12.2	2.3	23.0
1975/1976	子弹	11.0	2.5	19.8
1976/1977	子弹	12.5	2.7	23.7
1977/1978	子弹	13.3	2.0	19.7
1978/1979	子弹	12.1	2.3	21.8
1979/1980	子弹	11.1	2.3	23.0
1980/1981	子弹	9.7	2.1	17.8
1981/1982	火箭	9.1	1.3	16.1
1982/1983	火箭	7.6	1.0	12.9
1983/1984	火箭	3.2	0.3	5.0

大 E

埃尔文·海耶斯

ELVIN HAYES

他是 NBA 历史上最具天赋的大前锋之一，他在篮下的翻身跳投和各种假动作几近完美，几乎是奥拉朱旺和马龙的完美融合。此外，他在禁区的防守只能用"恐怖"来形容。不仅如此，他强壮的体魄，让他成为 NBA20 世纪 70 年代的"铁人王者"。在他长达 16 年的 NBA 职业生涯里，他累计出场了 1303 场比赛，仅仅缺席 9 场比赛。

埃尔文·海耶斯在进攻技巧上，虽然没有现代前锋那些花里胡哨的面筐手段，但翻身后仰跳投的技术已炉火纯青。进攻时，他基本都是在禁区附近接球，凭借娴熟的背身试探，摸准对手防守的虚实，然后一个转身甩掉对手，将球命中。就只凭这一招，他在对阵张伯伦时，砍下 30 分。他似乎只有这一招，如果不是 1973 年昂塞尔德因伤缺阵，海耶斯挑起进攻重担，展现出无数攻击手段，世人皆以为他是"一招鲜吃遍天"的球员。

打球就是要依仗最稳妥的进攻方式把球放入篮筐，如果这招好用，我干吗要换？海耶斯的这股子"拧劲儿"与生俱来，并且伴随他戎马一生。

1945 年 11 月 17 日，海耶斯出生在路易斯安那州雷维尔。直到上八年级时，他才开始打篮球。因为与篮球接触有些晚，海耶斯笨拙的运球方式遭到很多人的嘲笑，结果硬生生把他逼成了一位"灌篮高手"。

1963/1964 赛季，海耶斯场均得到 35 分，率领布里顿高中夺得州冠军。

1964 年，海耶斯进入休斯敦大学。1968 年 1 月 20 日，他率领（休斯敦大学）美洲狮队以 71 比 69 险胜贾巴尔领衔的（加州大学洛杉矶分校）熊队，在这场世纪之战中，海耶斯狂揽 39 分、15 个篮板，同时把贾巴尔的数据限制在 15 分、12 个篮板。

海耶斯该赛季场均贡献 36.8 分、18.9 个篮板，并在赛季末的 NCAA 年度最佳球员的评选中压倒"天勾"成功当选。1968 年夏天，留下一串辉煌纪录的海耶斯告别休斯敦大学之后，圣地亚哥火箭便迫不及待地用状元签将其招入帐下。

当时的火箭是一支刚刚加入 NBA 的新军，第一个赛季战绩仅为 15 胜 67 负，联盟垫底。海耶斯的到来成为火箭的全部希望。因为阵中没有中锋，海耶斯被迫以 2.06 米的身高出任先发中锋。即便他每天都要"低人一头"地与张伯伦、拉塞尔、昂塞尔德等超级中锋对抗，但凭借不服输的性格，他还是死扛了下来。

1968/1969 赛季，海耶斯在自己的首个 NBA 赛季便场均砍下 28.4 分，加冕得分王，同时场均摘下 17.1 个篮板。在他的强势带领下，火箭在该赛季取得 37 胜 45 负的佳绩，成功杀入季后赛。虽然在季后赛首轮便遭淘汰，但火箭还是在海耶斯身上看到了崛起的希望。

接下来的三个赛季，虽然海耶斯连续打出场均"25+15"的顶级内线数据，但火箭并无起色，再次无缘季后赛。1971/1972 赛季结束后，火箭果断地将海耶斯送往巴尔的摩子弹，换来跳投手杰克·马瑞。

海耶斯在子弹终于回到他最适合的大前锋位置，他和昂塞尔德搭档的内线组合足以肆虐整个联盟。1972/1973 赛季，海耶斯均得到 21.2 分、14.5 个篮板，率领子弹取得 52 胜 30 负，排名中部赛区第一。不过在季后赛首轮，子弹就被纽约尼克斯以 4 比 1 淘汰。

1973/1974 赛季，昂塞尔德因伤频繁缺阵，海耶斯独自承担进攻重任，场均贡献 21.4 分、18.1 个篮板、3.0 个封盖和 1.1 次抢断，率领子弹再次以中部赛区头名身份挺进季后赛。季后赛首轮，子弹遭遇"老冤家"尼克斯，尽管海耶斯场均掠下 25.9 分、15.9 个篮板，但仍然无法率队摆脱以 3 比 4 被淘汰的命运。

1974/1975 赛季，巴尔的摩子弹再度更名为华盛顿子弹，常规赛中取得 60 胜 22 负的佳绩，海耶斯也凭借场均 23.0 分、12.2 个篮板，首次入选最佳阵容一阵。

当赛季，海耶斯率领子弹杀入总决赛，却被与巴里领衔的金州勇士以 4 比 0 横扫。也许是这一次总决赛的惨败导致子弹元气大伤，随后两个赛季他们表现平庸。

直到 1977/1978 赛季，子弹再度迎来转机。常规赛中他们以 44 胜 38 负杀入季后赛，然后淘汰老鹰、马刺、76 人，晋级总决赛。这也是子弹在 20 世纪 70 年代第三次入围总决赛，前两次他们都被对手以 4 比 0 横扫。事不过三，子弹这一次没让夺冠机会溜走，尽管他们一度以大比分 2 比 3 落后，但最终连扳两场，以 4 比 3 击败超音速，涉险登顶。

终于，在 NBA 打拼了整整 10 个赛季后，海耶斯拥有了一枚属于自己的总冠军戒指。对于这位经受了无数次媒体质疑的巨星而言，这枚戒指显得尤为珍贵。"现在我的球员履历终于完整了，没有人可以再说我不是一名冠军级球员。"海耶斯这样自我评价道。

1981/1982 赛季，海耶斯重回火箭。随后的岁月，海耶斯也逐步走下巅峰。

1983/1984 赛季末，39 岁的海耶斯宣布退役，结束其长达 16 年的 NBA 职业生涯。

海耶斯效力 NBA 的 16 个赛季中，一共出战 1303 场比赛，只缺席 9 场比赛，并且没有一个赛季的常规赛出场数低于 80 场，成为 NBA 赫赫有名的"铁人"。

"铁人"也荣耀满载：12 次入选全明星，3 次入选最佳阵容一阵，3 次入选最佳防守阵容二阵，并夺得 1 届总冠军、1 届得分王、2 届篮板王。

此外，海耶斯总得分为 27313 分，一度跻身 NBA 总得分榜的历史第十名。他的总篮板数为 16279 个，高居总篮板榜的历史第四位。海耶斯可谓荣耀与数据双丰收，在 NBA 的历史殿堂上留下了闪亮的一笔。退役后的海耶斯入选篮球名人堂、NBA 50 大球星，他的 11 号球衣也在奇才（原巴尔的摩子弹）退役。

回顾职业生涯，16 年如一日无比敬业的海耶斯说出耐人寻味的一段话："我喜欢科比，因为他和我一样偏执，一样愿意为胜利付出一切！只有这样的人才有可能成功！"

2021 年，埃尔文·海耶斯入选了 NBA 75 大球星。如今 NBA 球员休战蔚然成风，对于一位征战 16 个赛季只缺席 9 场的"铁人"而言，这份荣誉是应得的激赏。

生涯高光闪回／"两双"收割机

高光之耀：海耶斯在 NBA 征战 16 个赛季，其中有 7 个赛季场均得分排在联盟前十位。虽然身高 2.06 米，但他的篮板数据更为优秀，生涯总篮板数高居 NBA 第四。

海耶斯是 NBA 历史上得分能力最出色的内线之一，他的职业生涯总得分位列 NBA 前十。海耶斯在自己的新秀赛季，就曾凭借场均 28.4 分，力压张伯伦荣膺得分王。

海耶斯的篮板能力同样强大，他的生涯总得分与总篮板均能排进 NBA 历史前十，场均贡献 21 分、12.5 个篮板，俨然一辆碾压历史的"两双收割机"。

● 档案
鲍勃·库西 / Bob Cousy
出生地：美国纽约
出生日期：1928 年 8 月 9 日
身高：1.85 米 / 体重：79 公斤
效力球队：凯尔特人、皇家 / 球衣号码：14、19
场上位置：控球后卫

● 荣耀
6 届总冠军：1957 年、1959 年—1963 年
1 届常规赛 MVP：1956/1957 赛季
2 届全明星 MVP：1954 年、1957 年
13 届全明星：1951 年—1963 年
8 届助攻王：1952/1953 赛季—1959/1960 赛季
10 届最佳阵容一阵：1951/1952 赛季—1960/
1961 赛季
篮球名人堂：1970 年
NBA 75 大球星

● 常规赛场均 18.4 分、5.2 个篮板、7.5 次助攻
● 季后赛场均 18.5 分、5.0 个篮板、8.6 次助攻

鲍勃·库西常规赛数据

赛季	球队	篮板	助攻	得分
1950/1951	凯尔特人	6.9	4.9	15.6
1951/1952	凯尔特人	6.4	6.7	21.7
1952/1953	凯尔特人	6.3	7.7	19.8
1953/1954	凯尔特人	5.5	7.2	19.2
1954/1955	凯尔特人	6.0	7.8	21.2
1955/1956	凯尔特人	6.8	8.9	18.8
1956/1957	凯尔特人	4.8	7.5	20.6
1957/1958	凯尔特人	5.0	7.1	18.0
1958/1959	凯尔特人	5.5	8.6	20.0
1959/1960	凯尔特人	4.7	9.5	19.4
1960/1961	凯尔特人	4.4	7.7	18.1
1961/1962	凯尔特人	3.5	7.8	15.7
1962/1963	凯尔特人	2.5	6.8	13.2
1969/1970	皇家	0.7	1.4	0.7

"斯托克顿与'魔术师'综合起来，就是
鲍勃·库西的样子。"

——汤米·海索恩

J ◆

篮球先生

鲍勃·库西

BOB COUSY

鲍勃·库西 8 次蝉联助攻王，半场送出空前绝后的 19 次助攻，是 NBA 历史上首位堪称伟大的控球后卫，也是华丽篮球的开创者。

他首握 6 枚总冠军戒指归隐，是"八连冠绿衫王朝"的构建师。

库西的理念和动作领先整个时代，他是背后运球、不看人传球的发明者。他两只手都能运球，可以从后场传球，也能不看人传球给队友。在引领篮球走向"摩登时代"方面，这位硬木地板上的"魔术师"早在圣十字学院时，就已经在用背后运球这种"后现代主义"招式打球了，相比于他所处的的时代，他实在是太超前了。

    1928 年 8 月 9 日，鲍勃·库西出生于美国纽约。他在东曼哈顿的约克维尔长大，自幼就开始打篮球。在他少年时代，篮球还是一种节奏缓慢、近乎站桩式的长人游戏，库西以其灵动、快节奏的打法掀起一抹清风，却被当时大众视为花哨把戏。

    库西在安德鲁·杰克逊高中就读时入选了校队，由于球技出色，波士顿学院给他提供了奖学金，但库西还是选择了伍斯特的圣十字学院。有了库西那神乎其神的篮球技艺加持，圣十字学院队当年就夺得了 NCAA 冠军。

    1950 年，库西率队取得 26 连胜之后，准备进入 NBA。凯尔特人的球迷们想要库西，但"红衣主教"奥尔巴赫对此持反对意见。三城黑鹰用首轮选秀签选了库西，又把库西的签约权转给芝加哥公鹿，而公鹿随即解散了，波士顿从解散球队的球员分配大会上，抽签选中了库西。

    "红衣主教"以前固执地认为库西是"花拳绣腿"，但很快，库西就让奥尔巴赫无话可说，品尝一把"真香"定律。

新秀赛季，这位 22 岁的"菜鸟"控卫场均得到 15.6 分、4.9 次助攻，并把凯尔特人当年东部垫底的 22 胜的战绩提高到 39 胜，"绿衫军"由此挺进阔别已久的季后赛，库西也开启了连续 13 届全明星的光辉之旅。

1953 年季后赛，凯尔特人对阵锡拉丘兹民族的系列赛第二场。凯尔特人有能力捍卫主场，从而取得进入 20 世纪 50 年代以来球队的第一次季后赛胜利。

虽然当时库西饱受腿伤困扰，但咬牙坚持比赛的他迎来了伟大的时刻！

最终，库西在四个加时中总共砍下了 25 分，豪揽 50 分，帮助球队获胜。此外，他罚球 32 投 30 中，这也是迄今为止 NBA 的单场罚球命中纪录。

年轻的库西成了全联盟最激动人心的球员，他的比赛风格是如此独特，与球迷们之前所看的球赛都截然不同。他有华丽的背后运球，令人捉摸不定的不看人传球以及娴熟的左右开弓，这在当时没几个人能做到。而这背后的故事却既稀奇古怪又痛苦心酸。库西小时候一次不慎从树上跌落，摔断了右臂，此后不得不练习用左手运球。多年后重提此事，库西不禁感慨："事后看来，我觉得那是幸运之神给我的馈赠。"

库西在第三个赛季，迎来数据井喷式的大爆发，场均能送出 7.7 次助攻，位列联盟第一。当时联盟的普遍打法是把球喂给篮下的大个子去搏杀，而库西那种前无古人的凌厉风格跟当时联盟这种滞涩的打法形成鲜明对比。此后 8 年，库西一直领衔联盟助攻榜。

库西的个人能力越来越强，奥尔巴赫也充分利用了库西的优势，打起了快攻战术。但之后三年凯尔特人又都负于锡拉丘兹民族。奥尔巴赫看出来库西，这个被球迷们称为"硬木地板上的胡迪尼"的王牌控卫，还需要一些帮手才能走得更远。

1956 年，帮手来了，他就是拉塞尔，一位挥舞着大鹏般长臂封盖对手、带来防守革命性改变的超级中锋。凯尔特人球员在防守端变得自信从容，因为他们知道拉塞尔就在自己身后。每当对手投篮，库西就做好快下的准备，拉塞尔会直接将球盖到他的手中或者抓下篮板长传，然后库西和沙曼杀向前场，一个控纵全局，一个百步穿杨。

这流水线般的流畅协作让凯尔特人所向披靡，"中锋保护禁区＋控制篮板＋一传和明星后卫快下反击"模式，不断被后世模仿，至今不曾从 NBA 消失。

1956/1957 赛季，库西场均得到 20.6 分、4.8 个篮板和 7.5 次助攻，首次当选常规赛MVP。他与拉塞尔率领凯尔特人杀到总决赛，与佩蒂特领衔的圣路易斯老鹰鏖战七场，最终击败对手。库西终于得到了他的第一个总冠军。

下一个赛季，凯尔特人又轻松杀进总决赛，但由于拉塞尔在第三场脚部不幸受伤，最终凯尔特人遗憾负于圣路易斯老鹰。这也是库西最后一次在季后赛系列赛中失利。

在接下来的三季总决赛里，凯尔特人先横扫湖人，又以 4 比 3 和 4 比 1 两次战胜老鹰。库西在对阵湖人的比赛中创下了单场 28 次助攻的联盟纪录。虽然这一纪录在 17 年后被打破，但他半场 19 次助攻的纪录至今仍无人能望其项背。

1961/1962 赛季，33 岁的库西已经感受到了岁月的压力。在连续 10 次雄踞联盟一阵之后，当季他仅入选了第二阵容。之后的一个赛季库西数据有所下滑，对阵湖人的总决赛里，他们直到最后才分出胜负。在"抢七大战"里，湖人后卫弗兰克·塞尔维错失绝杀，凯尔特人涉险连续第四次捧杯，四连冠！崭新的历史诞生了。

库西的最后一次季后赛之旅是在 1962/1963 赛季，戏剧性的一幕再次上演。在总决赛第六场的第四节比赛中，库西不幸扭伤脚踝，被迫下场，却在最后时刻"王者归来"。

虽然重回赛场的库西没有再得分，但他的返场极大地鼓舞了球队。最终凯尔特人以 112 比 109 击败湖人，终场哨响，库西把球抛向花园球馆的穹顶。凯尔特人"五连冠"达成，库西手握六枚总冠军戒指，完美谢幕。

库西的退役仪式在花园球馆举行，当日球馆里人山人海，一票难求。原本计划 7 分钟的告别典礼被延长到了 20 分钟，球迷们只是不停地鼓掌，掌声经久不息。库西也情难自禁，热泪盈眶，这就是后来被奉为经典的"波士顿眼泪派对"。

库西虽然退役，但他曾引领的那支凯尔特人继续一路呼啸向前，席卷那个时代的一切荣耀，成就"八连冠"，以及 13 年里 11 个总冠军，缔造了空前绝后的"绿衫王朝"。

退役后，库西并没有就此把篮球放下。1969 年，库西执教辛辛那提皇家，在执教期间，41 岁的库西还客串打了 7 场比赛。在皇家，他成为另一位传奇控卫"大 O"的教练，但师徒关系并不和谐。库西的教练生涯并不成功，1973/1974 赛季离职，带队总成绩是 141 胜 209 负。此后他又担任了美国足球联盟的主席。

作为控卫的鼻祖、"绿衫"的先贤，库西的 14 号球衣高悬在北岸花园球馆的穹顶，他也入选了篮球名人堂、NBA 50 大球星。2021 年，库西又入选了 NBA 75 大球星。

以一己之力将篮球升华成一种艺术，鲍勃·库西将永远闪耀在 NBA 史册里。

生涯高光闪回／鏖战四加时

高光之耀：历时 3 个小时 11 分钟、四个加时的苦战。库西得到 50 分，其中包括罚球 32 罚 30 中，这也是迄今为止 NBA 的单场罚球命中纪录。

1953 年季后赛，凯尔特人对阵锡拉丘兹民族的系列赛第二场。在这场比赛中，尽管库西受到腿伤的困扰，但他仍然在常规时间内得到 25 分，并且在最后一秒依靠罚球将比分追至 77 平，把比赛拖进加时赛。

第一个加时赛，他得到 6 分，在最后一刻罚球扳平比分。第二个加时赛，他得到球队的全部 4 分。第三个加时赛，他得到 8 分，并在比赛结束前 3 秒的远投命中。第四个加时赛，库西得到全队 12 分中的 9 分，最终率领凯尔特人以 104 比 99 险胜民族队。

"当他还是高中生时，我就认为他会成为篮球巨星。"
——凯文·杜兰特

● **档案**

杰森·塔图姆 / Jayson Tatum
出生地：美国密苏里州圣路易斯
出生日期：1998 年 3 月 3 日
身高：2.03 米 / 体重：93 公斤
效力球队：凯尔特人 / 球衣号码：0
场上位置：小前锋

● **荣耀**

1 届东部决赛 MVP：2021/2022 赛季
3 届全明星：2020 年—2022 年
1 届最佳阵容一阵：2021/2022 赛季
最佳新秀阵容一阵：2017/2018 赛季
1 届奥运冠军：2020 年

● 常规赛场均 20.9 分、6.6 个篮板、3.0 次助攻
● 季后赛场均 22.9 分、6.8 个篮板、4.4 次助攻

杰森·塔图姆常规赛数据

赛季	球队	篮板	助攻	得分
2017/2018	凯尔特人	5.0	1.6	13.9
2018/2019	凯尔特人	6.0	2.1	15.7
2019/2020	凯尔特人	7.0	3.0	23.4
2020/2021	凯尔特人	7.4	4.3	26.4
2021/2022	凯尔特人	8.0	4.4	26.9

10
♠

獭兔
杰森·塔图姆

> 塔图姆拥有完美的静态天赋，技术全面，球风华丽。宛如一把锋芒内敛的绝世名剑，匣中轻颤，便迸发出龙吟虎啸。他出身名门，年纪轻轻便成为豪门凯尔特人的少当家，他还是"曼巴传人"。
>
> 出道立即巅峰，以一分之差险些打破"天勾"保持的新秀季后赛总得分纪录。即使在生死局，他也能淡定从容地自由取分，那份"胸有激雷，而面如平湖"的上将军本色源自天分，与经验无关。

1998 年 3 月 3 日，杰森·塔图姆出生于密苏里州的圣路易斯，妈妈布兰迪彼时年仅 19 岁。这位独自抚养幼子的单亲妈妈开始在学校与家庭之间奔波，还要利用课外时间去打零工来赚钱养家。即便如此，布兰迪还是勤学不辍，最终成为一名优秀的律师。

布兰迪这段堪称卓越的进阶经历，为年少的塔图姆树立了人生的标杆。

塔图姆的父亲贾斯汀·塔图姆曾是一名出色的篮球球员，并与许多 NBA 球员有着很深的渊源。他是泰伦·卢的表哥、拉里·休斯的好友，凭借父亲的关系，塔图姆从小就出没在 NBA 球星的训练场馆，并有着较好的训练条件。

出色的训练环境造就了塔图姆扎实的基本功，就读查米纳德学院预备高中时，他就成为球队的绝对核心。高四那年，塔图姆场均砍下 29 分、9.1 个篮板。

2016 年，杜克大学力压众多篮球名校，赢得了塔图姆的争夺战。"老 K 教练"喜欢这位基本功扎实、头脑聪颖的少年。大一赛季，塔图姆场均砍下 16.8 分、7.3 个篮板、2.1 次助攻、1.3 次抢断和 1.1 个盖帽，数据之全面，在大一新生中难得一见。

2017 年 NBA 选秀大会，塔图姆在首轮第三顺位被凯尔特人选中。

作为 2017 届"探花"，塔图姆展现出超强的适应能力，很快就融入凯尔特人的战术体系之中，在少帅史蒂文斯麾下迅速崭露头角。

2017 年 10 月 18 日，凯尔特人对阵骑士，塔图姆迎来首秀，他砍下 14 分、10 个篮板，成为自 1979 年的伯德之后凯尔特人第一位首秀即砍"两双"的球员。

海沃德的重伤导致赛季结束，塔图姆承担起侧翼攻防的重任。2017/2018 赛季，塔图姆场均得到 13.9 分、5 个篮板，投篮命中率 47.5%，三分命中率 43.4%，成为自库里之后又一位单赛季总得分破千且三分命中率超过 40% 的新秀球员，这仅是塔图姆创造历史的开始。2017/2018 赛季，凯尔特人以 55 胜 27 负的成绩位列东部第二，挺进季后赛。

由于海沃德和欧文两大核心缺阵，凯尔特人踏上季后赛时仅是一支残阵。在一路看衰的逆境中，他们连过两关，与詹姆斯的骑士会师东部决赛，并鏖战七场。

虽然凯尔特人"抢七"失利，但塔图姆在首次季后赛之旅中大放异彩。他在 2018 年季后赛总得分 351 分，只比贾巴尔少 1 分，位列 NBA 球员首次季后赛总得分榜的历史第二位。20 岁的塔图姆在"菜鸟"赛季便率队杀进分区决赛，还在"皇帝"头上完成隔扣，除了展现扎实全面的球技之外，还彰显出无所畏惧的大将之风。

2018 年夏天，塔图姆终于有机会跟偶像科比一起训练。科比不仅传授他进攻技巧，还指点他如何应对比赛。这次特训虽然短暂，却让塔图姆成为一名真正的"曼巴门徒"。

2018/2019 赛季，欧文与海沃德双双复出，夺冠热门凯尔特人却遭遇更衣室危机。在季后赛后第二轮惨遭雄鹿横扫，塔图姆场均贡献 15.7 分、6 个篮板。

2019 年休赛期，凯尔特人与欧文分道扬镳，塔图姆被委以重任，迈过场均 20+ 大关，成为全明星，入选最佳阵容三阵。凯尔特人再次杀进东部决赛，塔图姆成为分区决赛最年轻的"30+10+5"先生。但由于"绿衫军"经验不足，最终还是输给热火。

2020 年休赛期，凯尔特人为塔图姆送上 5 年 1.95 亿美元的提前续约合同。一向精打细算的总经理安吉非常笃定："这根本不需要犹豫，他就是我们未来的核心。"

续约之后，塔图姆在 2020/2021 赛季迎来了大爆发，再次入选全明星，并在赛季末期渐入佳境，打出不少代表战：2021 年 4 月 10 日，塔图姆面对森林狼豪取 53 分，成为队史最年轻的 50 分先生；5 月 1 日，他又面对马刺狂砍生涯新高的 60 分，追平伯德保持的队史得分纪录，并率领凯尔特人完成 32 分的大逆转。

2021 年季后赛，布朗因为手腕韧带撕裂而缺阵，"双探花"只剩其一，塔图姆独自率领凯尔特人出征。虽然最终不敌"三巨头"领衔的篮网，但塔图姆场均砍下 30.6 分、5.8 个篮板、4.6 次助攻，并在第三场爆砍季后赛新高的 50 分，其表现可谓非凡。

2021/2022 赛季，塔图姆完成了从一线球星到顶级巨星的蜕变。常规赛，他出战 76 场比赛，场均得到 26.9 分、8 个篮板、4.4 次助攻，生涯首次入选最佳阵容一阵。

2022 年季后赛首轮，布朗归位，与塔图姆联手，"双探花"组合带领着凯尔特人横扫篮网，报了一年前被淘汰的一箭之仇。当塔图姆在第一场最后时刻，轻巧转身上篮绝杀篮网时，命运的天平已悄然倾向于更年轻、更有活力与团队性的"绿衫军"。

东部半决赛，凯尔特人面对上届冠军雄鹿上演七场生死鏖战。在第六场"绿衫军"面临被淘汰的绝境之战中，塔图姆狂砍46分力压"字母哥"的44分，率队击败对手。"抢七大战"，塔图姆又命中5记三分球，率领凯尔特人跨过雄鹿这道"鬼门关"。

东部决赛对阵热火，面对变身"超巨模式"的巴特勒，又是七番大战。塔图姆在"抢七"大战中戴上24号紫金护肘，最终得到26分、10篮板、6助攻，率队击败热火，以总比分4比3淘汰对手，他也捧起了首座拉里·伯德杯（东部决赛MVP奖杯）。

自此，2022年季后赛，凯尔特人接连击败篮网、雄鹿、热火这三支近三年淘汰过"绿衫军"的球队，一波畅快淋漓的复仇之旅之后，凯尔特人终于踏上总决赛的舞台。

2022总决赛，一路风头正劲的塔图姆却遭遇"滑铁卢"，这位2017年的"探花"面对2014年的"状元"威金斯的严防，在纯天赋对决中稍落下风。在勇士其他众将全力协防下，塔图姆失去了以往的神勇。总决赛第六场，塔图姆18投仅6中，只到13分，并送出5次失误，看着勇士在自己的主场捧得总冠军金杯，塔图姆眼神有些茫然。

第六战只是塔图姆首次总决赛的一个缩影。整个总决赛，塔特姆场均贡献21.5分，投篮命中率只有36.7%，失误累计多达23次。作为凯尔特人的头号球星，塔图姆显然没有做好表率作用。反观勇士阵中比塔图姆年长10岁的"王牌"库里，频频打出史诗级的比赛，并在第四战独砍43分，一举扭转双方态势，最终率领勇士定鼎封王。

虽然在巅峰折戟，但对于只有24岁的塔图姆而言，绝不能算作失败，他还有大把的机会证明自己。而年轻的凯尔特人也将成为未来几年有望称霸东部的新势力。

生涯高光闪回/像科比一样战斗

高光之耀：虽然塔图姆在东部半决赛第六场轰下46分，在接下来"抢七"中又命中5记三分球，但2020年他最经典的一场还是东决"抢七大战"，因为他像科比一样战斗。

2022年5月30日，东决"抢七大战"。赛前，塔图姆发给科比一条短信"I got you today"，一时间令人热泪盈眶。比赛中，塔图姆戴24号紫金护肘，希望在关键一战中能像科比一样强大。他最终得到26分，并率队击败热火。

塔图姆在第四节最后时段投中一记三分球和中距离投篮，颇有几分"黑曼巴"风采。念念不忘，必有回响。塔图姆从小就想成为科比一样的巨星，长大后有幸成为"曼巴门徒"，如今他又经历着科比所经历过的巅峰战，因而这一刻他拥有着偶像赐予的无限力量。

● **档案**

尼古拉·约基奇 / Nikola Jokic

国籍：塞尔维亚 / 出生地：松博尔

出生日期：1995 年 2 月 19 日

身高：2.08 米 / 体重：113 公斤

效力球队：掘金 / 球衣号码：15

场上位置：中锋

● **荣耀**

2 届常规赛 MVP：2020/2021 赛季、2021/2022 赛季

4 届全明星：2019 年—2022 年

3 届最佳阵容一阵：2018/2019 赛季、2020/2021 赛季、2021/2022 赛季

最佳新秀阵容一阵：2015/2016 赛季

● 常规赛场均 19.7 分、10.4 个篮板、6.2 次助攻

● 季后赛场均 26.4 分、11.5 个篮板、6.4 次助攻

"我是一名被困在中锋身体里的控卫。"

——尼古拉·约基奇

尼古拉·约基奇常规赛数据

赛季	球队	篮板	助攻	得分
2015/2016	掘金	7.0	2.4	10.0
2016/2017	掘金	9.8	4.9	16.7
2017/2018	掘金	10.7	6.1	18.5
2018/2019	掘金	10.8	7.3	20.1
2019/2020	掘金	9.8	7.0	19.9
2020/2021	掘金	10.8	8.3	26.4
2021/2022	掘金	13.8	7.9	27.1

约老师

尼古拉·约基奇

NIKOLA JOKIC

选秀也许会有偏差，但 MVP 不会！作为背靠背 MVP 先生，也是顺位最低的（总第 41 顺位）常规赛 MVP，世人惊诧于这位"二轮秀"小胖子的球场逆袭。在如今追求速度与空间的时代，约基奇呼风唤雨，成为新生代中锋王，也是"白巧克力"和"魔术师"的内线结合体。

"人体五花肉精华""约老师"，约基奇憨厚呆萌的外表下面却有一个"五谷丰登"的灵魂，也拥有天马行空般的篮球创造力。

1995 年 2 月 19 日，尼古拉·约基奇出生于塞尔维亚的松博尔，这是一座风景秀丽、民风淳朴的工业小城。约基奇的父亲是一位篮球迷，他的两位哥哥——斯特拉西尼亚（大哥）和内马尼亚（二哥），都曾是出色的篮球运动员，但因为种种原因，均无缘 NBA，最终都告别篮坛，不过他们把篮球火种传给了三弟。

约基奇虽然自幼就受到家庭的熏陶，但像其他欧洲的孩子一样，他最初的选择是足球，甚至还喜欢排球与赛马。在父亲的劝导下以及两位哥哥"吓唬"下，约基奇最终才选择了篮球。2012 年，17 岁的约基奇身高已蹿升到两米，依然酷爱可乐（据说每天要喝3 升），还喜欢吃奶酪馅饼和塞尔维亚烤肉卷。虽然他那日渐圆滚的身材与人们心中的运动健将相差甚远，但"胖"约基奇在球场展现的自如与灵气，震惊欧洲篮坛。

从 2012 到 2015 年，约基奇代表塞尔维亚 Mega Leks 征战三个赛季，并在第三赛季场均得到 18.4 分、10.4 个篮板和 2.7 次助攻的华丽数据，引起大洋彼岸 NBA 的注意。

2014 年选秀大会上，约基奇在第二轮总第 41 顺位被丹佛掘金选中。

虽然丹佛掘金总经理康奈利认为约基奇拥有柔和的手感、非凡的视野和梦幻的脚步，有可能成为下一个萨博尼斯、迪瓦茨或者保罗·加索尔，但彼时约基奇身材太胖、速度缓慢，加上欧洲大中锋在 NBA 的失败先例，所以当时的他不被 NBA 其他球队看好，这也是这位日后威震联盟的 MVP 先生选秀顺位过低的原因。

2015/2016 赛季，约基奇肩负着塞尔维亚篮球复兴的使命开启了 NBA 征程，他代表掘金的首个赛季表现不俗，首发 55 场，场均贡献 10 分、7 个篮板和 2.4 次助攻，投篮命中率高达 51.2%，还展现出一手不错的三分球投射技艺。与队内的努尔基奇偏传统内线风格不同，约基奇的打法更符合现代篮球对"空间与速度"的要求，不仅如此，他还用一手精妙的传球，让"丹佛田径大队"灵气四溢，让掘金的球迷们看得如痴如醉。

2016/2017 赛季结束，约基奇代表塞尔维亚队征战里约奥运会。在小组赛中，塞尔维亚队以 3 分之差惜败于美国队，约基奇在一干 NBA 级内线悍将的头上摘得 25 分。

塞尔维亚队最终闯入决赛，再次惜败于美国队，约基奇收获一枚奥运银牌。

2016/2017 赛季，约基奇打出 6 次"三双"，场均贡献 16.7 分、9.8 个篮板。

2017/2018 赛季，约基奇在 12 月中旬伤愈复出后打出一个现象级赛季，完成了 10 场"三双"壮举。纵观 NBA 中锋史，此前也只有张伯伦单赛季完成十次"三双"。

虽然掘金无缘季后赛，但约基奇的表现有目共睹。2018 年夏天，掘金与这位才华横溢的塞尔维亚中锋签下了 5 年 1.48 亿美元的大合同，确立了以约基奇为核心的建队模式。

2018/2019 赛季，约基奇以场均豪取 20.1 分、10.8 个篮板、7.3 次助攻与 1.4 次抢断的全能数据，率领掘金取得 54 胜 28 负的西部第二战绩，时隔六年重返季后赛。这也是约基奇职业生涯的首次季后赛之旅。

首轮面对马刺，约基奇在季后赛处子战中交出 10 分、14 个篮板、14 次助攻的"三双"成绩单。掘金在约基奇支配下，最终以 4 比 3 淘汰马刺。

"当约基奇打出侵略性，他就是联盟中最好的大个子之一。"马龙教练如是说。约基奇首次参加季后赛，就率队突破首轮，这对于一位青年球员而言，已然不俗。

年轻的掘金杀入西部半决赛，虽然与"波特兰双枪"利拉德和 C.J. 麦科勒姆领衔的开拓者鏖战七场之后落败，但约基奇在第三场和第四场连续轰下"三双"，其精彩表现也赢得了对手的赞许。开拓者主帅斯托茨在赛后感慨："他第一次参加季后赛就表现出了和年龄不相符的成熟、从容与全面，就像是中锋位置上的'魔术师'。"

2019/2020 赛季，约基奇场均砍下 19.9 分、9.7 个篮板、7 次助攻。掘金以 46 胜的战绩再次杀进季后赛。首轮对战爵士，掘金在 1 比 3 落后的绝境中，奋起直追，连扳三场，实现超级逆转。第二轮面对夺冠呼声极高的快船，掘金又一次落入 1 比 3 的绝境，这一次幸运女神再度眷顾约基奇和他的掘金。再次"抢七大战"决胜之后，怒砍 16 分、22 个篮板、13 次助攻大号"三双"的约基奇有了一个响亮的新绰号——"约 G7"。

掘金大胜快船，时隔 11 年重返西部决赛。约基奇也完成一项空前壮举：职业生涯的前四轮季后赛系列赛，全部以"抢七"获胜而晋级。掘金也成为史上唯一一支连续两轮系列赛实现在 1 比 3 的逆境下翻盘成功的球队。

在西部决赛中，面对"詹眉"领衔的湖人，实力悬殊的掘金还是以 1 比 4 惨败出局。

经过 2020 年荡气回肠的季后赛锤炼，约基奇已然成为联盟顶级中锋，他那优雅的球风和华丽全面的身手，让无数球迷为之陶醉。

2020/2021 赛季，贾马尔·穆雷因伤缺阵，约基奇扛起掘金的进攻大旗，场均得到 26.4 分、10.8 个篮板、8.3 次助攻，投篮命中率高达 56.6%，三分球命中率高达 38.8%，率领掘金打出 47 胜的出色战绩。最终约基奇荣膺常规赛 MVP，成为有史以来选秀顺位最低的 MVP，也是继奥尼尔之后的首位 MVP 中锋。2021 年季后赛，这位新科 MVP 率领掘金在西部半决赛不敌太阳，再一次延续了常规赛 MVP 无缘总冠军的"定律"。

2021/2022 赛季，穆雷依旧无法复出，约基奇"单核"带队，率领掘金一路前行。

2021 年 11 月 9 日，热火客场挑战掘金第三节落后 17 分，热火球员马基夫·莫里斯对运球快攻的约基奇进行粗野的肘击拦阻，这明显犯规激怒后者。一向温和的"约老师"突然像一头暴躁的犀牛，从后边顶翻莫里斯，后者倒地不起，直接休战 4 个月。

这次冲突直接引爆接下来（11 月 30 日）热火与掘金的"二番战"，约基奇的两位哥哥也飞赴迈阿密，成为弟弟的场边保镖。约基奇在"二番战"不仅率队取胜，还将"不好惹的大块头"形象生猛地钉在 NBA 的版图上。

约基奇在 2021/2022 赛季场均砍下 27.1 分、13.8 个篮板和 7.9 次助攻，一共拿到 2004 分、1019 个篮板和 584 次助攻，成为 NBA 历史上首位在单赛季至少拿到 2000 分、1000 个篮板和 500 次助攻的球员。虽然季后赛首轮，掘金以 1 比 4 不敌勇士，但孤军奋战的约基奇奉献了一切，场均得到 31.0 分、13.2 个篮板和 5.8 次助攻。

2022 年 5 月 12 日，约基奇当选 2021/2022 赛季常规赛 MVP，蝉联了这项至尊荣誉。虽然掘金止步季后赛首轮，但没有人质疑约基奇的 MVP 成色。他已经证明一名核心所能达到的高度，27 岁的约基奇正处在职业生涯的巅峰，只是尚缺一份好运气。

生涯高光闪回 / 加时赛之王

高光之耀：约基奇似乎与加时赛有缘，2021 年掘金与开拓者那场季后赛四加时的旷世大战依然如昨，"约老师"又缔造了新的加时赛传奇，而且，这次加时赛，掘金赢了！

2022 年 3 月 7 日，鹈鹕客场挑战掘金，英格拉姆和 C.J. 麦科勒姆率领鹈鹕疯狂逆袭，一度从落后 21 分到领先 11 分，危急时刻约基奇力挽狂澜，他不仅率领掘金将比赛拖入加时赛，还在加时赛彻底统治比赛，约基奇在第四节与加时赛 11 投 10 中，独取 30 分。

最终掘金以 138 比 130 击败鹈鹕，约基奇 22 投 16 中，狂轰 46 分、12 个篮板和 11 次助攻，还送出 4 次抢断加 4 次盖帽，成为 NBA 史上唯一打出"40+10+10+4+4"的球员。

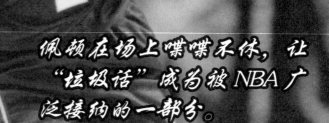

佩顿在场上喋喋不休，让"垃圾话"成为被 NBA 广泛接纳的一部分。

●档案

加里·佩顿 / Gary Payton

出生地：美国加利福尼亚州奥克兰

出生日期：1968 年 7 月 23 日

身高：1.93 米 / 体重：82 公斤

效力球队：超音速、雄鹿、湖人、凯尔特人、热火

球衣号码：2、20

场上位置：控球后卫

●荣耀

1 届总冠军：2006 年

9 届全明星：1994 年—1998 年、2000 年—2003 年

1 届抢断王：1995/1996 赛季

1 届最佳防守球员：1995/1996 赛季

2 届最佳阵容一阵：1997/1998 赛季、1999/2000 赛季

9 届最佳防守阵容一阵：1993/1994 赛季—2001/2002 赛季

2 届奥运冠军：1996 年、2000 年

篮球名人堂：2013 年

NBA 75 大球星

●常规赛场均 16.3 分、3.9 个篮板、6.7 次助攻

●季后赛场均 14.0 分、3.7 个篮板、5.3 次助攻

加里·佩顿常规赛数据

赛季	球队	助攻	抢断	得分
1990/1991	超音速	6.4	2.0	7.2
1991/1992	超音速	6.2	1.8	9.4
1992/1993	超音速	4.9	2.2	13.5
1993/1994	超音速	6.0	2.3	16.5
1994/1995	超音速	7.1	2.5	20.6
1995/1996	超音速	7.5	2.9	19.3
1996/1997	超音速	7.1	2.4	21.8
1997/1998	超音速	8.3	2.3	19.2
1998/1999	超音速	8.7	2.2	21.7
1999/2000	超音速	8.9	1.9	24.2
2000/2001	超音速	8.1	1.6	23.1
2001/2002	超音速	9.0	1.6	22.1
2002/2003	超音速	8.8	1.2	20.8
2002/2003	雄鹿	7.4	1.4	19.6
2003/2004	湖人	5.5	1.2	14.6
2004/2005	凯尔特人	6.1	1.0	11.3
2005/2006	热火	3.2	0.9	7.7
2006/2007	热火	3.0	0.6	5.3

手套

加里·佩顿

GARY PAYTON

佩顿在场上总是喋喋不休地喷"垃圾话"，但这不妨碍他成为一代防守大师。他曾连续 8 次入选 NBA 最佳防守一阵（1993/1994 季至 2001/2002 赛季），更在 1996 年荣获"最佳防守球员"称号。

面对斯托克顿，他曾让对方整场一分未得；面对"甲壳虫"，他曾让对方全场失误上双；至于后来面对他从小带大的基德，更是让"三双王"没有一项数据过 5。

他，是当时联盟能把人防守到窒息的"手套"！

如果问 20 世纪 90 年代最杰出的控卫是谁，一定有人回答："手套"加里·佩顿。

佩顿之所以叫"手套"，源自一件趣事：1993 年西部决赛，之前两轮无人能挡的太阳全明星控卫凯文·约翰逊，在佩顿如影随形的盯防下大失水准。赛后，佩顿的表兄格林打来电话概叹："你把凯文控制得严丝合缝，就像被握在手套里的棒球。"从此，"手套"的盛名在 NBA 流传开来。

佩顿是集卓越组织、一流进攻和顶尖防守于一身的"大心脏"球员。他是史上防守最强的控卫之一，他的进攻也比绝大多数球员都要好得多。无论是在个人防守还是团队协防，佩顿都无懈可击。进攻端佩顿能投擅突，他的低位单打更是一大绝技。

确定了这一点之后，我们就可以进一步认识佩顿——含蓄点说，他就是喜欢"脏"。

在最高级别篮球联赛的防守端，根本没有"好好先生"的位置。

佩顿曾经是全国最佳大学球员、9 次 NBA 最佳防守一阵、2 次最佳一阵、1 次最佳防守队员……然而，这些华丽的注脚都是浮云，一个脱下"手套"之后的佩顿，才是真正的佩顿——一个实在、单纯、爱絮叨、有着独特个性的人。这就是他为什么会被世人称之为"奥克兰之光"，并且被数十万西雅图球迷崇拜的原因。

1968 年 7 月 23 日，加里·佩顿出生于奥克兰的一个篮球世家，他在年少时期就是当地街球场的"孩子王"，当时他的身边总追随着一位小弟——比他小 4 岁的杰森·基德。

当时的小基德不断接受佩顿"垃圾话"洗礼，从而培养了球场"大聪明"的特质。而和佩顿的单挑简直是一种"折磨"，但小基德从中学到不少东西。

加里·佩顿的父亲是他高中的篮球教练，指导佩顿时异常严格。佩顿曾就读于篮球名校"地平线高中"，1986 年佩顿毕业时，已经成为全美级别的优秀篮球运动生。

佩顿进入俄勒冈州立大学，并在这所以培养后卫著称的篮球名校里很快就崭露头角。

1988 年 11 月，佩顿在一场 NCAA 比赛中，打出最亮眼的表演，轰出 20 分、14 个篮板、11 次助攻，率领俄勒冈州大战胜波特兰大学。

1990 年 NBA 选秀大会，加里·佩顿在首轮第 2 顺位被西雅图超音速选中。他在首个赛季便出任首发控卫，但场均 7.2 分、6.4 次助攻的数据，可谓平平。

1991/1992 赛季，佩顿在新帅乔治·卡尔的麾下开始崭露头角。加强投篮练习之后，佩顿的三分命中率，由不到 10% 一下子涨到 33%，并逐渐承担起球队领袖职责。

1995/1996 赛季，佩顿跃上巅峰，入选全明星和最佳防守第一阵容，并成为 NBA 史上唯一一位夺得最佳防守球员头衔的控卫。就是那一年，佩顿将超音速带入总决赛。

1996 年总决赛，超音速首先被常规赛 72 胜的巅峰公牛连挑三场。以 0 比 3 落后陷入绝境时，佩顿主动请缨去防守乔丹，于是爆发了一场史上最强的矛盾大战。

在佩顿的严防下，乔丹打出不足四成命中率的最差表现，超音速连扳两场。

佩顿完成了篮球史上最具挑战性的任务——在防守端冻结那个穿着 23 号的"飞人"。第四场，乔丹在佩顿防守下得到个人总决赛新低的 23 分；第五场，超音速赢了公牛 21 分，佩顿只让乔丹得到 26 分；第六场，佩顿让乔丹 19 次投篮打铁 14 次，"飞人"再次刷新个人总决赛新低——22 分。虽然最终公牛以 4 比 2 击败超音速，乔丹拿到复出后的第一冠，但 1996 年佩顿的严密防守让"飞人"打出职业生涯最差的一次总决赛表现。

1999 年，NBA 停摆，佩顿的好搭档，暴力美学扣篮手坎普一夜陨落。2003 年，佩顿终于老了，被超音速抛弃，就此开始漫游整个美利坚。

2003 年 2 月 20 日，超音速把佩顿交换到密尔沃基雄鹿，换来雷·阿伦。

2003 年夏天，为了总冠军，佩顿又从密尔沃基去到洛杉矶，加盟洛杉矶湖人，与科比、奥尼尔、卡尔·马龙组成"F4"。但由于伤病不断，湖人在总决赛以 1 比 4 不敌活塞，"F4"也随之风去云散。又一次追梦未遂之后，佩顿万里横穿，从西海岸的洛杉矶辗转至东海岸的波士顿，在凯尔特人短暂驻足后，佩顿在 2005 年 9 月加盟迈阿密热火。

他再一次和"鲨鱼"成了队友，在韦德与奥尼尔的身边，担任一名经验丰富的替补老将，并在关键时刻扮演奇兵：2006 年总决赛第三场最后时刻命中跳投，第五场加时赛命中高擦板。最终热火以 4 比 2 击败小牛夺得总冠军，韦德成为最佳主角的同时，佩顿也成为关键配角。佩顿在职业生涯暮年终于如愿夺得一枚总冠军戒指。

功德圆满后，佩顿在 2008 年 8 月宣布退役。

佩顿在 NBA 效力 17 年，可谓荣耀满载，他夺得 1 届总冠军、1 届最佳防守球员、1 届抢断王，2 次入选最佳阵容一阵，9 次入选最佳防守一阵，9 次入选全明星。

佩顿没有华丽、激情的现场表现，但凭借一次次凶狠抢断，一次次与坎普空接连线，成为 20 世纪 90 年代个性最鲜明的顶级控卫。

退役五年之后，佩顿理所当然地进了篮球名人堂。

加里·佩顿出身篮球世家，而他的爱子——加里·佩顿二世也沿袭家族的传统，选择在 NBA 里征战。如今佩顿二世在金州勇士担任重要的替补尖兵，与老爸稳健老辣的"地板流"不同，佩顿二世在赛场飞天遁地，展现出劲爆的身体素质。

如今，加里·佩顿经常出现在 NBA 的赛场边，给爱子助威。2022 年季后赛，佩顿二世遭到狄龙的凶狠犯规，受伤离场，老佩顿怒不可遏。在那一刻，加里·佩顿不只是篮球名宿，还是一位舐犊情深的老父亲。

生涯高光闪回 / 入选名人堂

高光之耀：2013 年 9 月 9 日，"手套"佩顿携手伯纳德·金以及名帅里克·皮蒂诺等 12 人正式进入篮球名人堂。

入选名人堂，演讲仪式上佩顿依旧不改"大嘴"本色，侃侃而谈。他谈到为什么斯托克顿比乔丹难防："虽然我的运动能力比斯托克顿出色，但是他每场表现都很稳定。出手 12 次命中 9 球，送出 15 次助攻外加 4 次抢断。这就是我认为他是最难防守的原因。"

佩顿谈及"雨人"肖恩·坎普时，依旧不改幽默本色："我知道你们都在谈论洛杉矶快船是'空接之城'，但我们（超音速）才是'空接之城'的鼻祖。"

他的每一粒进球都
华丽璀璨，就像"厄
尔的珍珠"。

● **档案**

厄尔·门罗 / Earl Monroe

出生地：美国宾夕法尼亚州费城

出生日期：1944 年 11 月 21 日

身高：1.91 米 / 体重：84 公斤

效力球队：子弹、尼克斯

球衣号码：10、15、33

场上位置：控球后卫

● **荣耀**

1 届总冠军：1973 年

4 届全明星：1969 年、1971 年、1975 年、
1977 年

1 届最佳阵容一阵：1968/1969 赛季

最佳新秀：1967/1968 赛季

篮球名人堂：1990 年

NBA 75 大球星

● 常规赛场均 18.8 分、3.0 个篮板、3.9 次助攻

● 季后赛场均 17.9 分、3.2 个篮板、3.2 次助攻

厄尔·门罗常规赛数据表

赛季	球队	篮板	助攻	得分
1967/1968	子弹	5.7	4.3	24.3
1968/1969	子弹	3.5	4.9	25.8
1969/1970	子弹	3.1	4.9	23.4
1970/1971	子弹	2.6	4.4	21.4
1971/1972	子弹	2.7	3.3	21.7
1971/1972	尼克斯	1.5	2.2	11.4
1972/1973	尼克斯	3.3	3.8	15.5
1973/1974	尼克斯	3.0	2.7	14.0
1974/1975	尼克斯	4.2	3.5	20.9
1975/1976	尼克斯	3.6	4.0	20.7
1976/1977	尼克斯	2.9	4.8	19.9
1977/1978	尼克斯	2.4	4.8	17.8
1978/1979	尼克斯	1.2	3.0	12.3
1979/1980	尼克斯	0.7	1.3	7.4

黑珍珠

厄尔·门罗

EARL MONROE

他是赏心悦目篮球的开创者，是那个时代让传统"卫道士"跌破眼镜的"叛逆先驱"！

他让篮球灵动了起来，可以在运球者的身边肆意挥洒它带给世间的动感魅力。他让本来一板一眼的战术充满了鼓动性和创造力，让人们为之折服、倾倒，并心甘情愿地效法。

因为他，后世才有了艾弗森、"魔术师"、威廉姆斯等一系列大师；因为他，后世才有"帮主"轻盈挑动的擦筐绝杀，才有卡特空中360度轻盈豁达的挑篮，才有克劳福德诡异莫名的背后运球上篮，所有的篮球花式都是因他而生！

他，门罗，是真正篮球艺术的鼻祖！

1967 年是一个值得让所有篮球迷铭记的年份，在那个所有照片都只有黑白色调的岁月里，门罗明显处在阴暗的一方，但他整整 13 年的职业生涯，却散发出绚烂夺目的光辉。

厄尔·门罗是那个年代花式篮球的领航者，更是攻击型后卫浪潮的弄潮儿，他和戴夫·宾、杰里·韦斯特承前启后地缔造了攻击型后卫的辉煌时代。要知道，在他们出现之前，世人普遍认为只有内线才是得分的天下。

当门罗穿花绕树般晃过多名防守球员，轻松地将球放入篮筐；当对方的中锋停住脚步，任他在身上骗下"2+1"时，人们才恍然大悟，原来，球在小个子手里也能得分。

1944 年 11 月 21 日，门罗出生于宾夕法尼亚州的费城。

门罗在 14 岁时就长到 1.91 米，被当地中学的篮球教练视若珍宝，招进校队。但令教练想不到的是，门罗的身高就此停留在 1.91 米。即便如此，这个"黑色"小个子依然展现出无与伦比的篮球天赋，他能打进很多高难度球，在身体完全失去平衡的情况下，他似乎只是很随意地一抛，就能听到皮球入网的清脆响声。那个时候，对于现场的球迷来说，那个清脆的声音，几乎是整个世界最美妙的音乐！

门罗在温斯顿·塞勒姆州立大学时就成为著名的得分高手，1966/1967大四那个赛季，他场均砍下41.5分。一位体育评论员用"厄尔的珍珠"来形容他得到的每一分，从此，一个闪亮的"黑珍珠"绰号就这样诞生了。

1967年选秀，"黑珍珠"以"榜眼"身份加盟巴尔的摩子弹，而且在首个赛季便大放异彩，场均砍下联盟第三高的24.3分，荣获最佳新秀。其中在子弹对阵湖人的一场比赛里，门罗轰下56分，让中锋大行其道的NBA彻底跌破眼镜。

子弹看到了崛起的希望后，于是他们弄来全明星球员昂塞尔德，原始版"绞肉机"前锋古斯·约翰逊，"巴尔的摩狼群"正式组建，门罗正是这群野狼里的"头狼"。

"巴尔的摩狼群"掀起惊涛骇浪般的进攻潮，门罗永远冲在最前线，而昂塞尔德则是他的后勤保障，展现出不同凡响的大局观。两人搭档成为那个年代最默契的配合之一，他们率领巴的蒂摩子弹连续三个赛季杀入季后赛。其中1970年季后赛，巴的蒂摩子弹更是一路杀入总决赛，可惜被贾巴尔和"大O"率领的雄鹿横扫。

子弹和尼克斯连续多年在季后赛相遇，门罗在弗雷泽头上砍下"30+"之后，连续7年入选最佳防守阵容的弗雷泽将防守门罗比作是"看恐怖电影"。

然而，习惯"纯粹篮球"的巴尔的摩管理层却对门罗的华丽表现嗤之以鼻，他们喜欢球员按部就班地执行战术，按部就班地传球，按部就班地把球送到篮筐。因此，在门罗合同期即将结束的时候，他们开始兜售他们的头号球星。

1971年11月10日，门罗转会"大仇家"尼克斯。许多批评家说门罗的单打风格会毁掉团队至上的尼克斯，而门罗也无法成为"老对手"弗雷泽的好搭档。

初来乍到的门罗还不太适应尼克斯，在1971/1972赛季，一直受到膝伤困扰的门罗场均得分跌至11.9分。但在第二个季赛（1972/1973赛季），他和弗雷泽的配合渐入佳境，在赛季末期，这对组合的威力完全显现，记者们称这对巨星是"劳斯莱斯后场"。

尼克斯取得大西洋区第二名后，与巴尔的摩再次于季后赛相遇。球迷打出"新婚的门罗"标语来迎接这位前子弹球员，最后尼克斯用五场比赛淘汰子弹。门罗面对旧主，其中一场拿下32分，是他在尼克斯的最高得分。

纽约挺进东部决赛,在第七战以 94 比 78 在波士顿花园广场击败凯尔特人,终结了波士顿花园"抢七"不败的神话。总决赛,尼克斯以 4 比 1 轻取湖人,捧得 1973 年总冠军奖杯。门罗在最后一场取得 23 分之后,终于戴上第一枚总冠军戒指。

1972/1973 赛季中,门罗已经成为麦迪逊花园广场最受欢迎的球员。虽然他场均得分只有平庸的 15.5 分,但他的动作还是那样华丽。门罗也展现了无私的一面,经常把球传给位置更好的队友。他常常盯防对方后场得分尖刀,从而解放弗雷泽。

20 世纪 70 年代中期,门罗对尼克斯的贡献一直无法衡量,他在 1974/1975 赛季到 1976/1977 赛季,场均得分维持在 20 分左右,并在 1975 年和 1977 年两次入选全明星。尼克斯在 20 世纪 70 年代末期陷入低谷,1979 年和 1980 年,无缘季后赛。

1980 年,35 岁的门罗因伤退役。整个职业生涯一直饱受膝伤困扰,他依然能在长达 13 年的职业生涯里场均贡献 18.8 分,可谓一个奇迹。

20 世纪 80 年代初期,新一代灵动后卫们已经大批拥入联盟,作为这种华丽风格的先行者——门罗虽转身归隐,却开宗立派,创下后场进攻一脉之先河。

这就是门罗,尽管缺乏惊人的速度和弹跳,却总能靠着匪夷所思的急停变奏,连续两次甚至三次投篮假动作,最后穿过茫然的防守者,轻舒猿臂,挑篮入筐。

退役后的门罗依然长袖善舞、涉猎广泛。他曾在麦迪逊广场花园担任解说工作,还做过篮球评论员,甚至还组建过声乐队,创立唱片公司。

1990 年,门罗入选篮球名人堂。此后,他又入选 NBA 50 大球星。

"珍珠"不会蒙尘,2021 年,厄尔·门罗又众望所归地入选 NBA 75 大球星。作为球迷们钟爱的球员,NBA 的史册中永远记载着"黑珍珠"那动人的篇章。

生涯高光闪回/明珠永耀

高光之耀:如果篮球场上少了这么一颗璀璨如星辰的"黑珍珠",那现代篮球会少了多少让人眼花缭乱的过人舞步,少了多少空中拉杆折叠的舞蹈,也许甚至连《NBA 2K》系列游戏都会受到影响,明星球员选项里"空中魔术师"和"脚踝终结者"都会凭空消失。这就是门罗对篮球所做的贡献,因为他的出现,才让今天的我们,不用坐在包厢里欣赏乏味至极的"现代篮球"。

他是"魔术师"之前的"魔术师",是最早将华丽街球技术带入 NBA 的球员之一,打破了沉闷滞涩的传统内线风格,他也是转身过人技术的创造者。

在那个年代,门罗所展现的眼花缭乱的控球技术和一对一的进攻,总是让球迷大呼过瘾。正是门罗,让黑人的街头篮球动作兼具华丽和实战性,登上 NBA 的殿堂。

作为开创一脉先河的"黑珍珠",门罗不应被世人遗忘。

9-6

9

瑟蒙德 / 霍华德 / 恩比德 / 汤姆贾诺维奇
THURMOND/HOWARD/EMBIID/TOMJANOVICH

8

伯纳德·金 / 韦伯 / 哈达威 / 约翰逊
BERNARD KING/WEBBER /HARDAWAY /JOHNSON

7

穆林 / 波什 / 麦克海尔 / 帕里什
MULLIN/BOSH /MCHALE/PARISH

6

希尔 / 斯塔德迈尔 / 穆托姆博 / 坎普
HILL/STOUDEMIRE /MUTOMBO /KEMP

在詹姆斯、库里之前，瑟蒙德
就是阿克伦的篮球象征。

●档案
内特·瑟蒙德 / Nate Thurmond
出生地：美国俄亥俄州阿克伦
出生日期：1941 年 7 月 25 日
身高：2.11 米 / 体重 102 公斤
效力球队：勇士、公牛、骑士 / 球衣号码：42
场上位置：中锋

●荣耀
7 届全明星：1965 年—1968 年、1970 年、
1973 年—1974 年
2 届最佳防守阵容一阵：1968/1969 赛季、
1970/1971 赛季
篮球名人堂：1985 年
NBA 75 大球星

●常规赛场均 15.0 分、15.0 个篮板、2.7 次助攻
●季后赛场均 11.9 分、13.6 个篮板、2.8 助攻

内特·瑟蒙德常规赛数据

赛季	球队	篮板	助攻	得分
1963/1964	勇士	10.4	1.1	7.0
1964/1965	勇士	18.1	2.0	16.5
1965/1966	勇士	18.0	1.5	16.3
1966/1967	勇士	21.3	2.6	18.7
1967/1968	勇士	22.0	4.2	20.5
1968/1969	勇士	19.7	3.6	21.5
1969/1970	勇士	17.7	3.5	21.9
1970/1971	勇士	13.8	3.1	20.0
1971/1972	勇士	16.1	2.9	21.4
1972/1973	勇士	17.1	3.5	17.1
1973/1974	勇士	14.2	2.7	13.0
1974/1975	公牛	11.3	4.1	7.9
1975/1976	公牛	5.5	2.0	3.7
1975/1976	骑士	5.3	1.0	4.6
1976/1977	骑士	7.6	1.7	5.5

内特大帝

内特·瑟蒙德

NATHANIEL THURMOND

> NBA 史上被冠以"大帝"称号的球员屈指可数，瑟蒙德是其中一位。他曾取得史上首个"四双"成就，整个职业生涯场均 15 分和 15 个篮板。而他大开大合、杀伐果断的打法更是让人折服！他的一双长臂灵巧无比，脚步扎实沉稳，篮板嗅觉更是上上乘！
>
> 值得一提的是，同为阿克伦人，他成了詹姆斯的篮球启蒙者。

1941 年 7 月 25 日，内特·瑟蒙德出生在阿克伦。

在勒布朗·詹姆斯出世之前，也许瑟蒙德才是真正的阿克伦"天命之子"。

超长的臂展、强悍的身体加上日益增长的身高，让瑟蒙德在阿克伦高中时期便展现出了非凡的篮球才华，他和古斯·约翰逊搭档成为"煞星组合"，联手率队在俄亥俄州季后赛一度保持不败战绩，最终他们只输给了杰里·卢卡斯领衔的中城高中。

高中毕业之后，瑟蒙德选择就读鲍灵格林大学。1963 年，瑟蒙德被评为全美最佳阵容一阵。同年，瑟蒙德参加 NBA 选秀，并在首轮第 3 顺位被旧金山勇士选中，从此开启了一段波澜壮阔的 NBA 生涯。

彼时，勇士阵中拥有史前"巨无霸"威尔特·张伯伦，初出茅庐的瑟蒙德只能给"张大帅"打替补。在极其有限的上场时间里，瑟蒙德展现了一个巨星的潜质，场均能够砍下 7 分、10.4 个篮板这样一个不错的蓝领内线数据，2004 年"平民冠军"活塞的"防守大闸"本·华莱士，其巅峰数据也不过就是"10+10"而已。

1963/1964 赛季，勇士杀入季后赛，瑟蒙德也被委以重任，他与张伯伦搭档出现在赛场之上。"双塔组合"威力巨大，在内线为所欲为。而瑟蒙德的场均数据也上涨到 10

分、12.3 个篮板，达到一流"防守大闸"水平。

然而，"双塔组合"并没有持续太长的时间，接下来的 1964/1965 赛季，两人只合作半个赛季，张伯伦就转会去了费城 76 人。瑟蒙德成为勇士的头牌球星，随着他在球队战术地位的提升，场均数据飙升到 16.5 分、18.1 篮板，迈入顶级中锋的行列。

1965 年 2 月 28 日，旧金山勇士对阵巴尔的摩子弹（华盛顿奇才前身），瑟蒙德单节狂揽 18 个篮板，一举打破拉塞尔和张伯伦共同保持的单节 17 个篮板的 NBA 纪录。

1964/1965 赛季，瑟蒙德场均能摘下 18.1 个篮板，成为紧随拉塞尔、张伯伦之后的联盟第三篮板"怪兽"。不过遗憾的是，瑟蒙德的个人勇猛并没有转化为团队的胜利，他首次独自带队的这个赛季，勇士战绩不堪入目，17 胜 63 负，联盟垫底。

1965/1966 赛季，里克·巴里的强势加盟，让勇士的情况有所好转。巴里与瑟蒙德初次配合还稍显生疏，勇士在这个赛季虽然胜场提升了一倍，但依旧无缘季后赛。

1966/1967 赛季，巴里与瑟蒙德配合已然默契，率领勇士大爆发，一路杀入总决赛。虽然最后败给 76 人，但巴里与瑟蒙德联手打出该赛季联盟最强组合的数据！瑟蒙德在那个赛季场均得到 18.7 分、21.3 个篮板；巴里也以场均 35.6 分成为联盟得分王。而也是在那个赛季，瑟蒙德在 MVP 排行榜上仅仅落后"张大帅"。

1968/1969 赛季，瑟蒙德步入巅峰期，场均砍下 21.5 分、19.7 个篮板，表现堪称惊艳。那一年，勇士在常规赛拿下 41 胜，最终止步于西部半决赛，输给如日中天的湖人。

之后的几年，瑟蒙德依旧出色，但勇士战绩平平，直到 1971/1972 赛季，他们才再度爆发，取得 51 胜的佳绩。瑟蒙德场均砍下 21.4 分、16.1 个篮板，率领勇士一路杀到西部决赛，输给贾巴尔领军的密尔沃基雄鹿（当时雄鹿属于西部联盟）。

虽然勇士依旧没有突破上限，但瑟蒙德和贾巴尔对决并没有落入下风。也是因为那个系列赛，如今依然流传着贾巴尔最忌惮瑟蒙德的言论。

那场西决盛会之后，瑟蒙德开始步入职业生涯的下坡路。1973/1974 赛季，虽然他场均依旧能得到 13 分、14.2 个篮板，却难复当年之勇。勇士深明其道，所以在那个赛季之后，把瑟蒙德交易到了芝加哥公牛。

1974/1975 赛季，尽管瑟蒙德的场均数据已经滑落到 7.9 分、11.3 个篮板，但在刚刚开始统计盖帽数据的那个赛季，瑟蒙德再次斩获奇迹：他在芝加哥首秀砍下 22 分、14 个篮板、13 次助攻和 12 次盖帽的"大四喜"，成为 NBA 创立以来，首个砍下"四双"的球员。而整个赛季他也有着 2.44 次封盖的贡献，在防守端的威力显而易见。

瑟蒙德老矣，芝加哥也无意留他。1975/1976 赛季期间，他被公牛抛售给克利夫兰骑士。落叶归根，瑟蒙德在家乡的球队度过了自己职业生涯最后的两个赛季，并且骑士也因为他的到来从开局只有 6 胜 11 负的"鱼腩"，一跃成为之后获得 43 胜 22 负的中部赛区冠军。瑟蒙德率领骑士一举打入东部决赛，虽然输给强大的凯尔特人，但他率领骑士创造了这个赛季的历史性飞跃，被世人称为"里奇菲尔德奇迹"。

1977 年 4 月 15 日，35 岁的瑟蒙德在家乡克利夫兰的主场最后一次登场比赛，虽然只得到 1 个篮板，却赢得现场最热烈的欢呼和掌声，家乡父老们为自己的英雄送别。

纵观瑟蒙德的整个职业生涯，虽然终生无冠，但是在球场之上，他的统治力依旧显而易见。虽然他一直被张伯伦、拉塞尔等巨星遮盖光芒，但世人记得他的赫赫战功。

内特·瑟蒙德在 NBA 征战 14 个赛季，博得"内特大帝"的尊号。他曾 7 次入选 NBA 全明星，2 次入选 NBA 最佳防守阵容一阵，3 次入选 NBA 最佳防守阵容二阵。他是联盟第一位"四双"球员，也是单赛季场均能拿下"20+"篮板的五位球员之一（其余四位为张伯伦、拉塞尔、佩蒂特以及卢卡斯）。

瑟蒙德虽然在场上统治力十足，但球风朴实无华。对此他解释道："我不是那种打球花哨的球员，因为那些动除了吸引眼球之外毫无用处，只会浪费精力。"

1985 年 7 月 1 日，瑟蒙德入选篮球名人堂。

1996 年，瑟蒙德毫无争议地入选了 NBA 五十大球星。而他的 42 号战袍如今依旧在勇士和骑士的球馆上空飘扬，传颂着这个干戈寥落、铁甲无名的"禁区猛兽"奋战到底的十四载峥嵘事迹。

2016 年 7 月 17 日，瑟蒙德在旧金山因白血病去世，享年 74 岁。消息一经传来，NBA 官方、名宿、球迷纷纷进行缅怀。作为阿克伦后辈，詹姆斯的悼念情真意切："愿您安息，内特，伟大的传奇，瑟蒙德。在我的成长过程中，知道您曾在这个联盟打球，这给了我成功的希望，谢谢。"同为阿克伦人，詹姆斯对于瑟蒙德的传奇生涯拥有感同身受的体会。童年时期，"大帝"的传说在整个阿克伦地区家喻户晓，这在一定程度上也影响了詹姆斯的职业选择。

瑟蒙德的篮球传奇激励着每一位阿克伦少年，其中一定也有——斯蒂芬·库里。

2021 年，瑟蒙德入选 NBA 75 大球星，值得一提的是，75 大球星里竟然有 3 位（瑟蒙德、詹姆斯和库里）都来自阿克伦，这座小城因此成为世人心中的篮球重镇。

生涯高光闪回 / NBA "四双" 第一人

高光之耀：球员是否全能的最直观的数据体现便是"四双"，在 NBA 漫长的历史长河中能砍下"四双"者屈指可数。瑟蒙德开创"四双"先河后，也仅仅有三名球员能达到这一高度，他们分别是埃尔文·罗伯特森、奥拉朱旺和大卫·罗宾逊。

1974 年 10 月 8 日，公牛坐镇主场对阵老鹰，瑟蒙德得到 22 分、14 个篮板、13 次助攻和 12 次盖帽，完成 NBA 有史以来第一次"四双"。

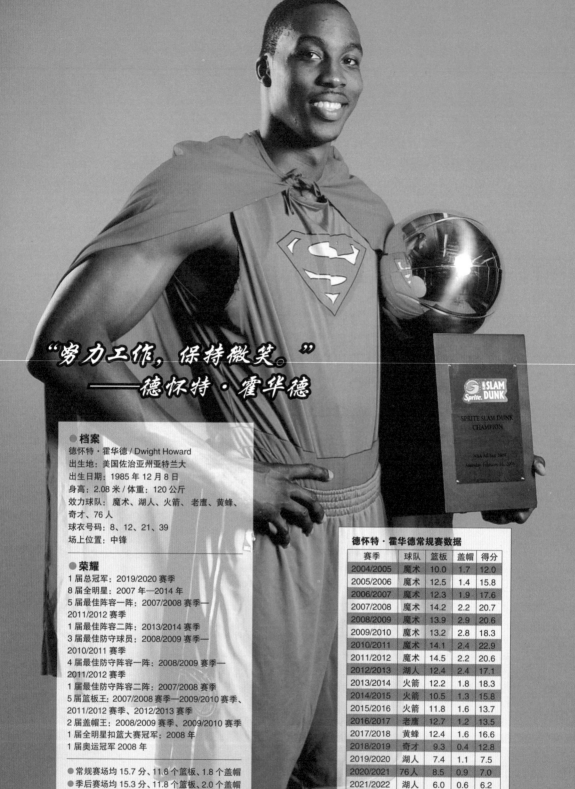

"努力工作，保持微笑。"
——德怀特·霍华德

● 档案
德怀特·霍华德 / Dwight Howard
出生地：美国佐治亚州亚特兰大
出生日期：1985 年 12 月 8 日
身高：2.08 米 / 体重：120 公斤
效力球队：魔术、湖人、火箭、老鹰、黄蜂、
奇才、76 人
球衣号码：8、12、21、39
场上位置：中锋

● 荣耀
1 届总冠军：2019/2020 赛季
8 届全明星：2007 年—2014 年
5 届最佳阵容一阵：2007/2008 赛季—
2011/2012 赛季
1 届最佳阵容二阵：2013/2014 赛季
3 届最佳防守球员：2008/2009 赛季—
2010/2011 赛季
4 届最佳防守阵容一阵：2008/2009 赛季—
2011/2012 赛季
1 届最佳防守阵容二阵：2007/2008 赛季
5 届篮板王：2007/2008 赛季—2009/2010 赛季、
2011/2012 赛季、2012/2013 赛季
2 届盖帽王：2008/2009 赛季、2009/2010 赛季
1 届全明星扣篮大赛冠军：2008 年
1 届奥运冠军 2008 年

● 常规赛场均 15.7 分、11.8 个篮板、1.8 个盖帽
● 季后赛场均 15.3 分、11.8 个篮板、2.0 个盖帽

德怀特·霍华德常规赛数据

赛季	球队	篮板	盖帽	得分
2004/2005	魔术	10.0	1.7	12.0
2005/2006	魔术	12.5	1.4	15.8
2006/2007	魔术	12.3	1.9	17.6
2007/2008	魔术	14.2	2.2	20.7
2008/2009	魔术	13.9	2.9	20.6
2009/2010	魔术	13.2	2.8	18.3
2010/2011	魔术	14.1	2.4	22.9
2011/2012	魔术	14.5	2.2	20.6
2012/2013	湖人	12.4	2.4	17.1
2013/2014	火箭	12.2	1.8	18.3
2014/2015	火箭	10.5	1.3	15.8
2015/2016	火箭	11.8	1.6	13.7
2016/2017	老鹰	12.7	1.2	13.5
2017/2018	黄蜂	12.4	1.6	16.6
2018/2019	奇才	9.3	0.4	12.8
2019/2020	湖人	7.4	1.1	7.5
2020/2021	76 人	8.5	0.9	7.0
2021/2022	湖人	6.0	0.6	6.2

魔兽

德怀特·霍华德

DWIGHT HOWARD

德怀特·霍华德不仅拥有阿多尼斯神般的健硕身材，更拥有上天垂青的恐怖天赋。在这个快打旋风愈演愈烈的年代，传统中锋濒临绝迹，霍华德成为扛起内线大旗的唯一"魔兽"。

从飞天遁地、联盟第一的"魔兽"中锋，到如今兢兢业业、任劳任怨的"霍师傅"，回首18年的职业生涯，无论是高峰与低谷，霍华德始终都保持灿烂笑容，内心深处依旧是那位心思单纯的大男孩。

1985年12月8日，德怀特·霍华德出生于亚特兰大的一个普通家庭。他的父亲是当地的一名骑警，母亲是莫里斯·布朗大学的篮球队成员。与大多数出身贫苦的黑人球员相比，霍华德的童年无忧无虑，这样的成长环境让他养成了乐天派的性格。

霍华德9岁时，在妈妈指导下开始接触篮球。七年级时，霍华德写下一份梦想清单：帮助校队拿到全国冠军、成为NBA"状元"、拿到最佳防守球员、为美国队赢得奥运金牌、拿到NBA总冠军，多年以后，霍华德竟然将清单上的愿望全部实现了。

1998年，13岁的霍华德进入亚特兰大西南基督学院，在校队出任控卫。后来由于身高蹿升到2.07米，改打了内线。高三那年，霍华德场均得到25分、18个篮板、8次封盖和3.5次助攻，率领西南基督学院赢得州冠军，他还拿下了奈史密斯奖高中年度球员、麦当劳明星赛年度最佳球员、乔治亚州篮球先生等个人荣誉。

2004年，高中毕业后霍华德决定NBA选秀大会。魔术在首轮第1顺位选中了他，霍华德成为继詹姆斯之后又一位高中生"状元"。彼时的魔术刚刚结束一个失败赛季（21胜61负），送走当家球星麦迪，奥兰多人将重建希望寄托在这位19岁"状元"身上。

2004/2005 赛季，霍华德场均能够贡献 12 分、10 个篮板，成为联盟最年轻的场均两双获得者。不过，同级"榜眼"埃梅卡·奥卡福夺走最佳新秀，这让"魔兽"的首个赛季并不完美。霍华德很快在第二个赛季证明"状元"的货真价实，他在和奥卡福的直接对话中占尽上风，砍下 21 分、20 个篮板，成为史上最年轻的"双 20"球员。

2006/2007 赛季，霍华德在职业生涯第三年终于率领魔术挺进季后赛，面对以防守强悍著称的活塞，他场均拿到 15 分、15 个篮板、1 次盖帽。即便被横扫出局，魔术依然为他奉上了 5 年 8500 万美元的续约大合同。2008 年扣篮大赛，霍华德身披超人斗篷，用惊世骇俗的空接灌篮，捧起扣篮王奖杯的同时，让世人见识了"魔兽"的恐怖天赋。

2008 年北京奥运会，霍华德成为"梦八队"首发中锋，与科比、詹姆斯等人一起，带领美国男篮重回世界王座，霍华德终于拿到奥运金牌，圆了儿时的又一个梦想。

2008/2009 赛季，霍华德达到职业生涯的巅峰，包揽了赛季篮板王、赛季盖帽王、年度最佳防守球员、全明星票王、最佳一阵和最佳防守一阵。大范甘迪教练围绕他打造的"一星四射"体系彻底成形，魔术常规赛豪取 59 胜。2009 年季后赛，魔术先后淘汰了 76 人和"三巨头"领衔的凯尔特人，在东部决赛遇上了詹姆斯所率领的骑士。那个赛季，骑士取得了联盟第一战绩，詹姆斯拿到首座常规赛 MVP 奖杯，风头可谓一时无两。

2009 年东部决赛，尽管詹姆斯场均轰下 38.5 分，并在第二场奉献一记三分球绝杀，但还是统治内线的霍华德笑到了最后。"魔兽"率领魔术 4 比 2 淘汰骑士，挺进总决赛。虽然总决赛以失败告终，但年仅 23 岁的霍华德已蜕变成攻防制霸的斑斓"魔兽"。

从 2009/2010 赛季到 2011/2012 赛季，霍华德连续三年蝉联最佳防守球员，并且包揽了联盟的篮板王、盖帽王，完美地诠释了最强中锋的定义，成为"单换詹姆斯"的男人。不过，尽管个人荣誉无数，但是魔术的战绩始终没有突破，加上詹姆斯与韦德、波什组成"热火三巨头"，创立了统治东部的"迈阿密王朝"之后，魔术争冠的希望越发渺茫。

2011/2012 赛季，魔术首轮被步行者淘汰出局，霍华德和管理层的关系降至冰点。最终，魔术、湖人、76 人、掘金完成了四方交易，霍华德去到洛杉矶，与科比、纳什、加索尔组成"四巨头"。2012/2013 赛季，霍华德饱受伤病困扰，场均只得到 17.1 分、12.4 个篮板、2.4 次盖帽。尽管湖人勉强杀进了季后赛，但在首轮被马刺横扫出局，霍华德在嘘声中离开了那座"天使之城"。

2013 年休赛期，"魔兽"以 4 年 8800 万美元的顶薪合同驾临火箭，与哈登组成威震联盟的"魔登组合"。效力休斯敦的三个赛季，"魔登组合"率领火箭全部打进了季后赛，并在 2015 年杀进了西部决赛。尽管霍华德不缺乏亮眼表现，但火箭的老大位置逐渐被晚辈哈登所取代。不能成为火箭的老大，让霍华德"意难平"，于是，在 2016 年 7 月，霍华德远赴亚特兰大，加盟了家乡球队老鹰。

霍华德在老鹰开始泯然众生，不再是那头能与"皇帝"比肩的斑斓"魔兽"，虽然他场均依旧可以贡献 13.5 分、12.7 个篮板的"两双"数据，但不再被球队视为独一无二的建队核心。"魔兽"在亚特兰大仅仅度过一年时光，便再次踏上流浪的旅程。

2017 年霍华德被交易至夏洛特黄蜂，2018 年又交易至布鲁克林篮网，随后篮网与他达成买断协议，他又以 2 年 1100 万美元加盟华盛顿奇才。2019 年 7 月，奇才又将他交易到灰熊，霍华德在孟菲斯一场比赛都没打，就被灰熊裁掉了。

这位昔日联盟头号中锋面临无球可打的窘境，2019 年 8 月，昔日的老东家湖人向霍华德伸出了橄榄枝。霍华德重回洛杉矶，与昔日老对手詹姆斯做起了队友。

历尽沧桑后的"魔兽"放下身段，甘心辅佐"詹眉组合"，成为湖人替补席一位不可或缺的内线悍将。2020 年季后赛，霍华德场均虽然只有 5.8 分、4.6 个篮板的成绩，但他在西部决赛很好地限制了约基奇，成为湖人夺得队史第 17 座总冠军奖杯的重要功臣。夺冠那天，霍华德抱着奥布莱恩杯，哭得像个孩子。作为曾经可以单换詹姆斯的球员，"魔兽"经历了太多颠簸、磨难，如今霍华德表现出一名职业球员的意志品质，成为湖人的精神领袖。在 NBA 奋斗 16 载，霍华德终于拿到了属于自己的那枚总冠军戒指。

2020 年 11 月，霍华德加盟费城 76 人。度过一个庸庸碌碌的赛季之后，霍华德选择再次回到湖人。彼时，"紫金军团"也刚刚经历过一个失意的赛季，他们需要重回峰巅。

2021 年 10 月，湖人集齐詹姆斯、戴维斯、安东尼、威斯布鲁克四位"75 大球星"球员，风头一时无两。顺便说一句，霍华德落选"75 大球星"令人遗憾。

球迷对湖人"豪华战队"的新赛季充满遐想，但现实却冷酷如冰。2021/2022 赛季，湖人的"豪华战队"在伤病交错、阵容混乱中彻底迷失自己，提前告别季后赛。霍华德的那些零星高光湮灭在湖人的大熔炉里，只留下他与"浓眉"的冲突成为球迷的谈资。

从 2004 年进入联盟至今，18 年职业生涯，无论高峰与低谷，霍华德始终都是那位笑容灿烂的单纯大男孩。因为能与心爱的篮球为伴，因为能将那张少年时的梦想清单都一一实现，霍华德的人生便无怨无悔。

生涯高光闪回 / 超人扣篮

高光之耀：霍华德不仅天赋惊人，而且极具娱乐精神。他在 2008 年扣篮大赛上演"超人归来"的一扣，不仅让他成为身材最高的"扣篮王"，还成为超人的化身。

2008 年 2 月 17 日，新奥尔良全明星赛扣篮大赛，霍华德在预赛第二轮压轴登场时，穿上了超人的球衣，仿佛也得到了这位英雄的超能力。他在罚球线前高高跃起接球单手将球扣入篮筐，得到满分 50 分。扣篮决赛，"魔兽"率先完成自抛打板后空接扣篮。之后他又摘走小篮筐上的球，完成双手"大风车"爆扣。

最终，霍华德凭借这几次新奇而又极具难度的扣篮，力压杰拉德·格林，夺得 2008 年全明星扣篮大赛的冠军。霍华德上演"超人扣篮"的这一幕，成为永恒的经典。

恩比德有着与生俱来的古典内线篮球天赋，他是新时代的"大梦"。

● **档案**

乔尔·恩比德 /Joel Embiid

出生地：喀麦隆雅温得

出生日期：1994 年 3 月 16 日

身高：2.13 米 / 体重：113 公斤

效力球队：76 人 / 球衣号码：21

场上位置：中锋

● **荣耀**

5 届全明星：2018 年—2022 年

1 届得分王：2021/2022 赛季

4 届最佳阵容二阵：2017/2018 赛季、2018/2019 赛季、2020/2021 赛季、2021/2022 赛季

3 届最佳防守阵容二阵：2017/2018 赛季、2018/2019 赛季、2020/2021 赛季

● 常规赛场均 26.0 分、11.4 个篮板、1.7 次盖帽

● 季后赛场均 24.0 分、11.1 个篮板、1.6 次盖帽

乔尔·恩比德常规赛数据

赛季	球队	篮板	盖帽	得分
2016/2017	76 人	7.8	2.5	20.2
2017/2018	76 人	11.0	1.8	22.9
2018/2019	76 人	13.6	1.9	27.5
2019/2020	76 人	11.7	1.3	23.0
2020/2021	76 人	10.6	1.4	28.5
2021/2022	76 人	11.7	1.5	30.6

9 ♣

大帝

乔尔·恩比德

JOEL EMBIID

他是 NBA 的"网红",人人都爱的"恩比德大帝"。

在篮球层面,恩比德是一个真正的绝世天才,他有着 2.13 米的身高、2.28 米的臂展。身材高大、脚步却轻盈敏捷。他在篮下的那些精巧而神奇的脚步,令人想起"大梦"奥拉朱旺。然而他没有老师,他一切的技巧居然都是在 YouTube 上看视频学来的。作为"鲨鱼"之后又一位中锋得分王,恩比德的火力分布更为广袤无垠。

1994 年 3 月 16 日,乔尔·恩比德出生于喀麦隆首都雅温得的一个体育世家,父亲曾是手球运动员。恩比德最先接触的是足球,希望自己将来能像喀麦隆的传奇巨星"米拉大叔"一样驰骋绿茵场。然而由于身高猛增,恩比德不得不改打排球。15 岁之前,恩比德的字典里没有"篮球"二字,直到 2009 年夏天,他在电视上看到湖人与凯尔特人的总决赛,才知道世界上原来有一项运动可以如此有趣。

2010 年夏天,恩比德参加了一个卢克·巴莫特组织的篮球训练营。巴莫特虽然绰号"王子"(酋长的儿子),但他在 NBA 只是一名角色球员。不过巴莫特慧眼识珠,看到恩比德的比赛之后,喜出望外:"他会成为巨星,毫无疑问。"

此后,巴莫特说服恩比德去美国深造。2011 年,恩比德来到美国佛罗里达州蒙特沃德高中(巴莫特母校)学习,在高四那年又转入洛克高中,率队打出 33 胜 4 负的战绩,获得校史上第一个州冠军。2013 年,恩比德在高中毕业时身高达到了 2.10 米,在 ESPN全美高中毕业生 TOP 100 篮球榜上排名第六,在中锋位置上更是一骑绝尘。

美国各大篮球名校纷纷向恩比德伸出橄榄枝,最终他选择了堪萨斯大学。仅打了一个赛季的恩比德便被认定为 NBA 状元秀的不二人选。遗憾的是，2014 年选秀大会前夕，恩比德右脚遭遇应力性骨折，顺位滑落到第 3 位，被费城 76 人选中。

恩比德的骨折，需要 6 个月的恢复期，费城出于保险起见，直接让恩比德休养了整个赛季。因为他们需要一个完全健康的大个子，去率领 76 人实现复兴。

恩比德在长达一年的恢复期，蜕变成为"推特"达人，热衷在网络上与各位明星互动：在 2014 年公开招募詹姆斯加盟 76 人；向"嘻哈天后"蕾哈娜发起猛烈攻势；发布自己心目中未来 MVP 的榜单，毫无疑问，恩比德自己位列第一。通过这些爆笑、浮夸还带些自嘲的推特动态，恩比德成功吸引大批球迷的目光，"大帝"绰号也应运而生。

恩比德在推特世界风生水起，但在自己的本行"篮球"道路上却屡遭打击。

2015 年 8 月，恩比德接受脚部足舟骨移植手术，这时第二个赛季结束。迟迟无法上场比赛，很多人开始将恩比德跟奥登相提并论，但恩比德很快让质疑者闭嘴。

2016 年 10 月 26 日，恩比德终于迎来 NBA 的首秀，面对雷霆，他仅用 22 分钟便拿下 20 分、7 个篮板、2 次盖帽，这位身高 2.13 米、体重 113 公斤的"巨无霸"，竟然有着丰富细腻的篮下技术，还有契合时代内线特质的一手三分球投射能力。

2017 年 1 月 20 日，恩比德在与开拓者比赛中不慎左膝半月板轻微撕裂，他的新秀赛季就此戛然而止。31 场比赛，场均 20.2 分、7.8 个篮板、2.5 次盖帽，三分命中率 36.7%，入选最佳新秀阵容。恩比德迟到两年的新秀赛季，虽不完美，却令人期待。

2017 年 7 月，费城与恩比德签订一份 5 年 1.48 亿美元的续约协议，确定其核心地位。

2017/2018 赛季，"西帝"本·西蒙斯与"大帝"恩比德终于携手完成一个健康的赛季，"双帝组合"让整个联盟为止一颤。整个赛季，恩比德出勤 66 场，场均得到 22.9 分、11 个篮板、1.8 次盖帽。2017 年 11 月 16 日，76 人在客场 115 比 109 战胜湖人，恩比德狂砍 46 分、15 个篮板、7 次助攻和 7 个次盖帽，成为 NBA 首位打出如此全能数据的球员。

76 人以 52 胜、东部第三名的战绩，时隔 7 年重返季后赛。2018 年季后赛首轮，恩比德因伤缺席前两场，复出后之后，率领 76 人连赢三场，以 4 比 1 的比分淘汰热火。

第二轮，锐气正盛的 76 人以 1 比 4 被凯尔特人脆败。虽然止步东部半决赛，但西蒙斯与恩比德的"双帝组合"表现出强大的实力，让 76 人看到了未来的希望。

2018/2019 赛季，恩比德几乎场场"两双"，对位联盟各大内线时更是占尽上风，此外，恩比德拥有天生领袖般煽动力，成为新一代霸气外露的全能顶级中锋。

2019 年东部半决赛"抢七大战"，最后时刻伦纳德命中一记高难度压哨三分绝杀球，76 人在东部决赛一步之遥处惨遭淘汰，恩比德在回更衣室的路上哭得像个孩子。

2020/2021 赛季，76 人重整旗鼓，请来了冠军教头里弗斯，又签下塞斯·库里、丹尼·格林等名射手。恩比德打出第一中锋的风采，场均贡献 28.5 分、10.6 个篮板、2.8 次助攻和 1.4 次盖帽，率领 76 人斩获东部第一战绩，他也高居常规赛 MVP 榜第二位。

2021 年季后赛，76 人首轮轻松淘汰奇才。第二轮面对特雷·杨领衔的老鹰，对手抓住"西帝"的投篮短板，并加以限制。"双帝"折去其一，纵然"大帝"场均轰出 30.4 分、12.7 个篮板，依然无法扭转 76 人被老鹰"抢七"淘汰的结局。

2021 年 8 月 18 日，恩比德与 76 人签下 4 年 1.96 亿美元的续约合同，这意味着在未来六年时间里，"大帝"都是 76 人当仁不让的建队核心。

2021/2022 赛季，西蒙斯拒绝出战，恩比德单核率队开拔。正所谓"大帝"出征，寸草不生，独自带队的恩比德打出 MVP 级表现。2022 年 1 月 20 日，76 人战胜魔术，恩比德在 27 分钟内砍下 50 分、12 个篮板，成为取得如此数据用时最少的球员。

2022 年 2 月 11 日，哈登驾临 76 人。恩比德终于迎来 MVP 级别的搭档。在 2 月 13 日 76 人主场轻取骑士的比赛中，恩比德豪取 40 分、14 个篮板、10 次助攻的大号"三双"，用一场现象级的表现欢迎新队友哈登。2022 年 4 月 11 日，常规赛战罢，恩比德以场均 30.6 分首次荣膺得分王，成为继奥尼尔（1999/2000 赛季）之后首位中锋得分王。

2022 年季后赛首轮对阵猛龙，恩比德在第三场砍下 33 分、13 个篮板，并在加时赛还剩 0.8 秒时命中制胜三分。在被伦纳德绝杀的第三年后，恩比德终于此仇得报。

然而，恩比德在 4 月 30 日 76 人淘汰猛龙的第 6 战中，遭遇西亚卡姆的肘击，导致右眼眶骨折，并伴随有轻微脑震荡，恩比德因此缺席与热火东部半决赛的前两场。

东部决赛第三场，恩比德戴上面具火线复出，尽管 76 人随后赢下两阵，但已失去锐气与先机。最后两战，巴特勒率领的"迈阿密军团"已呈现烈火燎原之势，76 人最终被热火以 4 比 2 淘汰出局。哈登因为伤病与战术安排等原因，没有展现出巅峰水准。

再一次被淘汰出局后，恩比德说出两句意味深长的话。一句"哈登没有打出所期待的火箭时期的状态"。另一句是"我不明白巴特勒为什么被 76 人交易"。

恩比德已在 NBA 征战 6 个赛季，作为 5 届全明星、1 届得分王，4 次入选最佳二阵和 3 次最佳防守二阵的明星球员，毫无疑问拥有成为球队老大的才华。不过，"大帝"要真正成为一支球队的老大，还要拥有勇于担当的心胸与责任。

生涯高光闪回 / 闪耀紫金之巅

高光之耀： 砍下 40 分以上还能拿下 10 个篮板、7 次助攻和 7 次盖帽！这份数据在 NBA 历史上可谓独一份，"大帝"的尊号闪耀在"紫金之巅"。

2017 年 11 月 16 日，76 人做客斯台普斯，并以 115 比 109 击败湖人，恩比德 20 投 14 中，三分球 3 投 2 中，罚球 19 罚 16 中，轰下 46 分、15 个篮板、7 次助攻、7 次盖帽的高能数据。恩比德在得分、盖帽上都创下生涯新高的同时，也成为 NBA 首位在得分、篮板、助攻、盖帽四项数据上能得到"45+15+7+7"的球员。

"永远不要低估一颗总冠军的心。"

——鲁迪·汤姆贾诺维奇

● 档案

鲁迪·汤姆贾诺维奇 / Rudy Tomjanovich
出生地：美国密歇根州哈姆川克
出生日期：1948 年 11 月 24 日
身高：2.03 米 / 体重：99 公斤
效力球队：火箭 / 球衣号码：45
场上位置：小前锋

● 荣耀

2 届总冠军（教练）：1994 年、1995 年
5 届全明星：1974 年—1977 年、1979 年
篮球名人堂：2020 年

● 常规赛场均 17.4 分、8.1 个篮板、2.0 次助攻
● 季后赛场均 13.8 分、5.1 个篮板、1.6 次助攻

鲁迪·汤姆贾诺维奇常规赛数据

赛季	球队	篮板	助攻	得分
1970/1971	火箭	4.9	0.9	5.3
1971/1972	火箭	11.8	1.5	15.0
1972/1973	火箭	11.6	2.2	19.3
1973/1974	火箭	9.0	3.1	24.5
1974/1975	火箭	7.6	2.9	20.7
1975/1976	火箭	8.4	2.4	18.5
1976/1977	火箭	8.4	2.1	21.6
1977/1978	火箭	6.0	1.4	21.5
1978/1979	火箭	7.7	1.9	19.0
1979/1980	火箭	5.8	1.8	14.2
1980/1981	火箭	4.0	1.6	11.6

9

RUDY–T

鲁迪·汤姆贾诺维奇

RUDY
TOMJANOVICH

汤姆贾诺维奇在休斯敦漫长的篮球生涯里，无论是作为球员还是作为主教练都表现得异常出色。球员时代，他五入全明星，在海耶斯离开休斯敦的"空窗期"和一群年轻队友撑起"休城"的天空，重伤归来，更是辅佐摩西·马龙一路杀入总决赛。在教练时代，他率领火箭独得队史上两座总冠军奖杯，在休斯敦历届"主帅榜"中，力压群雄，当之无愧地成为"休城"历史上教练 NO.1。

在 NBA 漫漫历史长河之中，能够为一支球队效忠到退役的球员寥寥无几。而能够在球员、教练、临时主教练、顾问等岗位上一直服务一支球队长达 34 载春秋，恐怕就是名副其实的"珍稀物种"。本文的主人公，汤姆贾诺维奇就是这样的"珍稀物种"。

1948 年 11 月 24 日，鲁迪·汤姆贾诺维奇出生在美国密歇根州哈姆川克的一个克罗地亚移民家庭。就读密歇根大学时期，汤姆贾诺维奇曾创造了当时 NCAA 篮板第一、场均得分第二、单场得分和篮板等多项纪录。带着这些光环，汤姆贾诺维奇在 1970 年参加 NBA 选秀，被彼时圣地亚哥火箭选中，成为这支新军中的一员。

1971 年，火箭由圣地亚哥迁至西部的"太空城"——休斯敦。

汤姆贾诺维奇初入火箭时，火箭还是埃尔文·海耶斯担纲的球队。彼时战绩不佳，但汤姆贾诺维奇得到充分的成长空间，一跃成为场均 19.3 分、11.6 个篮板的潜力新星。

1974/1975 赛季开始之前，海耶斯和火箭不欢而散，汤姆贾诺维奇也顺势上位，赛季场均砍下 24.5 分、9 个篮板，成为火箭的头牌球星。在汤姆贾诺维奇与墨菲等年轻人的带领下，火箭朝气蓬勃，打出 41 胜 41 负的战绩，第二次（队史）杀入季后赛。

而这一次，汤姆贾诺维奇率领火箭第一次杀入分区半决赛。不过，半决赛面对如日中天的"绿衫王朝"，他们的青涩就显而易见了，最终以 1 比 4 败下阵来。

之后，摩西·马龙驾临休斯敦。1976/1977 赛季，摩西·马龙和汤姆贾诺维奇两人联手带领火箭一路杀入东部决赛，虽然最后惜败，但未来似乎前途无量。

然而，天意弄人，1977/1978 赛季的一宗误伤汤姆贾诺维奇的暴力事件，让休斯敦的第一座总冠军奖杯向后延迟了将近 20 年。

那是 1977 年的 12 月 9 日，火箭对阵湖人的比赛，当时贾巴尔和火箭防守悍将卡内特斯打在了一起。这时湖人球员科米特·华盛顿加入战团，作为火箭核心球员的汤姆贾诺维奇也马上跑了过去。他想要拉开厮打的队友，但华盛顿误会了，他以为汤姆贾诺维奇是来参战的，于是挥出重拳。可怜的汤姆贾诺维奇毫无防备，被打翻在地，瞬时血流如注。汤姆贾诺维奇被送到医院时，才发现头骨整整错位了 2.54 厘米！

这一事件让汤姆贾诺维奇在病床上整整休养了五个多月，面部经过多次整形复位，才回到赛场上。因为这次灾难，汤姆贾诺维奇再也难复当年之勇。

1980/1981 赛季，汤姆贾诺维奇与摩西·马龙率领火箭一路爆冷杀入总决赛，但还是以 2 比 4 败给强大的凯尔特人。1980/1981 赛季短暂巅峰过后，32 岁的汤姆贾诺维奇宣布退役，本是当打之年，却因为伤病带着遗憾远离了赛场。

退役之后的汤姆贾诺维奇并没有离开深爱的火箭，成为这支球队幕后的一员。1992 年，汤姆贾诺维奇成为火箭主教练，开始另一段光辉的执教生涯。

1992 年休赛期，汤姆贾诺维奇开始"神奇"运作，先是请来罗伯特·霍利，接着又邀来卡尔·赫雷拉、马特·布拉德等一干替补悍将，完成球队核心班底的搭建。

1992/1993 赛季开始时，汤姆贾诺维奇奠定了以奥拉朱旺作为核心的战术体系，所有球员围绕"大梦"去完成进攻和防守。汤帅的战术体系初见成效，火箭一扫之前的颓废姿态，以 55 胜 27 负的绝佳战绩笑傲分赛区，一路杀入分区决赛。

如果说那个赛季是刚刚晋身帅位的汤姆贾诺维奇的小试牛刀，那接下来 1993/1994 赛季和1994/1995 赛季，就是汤帅大展身手的时刻。

1993/1994 赛季开始之前，一个震惊世人的消息传来："篮球之神"宣布退役了！这给了休斯敦上下极大的信心，毕竟夺冠路上最强大的敌人离去了。

汤姆贾诺维奇没有错过这个绝佳的机会，在他的运筹帷幄之下，休斯敦人露出执掌江山的霸王之气，他们先是在 1993/1994 赛季过五关斩六将，一路杀入总决赛，并和尤因带领的尼克斯展开了七场火星撞地球一般的厮杀，并最终笑到了最后。

接下来的 1994/1995 赛季，更是在外部一致不看好的情况下，跌跌撞撞杀入季后赛，然后突然摇身一变，仿佛之前人挡杀人、佛挡杀佛的休斯敦附体，轻松地以 4 比 1 战胜犹他。然后，在被菲尼克斯 3 比 1 逼入绝境后，连扳 3 场，杀入西部决赛。最后，4 比 2

迈过马刺，再度登上篮球最高的舞台——NBA 总决赛。

面对魔术，他们愈发老辣轻松，以 4 比 0 横扫对手，再度捧起奥布莱恩杯！汤帅对这支球队的贡献和付出有目共睹。接下来的几年，休斯敦开始了新老交替，作为主教练，汤姆贾诺维奇对球队的把控能力此刻愈发显现出来。

而在此期间，他更是在 2000 年带领美国队在悉尼奥运会上夺得冠军，执教能力毋庸置疑。和其他教练相比，汤姆贾诺维奇更注重给予球员足够的成长空间和赛场空间，并能发现球员的优点，同时调动球队的整体士气。

2002 年选秀大会，火箭在首轮第一顺位选中姚明。作为初涉 NBA 的中国"小巨人"，遇到汤姆贾诺维奇这样的名帅无疑是幸运的。众所周知，汤帅最擅长培养中锋，他让奥拉朱旺成长为"大梦"，也让姚明能够成为与奥尼尔争锋的一流中锋。

可惜的是，汤帅在 2003 年罹患膀胱癌，不得不离开心爱的教练岗位回家休养。这也让刚刚适应 NBA 的姚明无比遗憾，如果汤帅一直执教，姚明没准能成为下一个"大梦"，师徒联手也能帮助休斯敦火箭再回巅峰，可惜没有如果。

虽然汤姆贾诺维奇在 2004 年曾短暂复出，担任湖人主教练一职。仅仅执教 41 场比赛之后，56 岁的汤帅又因为胃病等身体健康问题，选择再度隐退。

因为伤病，汤姆贾诺维奇不得不告别两段篮球生涯，但他没有遗憾，因为无论作为球员还是教练，他都为而且只为火箭创下辉煌，成为休斯敦夜空最亮的星。

生涯瞬间闪回 / 飞来横祸

事件解读：20 世纪 70 年代的 NBA 是一个暴力横行的场地，联盟管控不严，裁判也没有太大存在感。在汤姆贾诺维奇受伤事件之后，NBA 开始对球场暴力严肃惩处。

　　1977 年 12 月 9 日，湖人对阵火箭，双方在场上起了冲突。汤姆贾诺维奇上前劝架，却被科米特·华盛顿误认为"帮凶"，往他脸上挥出一记重拳。遭到重击后汤姆贾诺维奇顿时掩面倒地、鲜血直流，且下颚和脸部骨折，后颅骨因跌倒时撞击地面而破裂。汤姆贾诺维奇经历这次毁灭式的打击后，经过五个月整形手术和休养，才得以重回球场。

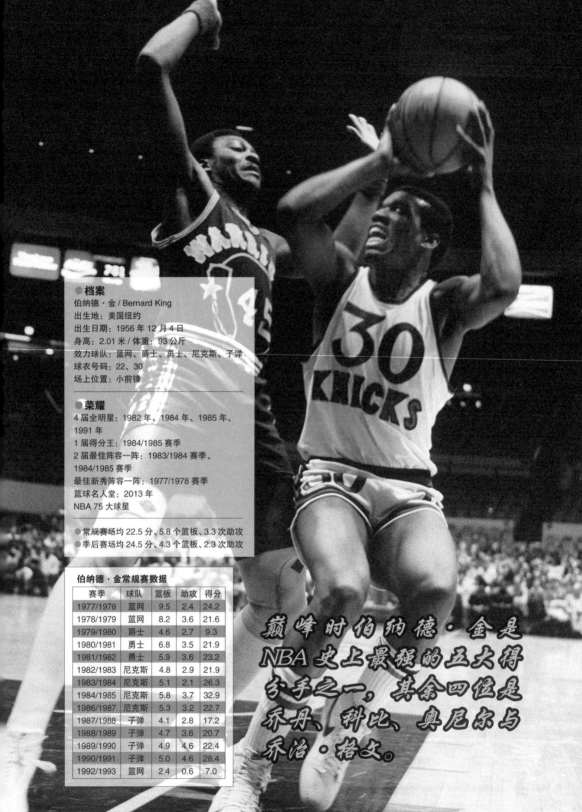

● 档案
伯纳德·金 / Bernard King
出生地：美国纽约
出生日期：1956 年 12 月 4 日
身高：2.01 米 / 体重：93 公斤
效力球队：篮网、爵士、勇士、尼克斯、子弹
球衣号码：22、30
场上位置：小前锋

● 荣耀
4 届全明星：1982 年、1984 年、1985 年、
1991 年
1 届得分王：1984/1985 赛季
2 届最佳阵容一阵：1983/1984 赛季、
1984/1985 赛季
最佳新秀阵容一阵：1977/1978 赛季
篮球名人堂：2013 年
NBA 75 大球星

● 常规赛场均 22.5 分、5.8 个篮板、3.3 次助攻
● 季后赛场均 24.5 分、4.3 个篮板、2.3 次助攻

伯纳德·金常规赛数据

赛季	球队	篮板	助攻	得分
1977/1978	篮网	9.5	2.4	24.2
1978/1979	篮网	8.2	3.6	21.6
1979/1980	爵士	4.6	2.7	9.3
1980/1981	勇士	6.8	3.5	21.9
1981/1982	勇士	5.9	3.6	23.2
1982/1983	尼克斯	4.8	2.9	21.9
1983/1984	尼克斯	5.1	2.1	26.3
1984/1985	尼克斯	5.8	3.7	32.9
1986/1987	尼克斯	5.3	3.2	22.7
1987/1988	子弹	4.1	2.8	17.2
1988/1989	子弹	4.7	3.6	20.7
1989/1990	子弹	4.9	4.6	22.4
1990/1991	子弹	5.0	4.6	28.4
1992/1993	篮网	2.4	0.6	7.0

巅峰时伯纳德·金是
NBA 史上最强的五大得
分手之一，其余四位是
乔丹、科比、奥尼尔与
乔治·格文。

纽约之王

伯纳德·金

BERNARD KING

作为 20 世纪 80 年代最好的得分手之一，前乔丹时代的得分王，伯纳德·金退役 20 年才入选名人堂多少有些尴尬。原因在于他并非绝对意义上的球场赢家，他的职业生涯履历表里没有冠军史，只有肆意砍分的快意恩仇。这是一个得分狂人的故事。

1956 年 12 月 4 日，伯纳德·金出生于美国纽约布鲁克林。他在田纳西大学展现出非凡的篮球天赋，大学最后一年，伯纳德·金场均得到 25.8 分，成为 NCAA 的风云人物。

1977 年，伯纳德·金在首轮第 7 顺位被纽约网（现布鲁克林篮网）选中。在新入 NBA 的首个赛季，伯纳德·金场均就砍下 24.2 分，入选了最佳新秀阵容。在此之后，篮网逐渐发现伯纳德·金不过是一个有些得分天赋的酒鬼，决定将其一脚踢开。

1979 年休赛期，伯纳德·金被篮网交易到爵士，此后酗酒的恶习愈发不可收拾。伯纳德·金在盐湖城只打了 16 场，场均跌落到 9.3 分。忍无可忍，爵士将伯纳德·金送到勇士。

伯纳德·金在金州"浪子回头"。1980/1981 赛季洗心革面后，伯纳德·金以 58.8% 的超高命中率场均拿下 21.9 分，荣膺 NBA 进步最快球员奖。接下来，伯纳德·金入选全明星赛、最佳第二阵容。其投篮命中率高达 56.6%。但勇士还是以一场之差未进季后赛。1981/1982 赛季结束之后，伯纳德·金被交易到纽约尼克斯。

落叶归根，回到"大苹果城"，伯纳德·金成为整个联盟都为之胆寒的"得分机器"。

与精通各种招式的"得分万花筒"不同，他属于"一招鲜吃遍天"的典型。马克·阿奎尔如此评价伯纳德·金："其实他就那么三板斧，但是哪招你都防不住。"

　　翻身跳投是伯纳德·金的撒手锏，他被誉为史上出手最快的球员，能够凭借此招横行联盟。对此，他解释道："转身时我不用脚尖做支点，而是以脚后跟为轴，这样转身会更快。转身之后我立即起跳投篮，这就是出手最快的秘诀。"

　　1984年伯纳德·金开启职业生涯最华丽的飚分狂想曲，1月31日对阵马刺、2月1日对阵小牛客场背靠背场均砍下50分。季后赛首轮，他又面对活塞大杀四方，5场比赛场均轰下42.6分。伯纳德·金第五战的照片登上《体育画报》的封面，标题——"国王殿下"。

　　伯纳德·金在1984年的表现，足以和"魔术师"、伯德媲美，说唱歌手柯蒂斯·布劳当年创作了一首名为《篮球》的RAP曲目，歌词写道："篮球已经成了我的一部分，我喜欢'魔术师''大鸟'和金。"

　　1984年12月25日，伯纳德·金送给麦迪逊花园的纽约球迷一份圣诞大礼，面对旧主篮网，他砍下了60分。当时不同如今飚分如云的时代，那个60分是当时5年来个人最高单场得分。专栏作家阿什伯纳赞叹道："他就像圣诞老人一样。"

　　那场比赛，篮网为此祭出了车轮战，5个人轮流防守伯纳德·金，却无法阻止单场60分的盛宴达成，遗憾的是60分也没有为纽约换来一场胜利。

　　"我希望自己只得10分，而球队赢球。"伯纳德·金说，"我们掌控一切，却输掉比赛，这太让人抓狂了，我也没有办法享受60分带来的喜悦。"这几乎是当季纽约的缩影，伯纳德·金疯狂砍分，场均轰下32.9分，荣膺得分王，尼克斯却仅有24胜，无缘季后赛。

1985年3月23日，尼克斯对阵堪萨斯国王，伯纳德·金遭遇重创，右膝前十字韧带撕裂，几乎被宣判"死刑"。而伯纳德·金在缺席仅两个赛季后，顽强地归来了。

伯纳德·金重伤归来，为尼克斯打了6场球，就被交易到华盛顿子弹。

加盟子弹第二年后，伯纳德·金终于找回自我，连续三个赛季场均得分20+。1990/1991赛季，场均达到28.4分，并砍下两场50+的高分。受伤之后伯纳德·金的爆发力虽然不及当年，但他找到了更有效率的得分方法。凭借其优秀的得分表现，34岁的伯纳德·金再次入选全明星。

1991/1992赛季开始前，伯纳德·金因一次软骨摘除手术而结束赛季，同时也终结了他的子弹生涯。1992/1993赛季，伯纳德·金回到最初效力的篮网，赛季场均仅得7分，这对于以得分为傲的伯纳德·金无疑是一个致命打击。

该赛季结束后，伯纳德·金在1993年选择了退役。

退役后，伯纳德·金回溯职业生涯时说："我有两个理想，一个是得一枚戒指，未能如愿。另一个是拿到20000分，我退役时一共得到19655分。我会在自家后院投进其余的350分，就能进入'20000分俱乐部'，这就是我一直想继续打球的原因。"这就是伯纳德·金，他对于得分的执着并不亚于总冠军。

2013年4月，经过6次提名，伯纳德·金终于入选篮球名人纪念堂。

2021年，伯纳德·金入选了NBA 75大球星。他的盛名来自得分，而不是冠军荣耀，他对得分的极度渴望虽然催生不少偏见，引来不少争议，但也令他青史留名，他那些疯狂的得分戏码将永载史册，这些也是他入选NBA 75大球星的原因。

生涯高光闪回 / 不可阻挡的得分手

高光之耀：如果我们简单地用球员们的巅峰表现来评价他们，那么伯纳德·金就是"后拉塞尔时代"最不可阻挡的五个得分手之一，另外四人是乔丹、科比、格文和奥尼尔。从1983年秋天到1985年春天，没有人能防住他。

1984年东部半决赛第四场尼克斯对阵凯尔特人，后来成为当年总冠军的凯尔特人用三人包夹对付伯纳德·金，但他最后还是砍下46分。

伯纳德·金在1984年季后赛首轮和活塞打满五场，场均42.6分，后四场全部40+。这也是NBA与ABA合并后的季后赛连续"40+"纪录，和乔丹并列（历史纪录最多的是韦斯特的连续6场40+）。

他就是那支风华绝代的萨克拉门托球队的优雅国王。

● 档案

克里斯·韦伯 / Chris Webber
出生地：美国密歇根州底特律
出生日期：1973 年 3 月 1 日
身高：2.06 米 / 体重：111 公斤
效力球队：勇士、子弹、奇才、国王、76 人、活塞
球衣号码：2、4、84
场上位置：大前锋

● 荣耀

5 届全明星：1997 年、2000 年—2003 年
1 届篮板王：1998/1999 赛季
1 届最佳阵容一阵：2000/2001 赛季
最佳新秀：1993/1994 赛季

● 常规赛场均 20.7 分、9.8 个篮板、4.2 次助攻
● 季后赛场均 18.7 分、8.7 个篮板、3.6 次助攻

克里斯·韦伯常规赛数据

赛季	球队	篮板	盖帽	得分
1993/1994	勇士	9.1	2.1	17.5
1994/1995	子弹	9.6	1.5	20.1
1995/1996	子弹	7.6	0.6	23.7
1996/1997	子弹	10.3	1.9	20.1
1997/1998	奇才	9.5	1.7	21.9
1998/1999	国王	13.0	2.1	20.0
1999/2000	国王	10.5	1.7	24.5
2000/2001	国王	11.1	1.6	27.1
2001/2002	国王	10.1	1.4	24.5
2002/2003	国王	10.5	1.3	23.0
2003/2004	国王	8.7	0.8	18.7
2004/2005	国王	9.7	0.7	21.3
2004/2005	76 人	7.9	0.9	15.6
2005/2006	76 人	9.9	0.8	20.2
2006/2007	76 人	8.3	0.6	11.0
2006/2007	活塞	6.7	0.6	11.3
2007/2008	勇士	3.6	0.6	3.9

8
♥

C-Webb

克里斯·韦伯

CHRIS WEBBER

韦伯是华丽和优雅球技的代名词，很多人都赞誉他为 NBA 历史上最华丽优雅的大前锋。他力量和速度并存，掌控力和灵性兼备，每一记击地传球都仿佛能够穿越时光和灵魂，每一次抖动灵活的指尖将球送出，都有着超凡脱俗的味道。

由于他的存在，国王才打出水银泻地般华丽进攻，"普林斯顿"才得以大放异彩，成为与"三角进攻"一争天下的战术。在世纪之交，韦伯甚至可以与邓肯和加内特比肩。虽然他因为伤病迅速"陨落"，但"历史上最优雅的大前锋"之名非他莫属。

犹记得 1993 年选秀大会，克里斯·韦伯在首轮第 1 顺位，被奥兰多魔术选中。贵为状元的韦伯被交易到金州勇士，在唐·尼尔森麾下，韦伯的第一赛季非常成功：场均得到 17.5 分、9.1 个篮板，命中率高达 55.2%，还有职业生涯最高的 2.2 次盖帽。

那一年的每个夜晚，他和斯普雷维尔都能贡献异常精彩的比赛。而他的表现更加令人神迷。犹记得他轻灵地甩开"大梦"的防守，在篮下一晃两晃，待身边所有的防守队员一个个跳起，他才轻轻一挑，将皮球放入篮筐。还有他优雅地将皮球从胯下带进带出，然后在罗宾逊面前，舒展"猿臂"，中距离命中，弧度是那样的完美。

然而，金州却非韦伯的福地，第二年，他就去了华盛顿子弹，和他并肩而战的是他大学时的队友朱万·霍华德。1994/1995 赛季，韦伯在加盟子弹的首个赛季，场均贡献 20.1 分、9.6 个篮板和 4.7 次助攻的全面数据，而霍华德也有每场 17 分的进账。

1996/1997 赛季，韦伯入选全明星，率领子弹时隔 9 年之后重返季后赛。但他们在季后赛首轮面对乔丹领军的芝加哥公牛，被 3 比 0 横扫出局。

1997/1998 赛季，华盛顿子弹更名为华盛顿奇才，随着名字改变，这支球队似乎不再将韦伯视为非卖品。1998 年 5 月 14 日，奇才将韦伯交易至萨克拉门托国王。

在华盛顿的四年，韦伯并不快乐。所有的媒体似乎都因为他作为新秀公然要求球队将之交易，而对其心存不满。镁光灯下的他，总是顶着"挥霍天分"的帽子，几乎所有的相机都忽略了他英俊无比的外形，想要捕捉其缺点。

没人在意韦伯比赛中得了多少分，球队是赢还是输。他们在意的是韦伯有没有训练迟到，和教练有没有发生争执，又或者晚上在哪里因为酒驾被捕。没有人寄望他能带着残破不堪的子弹走出泥潭，人们都看着他在泥潭中挣扎，直到丧失信心。

1998 年，朱万·霍华德和奇才签下 7 年 1.05 亿美元的长约，而韦伯却被交易到国王，之后开创了属于自己的"王朝"。

韦伯在国王终于迎来属于自己的时代，在阿科球馆一片紫色人海与漫天欢呼声中，他逐渐绽放。在韦伯加盟国王的首个赛季，场均就贡献 20 分、13 个篮板、4.1 次助攻、1.4 次抢断、2.1 次盖帽的全能数据。韦伯还终结了罗德曼独霸篮板榜的年代，成为1998/1999 赛季的篮板王。

自此之后，韦伯就成为萨克拉门托的"国王"，他带领球队杀入季后赛，在篮筐以下禁区以内展现了无与伦比的统治力。出色的移动、超长的臂展、富有爆发力的弹跳，虽然不够强悍，但足够聪明，手感也更加柔和。

韦伯在阿科球馆内震耳欲聋的呐喊声中，展现出超强攻击力，每一种进攻手段都似信手拈来。在当时的联盟里，没有人能在一对一的情况下防住他，韦伯也交出一连串无比炫目的（得分 + 篮板）"两双"成绩单："47+18" "52+26" "33+19" "45+21" "28+22"。

韦伯的面筐技术堪称联盟顶级，没有任何一位身高两米以上的大前锋可以像他一样轻松变向、胯下运球、虚晃面筐、突破暴扣。他的低位脚步十分华丽，背转身后的小勾手柔和轻盈，中投也相当精准，这些都是韦伯的得分利器。

由于韦伯的存在，国王打出水银泻地一样华丽的进攻，阿德尔曼的"普林斯顿"才得以大放异彩，成为与"禅师"的"三角进攻"一争天下的战术。

2000/2001 赛季，韦伯迎来职业生涯巅峰，场均得到职业生涯最高的 27.1 分，还有11.1 个篮板，入选最佳阵容一阵。即便如此，韦伯率领的国王在季后赛还是被湖人以 4比 0 横扫。

为了补强，国王送走"白巧克力"威廉姆斯，引进道格·克里斯蒂与迈克·毕比。

自此，"国王五虎"横空出世，除韦伯外，还有控球后卫"白魔鬼"、得分后卫克里斯蒂、小前锋佩贾、中锋迪瓦茨。当然，其中最著名的还是大前锋韦伯。他出类拔萃的传球技巧和无限开阔的视野，才是普林斯顿体系的根本。

2001/2002 赛季，"五虎"联袂首发，率领国王打出 61 胜 21 负的队史最佳战绩，并一路杀入西部决赛。在以 3 比 2 领先拿下赛点的胜势下，还是被湖人以 4 比 3 淘汰。之后，湖人在"OK 组合"率领下轻松夺冠，缔造了 21 世纪唯一的"三连冠"，而韦伯率领的国王曾给予湖人最大的阻击。

美丽的东西往往是易碎的，世纪之初那支进攻令人叹为观止的华丽军团只是昙花一现，然后"国王五虎"各自飘零，辗转在风中。他们不是时代的王者，却开创了最华丽的进攻浪潮，国王虽未加冕，但写就了光照后世的恢宏史诗。

总体来说，那几年韦伯是无比辉煌的。直到 2002 年，他和湖人会师西部总决赛。那七场大战至今令人耿耿于怀，但大家不想再指责裁判与联盟。

2003 年，韦伯因为膝伤而江河日下，从此走向了下坡路。2005 年 2 月，带着一身伤病的韦伯被交易至费城，告别了国王。在艾弗森身边，韦伯还没有来得及展现才华，就再次陷入伤病的阴霾。此后他转战活塞，重回勇士。

2008 年 3 月，韦伯在金州勇士宣布退役。这位拥有 15 年经验的 NBA "老兵"在梦开始的地方走完了职业生涯的最后一程。

2009 年 2 月 7 日，韦伯的 4 号球衣在国王正式退役。2021 年，韦伯入选名人堂。

虽然圣殿留名，但韦伯还是被球迷视为背负悲情宿命的"无冕之王"。有些人虽然不能成为真正的"帝王"，却比那些"帝王"更让人记忆深刻，因为他们更丰盈、更有血肉、更具迷人风采。就像那些年，萨克拉门托的克里斯·韦伯。

这些却远非韦伯的全部。在如今劲爆扣篮盛行的时代，我们却开始感怀他的离开，韦伯带走了和所有人都不同的打球方式，那种方式叫作优雅。

生涯高光闪回／"密歇根五虎"之最凶猛的一只

高光之耀： 克里斯·韦伯、朱万·霍华德、杰伦·罗斯、雷·杰克逊和杰米·金，五名同级的密歇根州立大学新生，合作的第一年，便率队杀入 NCAA 决赛，虽然最终输给了杜克大学，但这场决赛创造了大学篮球史上的收视新纪录（2090 万户）。

第二年，他们再次杀入 NCAA 决赛，遇上北卡大学，再次失败而归。虽然最终未能得到 NCAA 的冠军奖杯，但创造了三年两进总决赛的壮举，被誉为是 NCAA 历史上最强的五人组合 —— "密歇根五虎"。

那时候，韦伯是"密歇根五虎"之中最凶猛的一只，有无数种得分方式——中距离跳投、战斧式劈扣、半转身小勾手……他的火力横扫整个半场。更可怕的是，他传球精妙、大局观强，力量和速度并存，掌控力和灵性兼备。韦伯的每一记击地传球都仿佛能够穿越时光和灵魂，每一次抖动从指尖将球送出，都有着超凡脱俗的味道。

"当我和哈达威对阵时，就像在和镜子中的自己周旋。"
——"魔术师"约翰逊

● 档案

安芬尼·哈达威 /Anfernee Hardaway
出生地：美国田纳西州孟菲斯
出生日期：1971 年 7 月 18 日
身高：2.01 米 / 体重：98 公斤
效力球队：魔术、太阳、尼克斯、热火
球衣号码：1、7
场上位置：控球后卫

● 荣耀

4 届全明星：1995 年—1998 年
2 届最佳阵容一阵：1994/1995 赛季、
1995/1996 赛季
新秀赛 MVP：1994 年
最佳新秀阵容一阵：1993/1994 赛季
1 届奥运冠军：1996 年

● 常规赛场均 15.2 分、4.5 个篮板、5.0 次助攻
● 季后赛场均 20.4 分、4.7 个篮板、6.2 次助攻

安芬尼·哈达威常规赛数据

赛季	球队	篮板	助攻	得分
1993/1994	魔术	5.4	6.6	16.0
1994/1995	魔术	4.4	7.2	20.9
1995/1996	魔术	4.3	7.1	21.7
1996/1997	魔术	4.5	5.6	20.5
1997/1998	魔术	4.0	3.6	16.4
1998/1999	魔术	5.7	5.3	15.8
1999/2000	太阳	5.8	5.3	16.9
2000/2001	太阳	4.5	3.8	9.8
2001/2002	太阳	4.4	4.1	12.0
2002/2003	太阳	4.4	4.1	10.6
2003/2004	太阳	2.9	2.9	8.7
2003/2004	尼克斯	4.5	1.9	9.6
2004/2005	尼克斯	2.4	2.0	7.3
2005/2006	尼克斯	2.5	2.0	2.5
2007/2008	热火	2.2	2.2	3.8

便士
安芬尼·哈达威
ANFERNEE HARDAWAY

他的举手投足都潇洒自如，就像一抹掠过球场的轻风。

风的力量虽然不能摧枯拉朽，但是当扑面而来时，却足以洞穿阻挡的任何力量。就这样，他轻灵飘逸地席卷了整个联盟。

他是麦迪之前灵动的"魔术1号"，却比T-MAC更悲情。

哈达威，一个迅速陨落的绝世"便士"。20世纪90年代，他被誉为最接近于"神"的人，却以常人不可思议的速度坠落于苍茫，湮灭于浩浩长河，成为一个令人唏嘘的蹉跎过客。

他拥有一个优秀球员应该具备的一切：身体、技术、头脑。他也拥有超越一般优秀球员的一切素质：活力、创造性、表演欲望。

1971年7月18日，安芬尼·哈达威出生在田纳西州的孟菲斯。由于父母不在身边，哈达威从小就与奶奶露易丝相依为命。因为奶奶担心这位小孙子在运动中受伤，所以让他远离那些体育运动。但上有政策，下有对策，小哈达威自幼就开始瞒着奶奶打篮球，并在夜幕低垂的时候偷偷在僻静的角落里磨炼球技。

奶奶眼中的哈达威是一个漂亮的孩子，她管他叫"漂亮（Pretty）"，但她用南部口音说起这词就像"便士（Penny）"——就这样，我们所熟悉的"便士"哈达威诞生了。

"便士"哈达威，初露锋芒就让太多的人眼前一亮，惊为天人。

他给我们带来了一个新的信仰，他告诉大多数人，原来，NBA的篮球也是可以这样打的。在你死我活的厮杀中，竟也可以拥有一种如此别致细腻的风情。

他的传球、他的投篮、他的跑动，无一不让人觉得他是一个在千万年前就在这片木地板上诞生的精灵。

他的动作和临场表现，曼妙轻灵而又不刻意花哨，更赏心悦目，他把本该如此的动作，演绎得让观众如痴如醉。他是一个真正的"Player"，是一个完美的演出者。

1993 年，哈达威在首轮第 3 顺位被勇士选中，旋即他与魔术首轮第 1 顺位的韦伯来了次"人生交换"，为此金州还搭上三个未来选秀权。

哈达威来到魔术，那里等待他的是一条"鲨鱼"——沙奎尔·奥尼尔。

1993/1994 赛季，魔术以 50 胜 32 负的成绩首次冲入季后赛。哈达威交出场均 16 分、5.4 个篮板、6.6 次助攻和 2.3 次抢断的全能成绩单，并荣膺了新秀赛 MVP。1994 年季后赛，虽然年轻的魔术以 0 比 3 不敌步行者，但对于哈达威来说，这无疑是成功的新秀赛季。

1994/1995 赛季，沙奎尔与哈达威的这对组合逐渐形成默契。一位是天生神力的霸道中锋，场均能砍下 29 分、11 个篮板；一位是剑走轻灵的全能后卫，场均能得到 20 分并送出 7 次助攻。他们珠联璧合，风头一时无两。奥尼尔的神勇和对内线的冲击力，再配上哈达威风一样的速度和变幻莫测的突击，成为当时联盟最具威力的内外线双人组。

彼时，阵容空前强大的魔术成了所有对手的噩梦。纵然奥尼尔那样硕大的身躯也无法掩盖身后那个人的光芒！哈达威以 51.1% 的惊人命中率场均贡献 20.9 分，还有 4.4 个篮板和 7.2 次助攻，首次入选全明星，代替了追求棒球梦的乔丹。

1995 年，哈达威与奥尼尔一起，将魔术带进总决赛，虽然被奥拉朱旺领衔的火箭横扫，与总冠军失之交臂，但哈达威场均砍下 24.5 分外加 8 次助攻，表现可谓非凡。

1995/1996 赛季，奥尼尔在赛季前不慎弄断手指，缺阵六周。独自带队的哈达威场均砍下 27 分、5.8 个篮板和 6.5 次助攻，力压乔丹，首次荣膺"月最佳球员"。不仅如此，哈达威还带队取得 13 胜 2 负的佳绩。1996 年，季后赛首轮对上热火，魔术以 0 比 2 落后，哈达威开始连续两场砍下 40+，帮助魔术扳平大比分，可最终却还是没能实现翻盘。这个赛季哈达威打出个人最高光的表现，却也是他最后一次"发光"。

1996 年夏天，当哈达威正准备下个赛季卷土重来之时，他的搭档奥尼尔却西游去了洛杉矶，加盟湖人，从此，"魔术双子星"就成了一段美好但短暂的回忆。

1996 年 11 月 14 日，哈达威在魔术与黄蜂的比赛中，遭遇左膝软骨损伤。术后需要休养 4 周。然而短短 20 天之后，魔术就因成绩不佳要求膝伤未愈的哈达威上阵救场，这样的结果导致哈达威复出仅打一场比赛左膝

就再度负伤。1997 年 1 月 6 日，哈达威再度复出，但左膝肌腱炎一直伴随着他的余生。

1999 年 8 月 5 日，魔术和哈达威签下 7 年 8668 万美元的合约后，将他送往太阳。太阳就拥有哈达威和基德这对合力贡献 30 分、15 个篮板和 15 次助攻的"超级后场"。

季后赛首轮，太阳碰上卫冕冠军马刺。哈达威与基德终于联手将卫冕冠军马刺淘汰出局，但哈达威在一次灌篮中不慎与大卫·罗宾逊相撞，造成左膝软骨再次碎裂。

于是半决赛成了终点，虽然哈达威在第二场、第三场面对科比都有着不俗的发挥，但也只能目送科比在第二场投中绝杀，湖人把比分改成 2 比 0，然后以 3 比 0 淘汰太阳。

2001/2002 赛季，哈达威在首个比赛月表现上佳，场均砍下 20.4 分、5.3 个篮板、5.7 次助攻和 1.97 次抢断，率领太阳稳居西部前八。然而哈达威已经不是球队重建的核心，加上和主帅的矛盾，出场时间大幅度下降。

2002/2003 赛季，太阳决心重建，让哈达威出任替补。2004 年 1 月 5 日，太阳和尼克斯完成惊人的交易，太阳将马布里和哈达威一起送到尼克斯。

饱受膝伤困扰的哈达威进入尼克斯的非激活名单。2006 年，哈达威被尼克斯"甩"回了魔术。一场未打，他就被魔术裁掉。2007 年 8 月，哈达威同热火签约重新复出。

2007 年 12 月，热火与哈达威终止合同，无球可打的哈达威宣布退役。

"便士"哈达威，如彗星般崛起，却如流星般陨落。他在短暂而又璀璨的巅峰期，光彩照人。他是乔丹的初代接班人、耐克史上销量最好的球鞋代言人之一，NBA 史上打球最潇洒的后卫。20 世纪 90 年代的"便士"风采，写进了无数人的青春。

在他之后，那张"乔丹接班人"的名单上，逐渐写上了很多人的名字，但宛如刻骨铭心的初恋，"便士"哈达威成为一代人青春时代里那一抹最动人的篮球记忆。

哈达威没有率领球队赢得总冠军奖杯，没有拿下得分王、助攻王或任何一项 MVP，但他那灵动飘逸的身影匆匆闪过之后，却让更多的人爱上最纯粹的篮球。

生涯高光闪回／"蓝色 1 号"

高光之耀： 在魔术队史上，有两个著名的 1 号球员，其中一个是我们熟知的麦迪，但是对于喜欢 NBA 的老球迷来言，哈达威的 1 号战衣，才是魔术的真正代表。

他是第一个被视为"乔丹接班人"的球员，顶着璀璨的光环，让魔术"青年军"称霸东部，与乔丹的正面对话也不甘下风。他的球风轻灵飘逸，拥有无与伦比的节奏感和轻灵妙诡的想象力。看过他打球的人，无不为他全能的水平而折服。

跳投如同尖刀一样直插对手的胸膛，传球就像"魔术师"约翰逊般梦幻，他在当时的 NBA 可谓是一道别致的风景。但伤病让他过早地销声匿迹了。离开魔术后，哈达威再也不能像之前那样灵动，"蓝色 1 号"也逐渐成为一抹蓝色记忆。

凯文·约翰逊常规赛数据				
赛季	球队	助攻	抢断	得分
1987/1988	骑士	3.7	1.2	7.3
1987/1988	太阳	8.7	1.5	12.6
1988/1989	太阳	12.2	1.7	20.4
1989/1990	太阳	11.4	1.3	22.5
1990/1991	太阳	10.1	2.1	22.2
1991/1992	太阳	10.7	1.5	19.7
1992/1993	太阳	7.8	1.7	16.1
1993/1994	太阳	9.5	1.9	20.0
1994/1995	太阳	7.7	1.0	15.5
1995/1996	太阳	9.2	1.5	18.7
1996/1997	太阳	9.3	1.5	20.1
1997/1998	太阳	4.9	0.5	9.5
1999/2000	太阳	4.0	0.3	6.7

● **档案**

凯文·约翰逊 / Kevin Johnson
出生地：美国加利福尼亚州萨克拉门托
出生日期：1966 年 3 月 4 日
身高：1.85 米 / 体重：82 公斤
效力球队：骑士、太阳 / 球衣号码：7、11
场上位置：控球后卫

● **荣耀**

3 届全明星：1990 年—1991 年、1994 年
4 届最佳阵容二阵：1988/1989 赛季—
1990/1991 赛季、1993/1994 赛季
1 届进步最快球员：1988/1989 赛季

● 常规赛场均 17.9 分、3.3 个篮板、9.1 次助攻
● 季后赛场均 19.3 分、3.3 个篮板、8.9 次助攻

太阳永远喜欢天才控卫，如果从保罗、纳什、基德向前回溯，凯文·约翰逊才是太阳华丽控卫的鼻祖。

8

闪电

凯文·约翰逊

KEVIN JOHNSON

约翰逊并没有"刺客"音乐般的控球节奏，也不像后来的艾弗森和保罗，将各种技巧修炼到"天人合一"的地步。

他的速度已经是一种超乎想象的现象，无坚不摧，唯快不破。迅疾无比的胯下运球之后，他的速率不降反增，以 F1 赛车般的窒息漂移掠过对手，直奔敌阵腹地而去。天才要有天才的终结手法，他的弹跳和速度一样恐怖，接下来球迷看到的，不是优美的拉杆或者轻柔的挑篮，而是排云直上的凌空飞扣。一如他的绰号：闪电。是的，在韦德之前，约翰逊才是速度球员的代名词。

1966 年 3 月 4 日，凯文·约翰逊出生于加州首府萨克拉门托。

42 年以后，也就是 2008 年，约翰逊成为萨克拉门托的市长。在他步入仕途之前，还有一段更加绮丽恢宏的篮球生涯。

约翰逊在少年时期最喜欢的运动是棒球，但在 13 岁那年，他初次接触篮球便被深深吸引，于是拒绝了"美棒联盟"的橄榄枝，毅然选择篮球的道路。

约翰逊在萨克拉门托高中的最后一年，场均砍下 32.5 分，顺利进入加州大学伯克利分校。在大学期间，约翰逊带领伯克利杀入 NCAA 锦标赛，他的优异表现让人想起另一个伟大的小个子球员——身高 1.83 米的"微笑刺客"伊塞亚·托马斯。约翰逊身高只有 1.85 米，但速度快如闪电，突破犀利多变，还擅长助攻队友、掌控全局。

1987 年约翰逊在首轮第 7 顺位被克利夫兰骑士选中。早在 1986 年，克利夫兰人在选秀大会上一举拿下罗恩·哈珀、布拉德·多尔蒂和马克·普莱斯三大名将，这里没有约翰逊的位置。1988 年 2 月，骑士将约翰逊送到菲尼克斯太阳。

137

1988/1989 赛季，约翰逊在太阳的首个完整赛季，场均掠下 20.4 分，送出个人职业生涯最高的 12.2 次助攻，荣膺该赛季"进步最快球员奖"，并入选最佳阵容二阵，跻身联盟一线控卫。

此后连续 3 个赛季，约翰逊场均都能以 5 成命中率得到 20+，并且送出 10 次以上助攻。NBA 史上只有 5 个人能做到这一点，其他 4 人分别是伊塞亚·托马斯、阿奇巴尔德、"魔术师"和奥斯卡·罗伯特森。

彼时，西部正处在湖人的统治期。约翰逊率领太阳无力突出西部。太阳在 1990 年终于迈过湖人，却又被开拓者阻挡。1993 年，查尔斯·巴克利来到菲尼克斯。

得到巴克利的太阳在常规赛狂揽 62 胜的联盟第一战绩，巴克利加冕常规赛 MVP。

太阳永远喜欢天才控卫、永远热衷绚丽奔放的进攻。如果你从保罗、纳什、基德向前回溯，约翰逊才是菲尼克斯系控卫的鼻祖。

这位疾如雷电的小个子，常年在另一种速率上打球，以透支自己的膝盖和脚踝的方式，向对手长枪大戟、铁弓轰鸣的阵型发动绝命冲锋。正所谓柔不可守，刚不可久。在太阳最辉煌的 1993 年，约翰逊的身躯已经第一次亮起了红灯，他只打了不到 50 场比赛。

约翰逊完成从"神仙到凡人"的转型，从扭曲时空的"闪电"到稳健的中投手，几乎毫无障碍。

太阳在巅峰期只是欠缺一些运气。1993 年总决赛第六场，他们被公牛"小角色"帕克森一记"天外飞仙"的三分球送走。

1994 年和 1995 年，他们两次在第七场输给最后的总冠军休斯敦火箭。这两次生死战催生了无数神话，成王败寇，"大梦"的神勇和马里奥·埃里的"死亡之吻"青史留名，而约翰逊的连续两场 38 分、12 次助攻以及生死局 46 分、10 次助攻的发挥都成了背景。

1996/1997 赛季，约翰逊年届而立之年，交接的时刻到了。约翰逊依然是首发控卫，而太阳的替补席上，坐着两个人——基德和纳什，21 世纪前十年最伟大的两个控卫尽在于此。

1998 年，约翰逊第一次宣布退役。但他的篮球使命并未就此结束。1999 年 3 月 25 日，贾森·基德重伤退出比赛，约翰逊救主心切，火线复出。他参加了 6 场常规赛和 2000 年所有的季后赛，和太阳一同闯入了西部半决赛，最后败给当年的总冠军湖人。

西部半决赛结束以后，约翰逊挥手告别，说："再一次穿上太阳战袍是我结束职业生涯的最好方式。"这一次是真的结束了。

约翰逊在 NBA 征战 12 个赛季，几乎全部效力于太阳，他场均得到 17.9 分、9.1 次助攻。3 次入选全明星，4 次入选最佳阵容二阵，1 次获得进步最快球员奖。此外，他一共送出 6494 次助攻，位居太阳队史总助攻榜首位。

2001 年 3 月 7 日，作为太阳的总助攻王，约翰逊的 7 号球衣在菲尼克斯永久退役。

NBA 的职业生涯虽然结束，但对于约翰逊，另一个领域的人生才刚刚开始：他开始于 1998 年为自己创办的公益机构——圣霍普学院投入大量精力。到了 2003 年，圣霍普学院已经开设了七所小型公立学校，为约 2000 名学生提供了受教育的机会。此外，约翰逊还拥有一个"凯文·约翰逊社团"的公司，公司下设不动产投资和管理、体育经营和商业收购分支，他本人兼任总裁和 CEO。

2008 年 11 月，42 岁的约翰逊在家乡萨克拉门托市，击败竞选对手前任市长海瑟，正式当选萨克拉门托市长。从此，他成为一名尽职尽责的地方官。

学而优则仕，约翰逊曾是 NBA 顶级控卫，拥有睿智、细腻、大局观强的领袖气质，当他成为一市之长后，那些特质也会伴其左右，使其受益无穷。

生涯高光闪回 / 防守乔丹

高光之耀：1993 年 NBA 总决赛，太阳被公牛连续攻克两个主场，在芝加哥的第三场比赛成为太阳必须要赢下的比赛。巴克利等太阳众将一筹莫展，因为没有人能防住乔丹。

凯文·约翰逊临危受命去防守乔丹，以 1.85 米的单薄身躯去"堵枪眼"。

1.98 米的乔丹风驰电掣，几乎无人能够跟上，但约翰逊可以，他通过迅疾绵密的脚步移动与乔丹如影随形，去纠缠、撕咬，逼迫"飞人"在两翼跳投。

一场经历 3 个加时赛的苦战之后，太阳以 129 比 121 击败公牛。菲尼克斯人用约翰逊去防守乔丹是取胜的关键。"飞人"虽然得到 44 分，但用了 43 投，第四节 10 投仅 1 中。

约翰逊成功限制乔丹的同时，还创下总决赛（单场）登场时间最多的 62 分钟，并且贡献 25 分、7 个篮板和 9 次助攻，在攻防两端的表现堪称完美。

"穆林是'上帝'的左手，如果说'上帝'创造了篮球，那么他也创造了穆林，然后告诉每一个人，这就是篮球运动员。"
——"魔术师"约翰逊

克里斯·穆林常规赛数据

赛季	球队	篮板	助攻	得分
1985/1986	勇士	2.1	1.9	14.0
1986/1987	勇士	2.2	3.2	15.1
1987/1988	勇士	3.4	4.8	20.2
1988/1989	勇士	5.9	5.1	26.5
1989/1990	勇士	5.9	4.1	25.1
1990/1991	勇士	5.4	4.0	25.7
1991/1992	勇士	5.6	3.5	25.6
1992/1993	勇士	5.0	3.6	25.9
1993/1994	勇士	5.6	5.1	16.8
1994/1995	勇士	4.6	5.0	19.0
1995/1996	勇士	2.9	3.5	13.3
1996/1997	勇士	4.0	4.1	14.5
1997/1998	步行者	3.0	2.3	11.3
1998/1999	步行者	3.2	1.6	10.1
1999/2000	步行者	1.6	0.8	5.1
2000/2001	勇士	2.1	1.0	5.8

● 档案
克里斯·穆林 / Chris Mullin
出生地：美国纽约布鲁克林区
出生日期：1963 年 7 月 30 日
身高：1.98 米 / 体重：91 公斤
效力球队：勇士、步行者 / 球衣号码：17
场上位置：小前锋

● 荣耀
5 届全明星：1989 年—1993 年
1 届最佳阵容一阵：1991/1992 赛季
2 届奥运金牌：1984 年、1992 年
篮球名人堂：2011 年

● 常规赛场均 18.2 分、4.1 个篮板、3.5 次助攻
● 季后赛场均 13.8 分、3.3 个篮板、2.1 次助攻

7
♠

金左手

克里斯·穆林

CHRIS MULLIN

> 穆林可以用各种方式打球，他有着非凡的领导力，他的卓越投篮能力让人吃惊。在 NBA，不，在任何地方，都没见过比他更好的左手射手。伯德说过："篮球是黑人的运动，我只是尝试适应它。"穆林没有成为这项运动的征服者，但是他凭借那只"上帝"赐予的左手，书写了白人球员的射手传奇。

1963 年 7 月 30 日，克里斯·穆林出生于纽约的布鲁克林区，从小他就喜欢研究尼克斯名宿沃尔特·弗雷泽和厄尔·门罗的录像，对篮球的所有技术都充满好奇心。

高中毕业后，穆林选择了圣约翰大学，成为校队里知名的训练狂人。大一赛季，穆林场均砍下 16.6 分，刷新队史纪录。大学四年，穆林场均贡献 19.5 分、4.1 个篮板、3.6 次助攻、1.7 次抢断，三次入选全美最佳阵容，三次荣膺大东区年度最佳球员。1984 年，穆林入选美国队，为美国队赢回了最后一个由大学生组队的奥运会冠军。1985 年，大四的穆林率领圣约翰大学杀入 NCAA 四强，荣获约翰·伍登奖。

1985 年 NBA 选秀，穆林在首轮第 7 顺位被金州勇士选中。在参加 NBA 选秀之前，拉里·伯德蝉联常规赛 MVP，人们将穆林视作"大鸟"的投影。除了精于投篮外，两人最相似的一点是，他们竭尽全力，用近乎疯狂的训练来弥补与黑人之间的身体差距，也因此成为白人球员中的"黑人"。

唯一让人担心的是，穆林的血液里流淌着酗酒的基因，他的父亲罗德·穆林是出了名的酒鬼，整个家族都嗜酒如命。"高兴的时候喝酒，难过的时候也喝酒。"穆林说，"有新人结婚，你要向他祝酒，如果有人去世，你也要端起酒杯，祝他安眠。"在圣约翰大学读书时穆林就是酒吧的常客，大多数时候他都低调地躲在吧台边上，然而对职业球员而言这可不是一个好习惯。

1985/1986 赛季，被勇士选中之后，穆林在自己的新秀赛季交出了场均 14.0 分、投篮命中率 46.3%、罚球命中率 89.6% 的闪亮成绩单。然而太过优秀的他无法融入球队，因为勇士正处于"暗黑时代"，从 1978 年到 1986 年，勇士的每个赛季都是输家。

新秀赛季，穆林就领教了职业联赛"肮脏"的一面，队里的老将威胁穆林不要努力训练，因为这让他们看上去很懒。颓废的勇士不需要一个充满热情的"菜鸟"，他们本能地排斥一切积极进步的态度。被孤立的穆林陷入挣扎，他没法去完成擅长的投篮，但在二号位的位置上，他防不住任何人，人们讽刺他的速度比银行的退款还慢。

独自闯荡西海岸的穆林丧失了训练的热情，转而在酒桌上寻找慰藉，他频繁参加聚会，借酒消愁。酗酒使穆林的脂肪含量飙升，成为职业球员的反面典型。

1987 年勇士经历了大转折，球队易主，老尼尔森成为新任总经理，大刀阔斧地进行改革，将队内两大毒瘤卡罗尔和弗洛伊德送到休斯敦，几乎一半的球员遭到清洗。深陷酒瘾而无法自拔的穆林也差点儿被送走，权衡了所有的交易报价之后，老尼尔森下了最后通牒："我们打个赌，你真有本事就一个月滴酒不沾。"

穆林终于意识到如果在篮球和酗酒二选一，他还是会选择篮球，为了打球他可以抵御酒的诱惑。从 12 岁开始每天球不离手的穆林被隔离了整整 48 天，从医院解禁的第一时间，他给体能教练马克·格拉波打了电话，在深夜迫不及待地开始训练，一口气连续投进了 91 球之后，一旁观战的格拉波意识到，那个"神射手"穆林总算归来了。

1988/1989 赛季，穆林在戒酒后的第一个赛季便大放异彩，在小前锋的位置上如鱼得水的他场均砍下 26.5 分、5.9 个篮板、5.1 次助攻，参考一下：该赛季另外两个打出"25+5+5"数据的球员是乔丹和德雷克斯勒。

1989 年，尼尔森将蒂姆·哈达威招至麾下，蒂姆·哈达威、米奇·里奇蒙德和克里斯·穆林组成的超强进攻三人组。取三人名字首字母，"RUN-TMC"组合横空出世。

"RUN-TMC"率领勇士打出超越时代的跑轰战术，成为当时最赏心悦目的球队。托尔伯特对那段美好的时光记忆犹新："尼尔森的目标就是全联盟得分第一，单节 47 分、半场 74 分都不是事儿。那时候只要主场得分超过 120 分，球迷就能得到免费比萨，结果球迷每天都能大快朵颐，简直太可怕了。"

1989/1990 赛季，勇士打出 9 年来最佳常规赛战绩，季后赛首轮凭借变态的小个子阵容完成以下克上，淘汰马刺。第二轮与湖人相遇，穆林因伤错过第一场，第二场完成大爆发，21 投 16 中，砍下 41 分。几乎凭一己之力抵消了"魔术师"的 44 分，勇士赢得系列赛里的唯一一场胜利，赛后"魔术师"对《洛杉矶时报》说："上帝创造了篮球的时候，也创造了穆林，然后告诉每一个人，这就是篮球运动员。"穆林的"上帝的左手"绰号也由此得名，他也被称为"金左手"。

1990/1991 赛季，勇士再次止步第二轮，管理层意识到跑轰战术的局限性，最终拆散了"RUN-TMC 组合"，将里奇蒙德送至国王。1991/1992 赛季成为穆林最后的狂欢，当季勇士凭借联盟第一的进攻和最烂的防守袭下 55 胜，穆林入选第一阵容，同时成为张伯伦之后第二个连续四个赛季场均砍下 25 分的球员。然而季后赛里穆林独木难支，勇士首轮出局，"跑轰时代"彻底落下帷幕。

1992/1993 赛季，勇士被伤病彻底击倒，全队 14 名球员累计缺阵 312 场，整个赛季只赢了 34 场。1993/1994 赛季取得 50 胜之后，勇士彻底沦为鱼腩，在金州的最后一个赛季，穆林飚出了 55.3% 的命中率。1997 年穆林被送到步行者，《纪事报》为此叫好："球员合同里应该有一条不成文的好战士条款，当球队处于低迷或声名狼藉时，应该尽力把那些曾经努力奋战的球员送到可以展示才华的球队。"

转投步行者的第一年，穆林占据先发位置，然而进步飞速的贾伦·罗斯取代了他的位置，唯一让人欣慰的是他在 2000 年体验了一次总决赛。随后穆林落叶归根，回到梦开始的地方。一个赛季后他在金州结束球员生涯。

穆林是那个时代投篮最好的球员之一，他神奇的左手似乎配备了瞄准镜。

除了在 NBA 取得非凡成就之外，他在国际赛场也成绩斐然。穆林曾随美国队取得两枚奥运金牌，1992 年，在大腕如云的"梦一队"，穆林依然扮演着举足轻重的"神射手"角色，以 53.8% 的超高命中率，场均射落 12.9 分。

2012 年 3 月 19 日，穆林的 17 号球衣在勇士正式退役。当 17 号球衣在球馆上空亮相时，甲骨文球馆掌声雷动。穆林动情地说："能够站在这里是我的荣耀，我们永远在一起。很骄傲我能成为球队传奇历史的一部分。"

生涯高光闪回／"上帝的左手"由来

高光之耀：这位运动天赋平平的左撇子白人球员，竟然成为全明星的常客，他的名字经常活跃在 NBA 的罚球和三分球命中率榜单前列，他也是"单场比赛跑动距离之王"，而真正令他屹立在球星之林中的关键，就是他的"上帝的左手"。

1990 年西区半决赛，勇士对阵湖人首战，穆林因膝盖扭伤被迫休战，那一场湖人轻取勇士。第二战穆林决心不让悲剧重演，他一路蹒跚着走上洛杉矶大西洋论坛球场，在这一场勇士以 125 比 124 取胜的比赛中，穆林带伤暴砍 41 分。

赛后，"魔术师"对《洛杉矶时报》说："穆林是'上帝'的左手，如果说'上帝'创造了篮球，那么他也创造了穆林，然后告诉每一个人，这就是篮球运动员。"

在热火"三巨头"中，波什是牺牲最大的一位，没有他，热火就无法夺得总冠军。

● **档案**

克里斯·波什 / Chris Bosh
出生地：美国得克萨斯州达拉斯
出生日期：1984 年 3 月 24 日
身高：2.11 米 / 体重：107 公斤
效力球队：猛龙、热火 / 球衣号码：1、4
场上位置：大前锋

● **荣耀**

2 届总冠军：2012 年、2013 年
11 届全明星：2006 年—2016 年
1 届最佳阵容二阵：2006/2007 赛季
最佳新秀阵容一阵：2003/2004 赛季
篮球名人堂：2021 年

● 常规赛场均 19.2 分、8.5 个篮板、1.0 个盖帽
● 季后赛场均 15.6 分、7.5 个篮板、1.1 个盖帽

克里斯·波什常规赛数据

赛季	球队	篮板	盖帽	得分
2003/2004	猛龙	7.4	1.4	11.5
2004/2005	猛龙	8.9	1.4	16.8
2005/2006	猛龙	9.2	1.1	22.5
2006/2007	猛龙	10.7	1.3	22.6
2007/2008	猛龙	8.7	1.0	22.3
2008/2009	猛龙	10.0	1.0	22.7
2009/2010	猛龙	10.8	1.0	24.0
2010/2011	热火	8.3	0.6	18.7
2011/2012	热火	7.9	0.8	18.0
2012/2013	热火	6.8	1.4	16.6
2013/2014	热火	6.6	1.0	16.2
2014/2015	热火	7.0	0.6	21.1
2015/2016	热火	7.4	0.6	19.1

7
♥

龙王
克里斯·波什
CHRIS
BOSH

克里斯·波什速度出色的大个子球员，身手灵活，弹跳出色，擅长背身单打后转身跳投，利用队友掩护或挡拆后高位跳投，具有出色的持球面框突破能力，还拥有不错的三分球手感。

作为曾经独霸一方的"北境龙王"，却为了总冠军的梦想远赴迈阿密，甘心在"三巨头"中位居末席。两座总冠军奖杯的辉煌足以令他功成名就，本应再进一步，波什却又因肺部血栓而黯然退役。

1984 年 3 月 24 日，克里斯·波什出生于美国得克萨斯州的达拉斯。

母亲芙蕾达是申脑分析员，父亲诺尔则是建筑设计师。波什从小就承袭了父母学霸的基因，一直是学校中的"尖子生"。他在标准科目的考试中取得高分，因此成为美国国家荣誉协会的会员。波什在科学、数学、网站建设、平面设计等领域都十分出色，更关键的是，这样一位出类拔萃的学习天才，还打得一手好篮球。

2001/2002 赛季，波什在高中最后一个赛季，率领达拉斯林肯高中打出 40 战全胜的傲人战绩，问鼎得州冠军。他场均得到 21 分、14 个篮板，加冕得州篮球先生。

波什在高中时期，身高蹿升到 2.03 米，双脚却停滞不前。纤细的双脚给予他异常的敏捷度，他反复观摩加内特的录像，并学得有模有样。

波什进入佐治亚理工学院，本打算念完全部 4 年，但他实在太强大了，强大到他自己都无法想象。他唯一一个大学赛季是这样的：首场比赛，他狂砍 26 分；赛季的最后一战，他 20 投 15 中，除了抓下两位数篮板外，他还奉送了数目可观的"火锅"，三分球命中率也高达 50%。这个赛季（2002/2003 赛季），他的投篮命中率和封盖次数都高居 ACC

赛区榜首。

2003 年 NBA 选秀，波什在詹姆斯、米里西奇和安东尼之后，在首轮第 4 顺位被多伦多猛龙选中。在他身后的那个新秀，则是韦德，当时的他当然不会知道，他和他们一起，共同定义了这个伟大的选秀之年，他们被称作"03 白金一代"。

这一年，19 岁的波什来到多伦多，那里有一个神话般的队友——文斯·卡特。

2003/2004 赛季中期，猛龙首发中锋安东尼奥·戴维斯被交易到芝加哥，波什临危受命，出任首发中锋。整个新秀赛季，他场均得到 11.5 分、7.4 个篮板、1.4 次封盖，篮板和封盖全都领跑这一届的新秀榜，并成功入选 2003/2004 赛新秀第一阵容。当然了，因为有詹姆斯的存在，最佳新秀这种事情，波什也不用多想。

2004 年 12 月，"半人半神"的卡特被交易到篮网，猛龙开始围绕波什重建。在卡特离开后的比赛中，波什场均得到 18.4 分、9.5 个篮板，成为当仁不让的"龙王"。

2006/2007 赛季，挣扎、煎熬了两个赛季后，多伦多的重建让人看到曙光：猛龙以 47 胜的战绩加冕大西洋分区冠军，杀到东部第四。波什场均豪取 22.6 分、10.7 个篮板，杀入"20+10"顶级内线俱乐部。"龙王"在这个赛季上演了许多经典之战。

2007 年 2 月 7 日，波什砍下生涯新高的 41 分。两天后对阵湖人，他又在第二节到第四节中上演了 10 投全中的惊艳表演。2007 年季后赛，猛龙在首轮被篮网以 4 比 2 击败，身材瘦削的波什似乎不太适应季后赛的强度，场均仅得 17.5 分。

2008 年季后赛，猛龙首轮遭遇"魔兽"领衔的魔术，又被淘汰出局，波什场均得到 24 分、9 个篮板，其季后赛表现有所提升。

之后两个赛季，波什连续交出场均"22+10"的顶级数据，但猛龙接连无缘季后赛。唯一安慰他的就是 2008 年北京奥运金牌了，他是那支伟大"梦八队"的首发大前锋。

克里斯·波什亦如大卫·罗宾逊，但凡腹有诗书的球员，往往都性情温和，甚至过于安静。在肾上腺素狂飙的篮球场上，这不是什么优势。这样的球员往往喜欢跳投，而非禁区搏命，很容易被指责球风偏软。

2010 年夏天，一场颠覆联盟格局的连环大交易震惊世界。詹姆斯、韦德、波什，三位正值当打之年、PER 值联盟前五的球员同时出现在迈阿密，"热火三巨头"横空出世。

到了迈阿密，波什被詹姆斯、韦德掩盖了光彩，"热火三巨头"之中，他付出最多。作为第三进攻点，波什的触球次数减少了，只能打无球，或者在高位策应。他出手大幅减少，只能用效率进行弥补。那位场均"20+10"的主攻大前锋变成了长人跳投手。

"热火三巨头"不夺冠即失败，所以当 2011 年总决赛热火输给小牛之后，"三巨头"已退无可退。但 2012 年，当他们率领热火卷土重来时，发现晋级之路更难。

2012 年东部决赛，凯尔特人和热火之间展开了宿命般的殊死搏斗。热火在 2 比 3 落后的绝境下，迎来东部决赛第六场，詹姆斯用一场独砍 48 分的超神表现将比分扳平，系列赛被拖入第七场。在生死立判的"抢七大战"中，波什挺身而出，10投8中，得到19分，并在第四节决战时刻命中关键的三分球。

2012年总决赛，热火以4比1击败"俄城三少"领衔的"雷霆青年军"，"三巨头"终于夺得总冠军，波什收获了人生第一枚总冠军戒指。

回溯热火2013年的夺冠之旅，世人都记得总决赛第六场雷·阿伦那记逆转乾坤的三分球，但这其中有波什的一半功劳，因为他抢到最重要的那记前场篮板并送出助攻。詹韦连线，用那种烈焰天风般的打法让热火天赋发挥到极致。波什的戏份被缩减，他去内线肉搏，或进一步开发自己的远射，只为帮詹姆斯、韦德拉开空间。正是因为波什做出巨大牺牲，才成就了"热火三巨头"的两连冠。

2014年，詹姆斯离开热火，迈阿密告别"三巨头"时代，韦德饱受膝伤困扰巅峰不再，波什本有机会重新担起"王牌"重任，热火也为他奉上一份5年1.18亿美元的超级合同。然而天有不测风云。2014/2015赛季开始不久，波什就遭遇肺部血栓，被迫退出余下赛季的比赛，迈阿密热火从总冠军级别的球队直接沦落到"乐透区"。

2016年2月，热火季后赛在望，但波什再度被查出肺部血栓，甚至有可能危及生命。生命大于篮球，他只能再次作壁上观，宣布无限期休战。

2017年6月3日，波什肺部血栓的医疗报告鉴定为"终结职业生涯的伤病"，这份报告也宣布了波什退役，一代"龙王"就此隐匿于沧海波涛之中，来不及说一声再见。

波什在最巅峰的年华，隐藏在詹姆斯、韦德炽热夺目的表演背后，我们无缘看到全貌。而当他终于有机会表演时，命运又拿走了他的健康。人生不如意十之八九，波什的职业生涯绝不能说失败，但却留下无尽的遗憾。

2019年3月27日，波什的1号球衣在热火退役。在球衣退役仪式上，波什亲临现场，再现了"龙王怒吼"的经典画面。

2021年5月，波什入选了篮球名人纪念堂。

我们骤然发现，不知不觉间，他已退役5年……

生涯高光解读 / 天生赢家的悲情人生

高光之耀：波什11次入选全明星、1次入选最佳阵容二阵、3次夺得投篮之星大赛冠军，拥有2枚总冠军戒指、1枚奥运金牌，他在NBA职业生涯还赚得2.4亿美元的巨额财富，加上自幼学霸光环加持，可以说是名副其实的天生赢家，但赢家也有悲情的一面。

波什在NBA的成长期困守"北境"，在巅峰期又被詹姆斯和韦德两位"03一代"同级生的光芒所掩盖。为了适应热火，他调整打法，甘心作起绿叶。而当波什正要大展宏图之时，又罹患肺部血栓，被迫在32岁的当打之年结束了自己的NBA职业生涯。

●档案
凯文·麦克海尔 / Kevin McHale
出生地：美国明尼苏达州希宾
出生日期：1957 年 12 月 19 日
身高：2.08 米／体重：95 公斤
效力球队：凯尔特人／球衣号码：32
场上位置：大前锋

●荣耀
3 届总冠军：1981 年、1984 年、1986 年
7 届全明星：1984 年、1986 年—1991 年
2 届最佳第六人：1983/1984 赛季、
1984/1985 赛季
3 届最佳防守阵容一阵：1985/1986 赛季—
1987/1988 赛季
1 届最佳阵容一阵：1986/1987 赛季
最佳新秀阵容一阵：1980/1981 赛季
篮球名人堂：1999 年
NBA 75 大球星

● 常规赛场均 17.9 分、7.3 个篮板、1.7 个盖帽
● 季后赛场均 18.8 分、7.4 个篮板、1.7 个盖帽

凯文·麦克海尔常规赛数据

赛季	球队	篮板	盖帽	得分
1980/1981	凯尔特人	4.4	1.8	10.0
1981/1982	凯尔特人	6.8	2.3	13.6
1982/1983	凯尔特人	6.7	2.3	14.1
1983/1984	凯尔特人	7.4	1.5	18.4
1984/1985	凯尔特人	9.0	1.5	19.8
1985/1986	凯尔特人	8.1	2.0	21.3
1986/1987	凯尔特人	9.9	2.2	26.1
1987/1988	凯尔特人	8.4	1.4	22.6
1988/1989	凯尔特人	8.2	1.2	22.5
1989/1990	凯尔特人	8.3	1.9	20.9
1990/1991	凯尔特人	7.1	2.1	18.4
1991/1992	凯尔特人	5.9	1.1	13.9
1992/1993	凯尔特人	5.0	0.8	10.7

"他速度快如旋风，动作变化多端，加之一双长臂，使得他总能找到从容出手投篮的角度。"

——胡比·布朗

长臂猿

凯文·麦克海尔

KEVIN MCHALE

从球员到教练，无异于从战士到元帅，麦克海尔始终如一，将他伟大的洞察力和亲和力，以及强悍冷血的防守力成功延续。

麦克海尔挥舞着臂展 2.44 米的长臂，在球员时代戏耍众生，但拿起教鞭来到光影浮动的现代战场，却屡屡迷茫。

作为球员曾屡创辉煌，作为教练却平平无奇，这就是关于麦克海尔的一段故事，却衍生了两段不同的篮球人生。

1957 年 12 月 19 日，凯文·麦克海尔出生在明尼苏达州东北部的希宾。

高中三年里，麦克海尔身高从 1.75 米猛长到 2.08 米，一跃成为篮球健将。

1976 年，麦克海尔进入明尼苏达大学。在 4 年大学期间，他场均贡献 15.2 分和 8.5 个篮板，并在最后一个赛季率领明尼苏达金地鼠获得全国邀请巡回赛冠军。

1980 年 NBA 选秀前夕，凯尔特人用"状元签"从勇士换来 3 号签和罗伯特·帕里什，再于选秀大会用 3 号签选中麦克海尔。因为"红衣主教"早就看好麦克海尔与帕里什的组合，为此筹谋了很久。

奥尔巴赫的远见无须赘述，麦克海尔得到波士顿的垂青，但他还是从替补打起。

凯尔特人的"第六人"传统源远流长，哈福利切克、丹尼斯·约翰逊和比尔·沃顿都曾是"绿巨人"替补席上的王牌，麦克海尔对此没有什么意见。

每支球队都需要替补有所贡献，而麦克海尔的表现远超预期。麦克海尔四肢颀长，拥有内线球员完美的体型，并在凯尔特人这方沃土上逐渐成长为低位大师。

约翰·萨利形容在低位防守麦克海尔时就像被警察带进刑讯室。著名"凯蜜"比尔·西蒙斯坚信没有人的低位得分手段比他更丰富，甚至奥拉朱旺也无法与之比肩，麦克海尔依靠三种动作就足以将防守者生吞活剥：左右勾手、转身后仰跳投以及后撤步跳投。

胡比·布朗说："只要他在低位接到球，就是这个联盟最难防守的球员，神出鬼没的移动加上令人羡慕的长臂，让他有足够的角度在更高更壮的'长人'面前投篮得分。"

1983/1984 赛季，麦克海尔首次入选全明星，荣膺最佳第六人。

1984 年，总决赛中，凯尔特人面对湖人，一向斯文的麦克海尔还客串了"恶棍"角色。第四场比赛的第三节，湖人的兰比斯快速反击直刺篮下，麦克海尔牢记教练"封杀轻松上篮"的指令，然而用力过猛，将兰比斯像水泥袋一样掀翻在地。这次"晾衣绳式"的犯规引发双方激烈冲突，麦克海尔的"恶棍"形象也改变了总决赛的走势，给湖人留下阴影。

"魔术师"回忆："那次犯规之后，我们上篮时都有些畏首畏尾。我们被凯尔特人的强硬对抗震慑住了，然后就缴枪投降了。"麦克海尔"晾衣绳式"犯规之前，湖人在进攻端简直是予取予求，但是那次犯规后，湖人如履薄冰。

最终，经过七场鏖战，凯尔特人以 4 比 3 击败湖人，夺下总冠军。

1985 年 3 月 3 日，凯尔特人对阵活塞，麦克海尔用一己之力就摧毁了对方的防线，他砍下 56 分，刷新队史的个人得分纪录，最后几分钟他主动要求下场。赛后伯德忍不住说了一句："你应该留在场上，本应该争取冲击 60 分。"

坊间曾传言麦克海尔与伯德关系并不好，其实并非如此，伯德主要为天赋异禀的麦克海尔求胜欲不强而感到惋惜，并坦言："如果他真的想要，就可以得到 MVP。"其实麦克海尔并非没有求胜欲，否则就没有后来 1987 年那带着骨折的伤腿打满 21 场季后赛的励志传奇。只不过他没有伯德那种帝王级的霸道强悍，因为一个团队"有人成为英雄，有人成就英雄"，麦克海尔深明其理。

其实麦克海尔与伯德虽然性格迥异，却在多年并肩作战时结下了深厚友情："我会想到未来的场景，我退役后留在明尼苏达，拉里在印第安纳，我们可能从此天各一方。但会有许多个夜晚，我会静静地躺在床上，想起那些比赛，回味与他并肩作战的感受。"

1986/1987 赛季，麦克海尔打出职业生涯最出色的一季，场均贡献 26.1 分、9.9 个篮板，却不得不拖着骨折的左腿来打季后赛，冒着毁掉职业生涯的危险帮助凯尔特人卫冕。对战雄鹿系列赛第四场双加时，他甚至咬牙奋战了 53 分钟。21 场季后赛，麦克海尔场均出场 39.4 分钟，贡献 21.1 分、9.2 个篮板。那次带伤作战的经历也为他的退役埋下伏笔，但他从不后悔："假如真的让我回到那个年纪，面对夺冠机会，我还是会说，'受伤的地方给我绑一绑，我马上要出场了！'"

1987 年之后，麦克海尔连续四次入选全明星，但卫冕总冠军失利之后，凯尔特人的时代结束了。1992/1993 赛季，麦克海尔第一次感觉到自己不再为打球而兴奋，而伤病让他陷入恐惧中无法自拔，一番挣扎之后他选择了退役："我太爱这项运动了，不能忍受自己只为钱去打球，也不会为了别人的看法而留在球场上。"

1994年1月30日，凯尔特人正式将麦克海尔的球衣退役，他的32号战袍与伯德的33号紧紧相邻，永远地悬挂在波士顿花园球馆的穹顶。"我认为我们的比赛就该这么打。"麦克海尔说，"毫无疑问，在波士顿的日子是我人生中最美好的记忆。"

麦克海尔的球员生涯戛然而止，但与篮球的情缘还未了断。1994年他入主森林狼管理层，从选中加内特开始，到送走加内特结束，森林狼曾经在他的运作下杀入西部决赛，创下队史最佳战绩。他还曾两次执掌教鞭，执教战绩为39胜55负。然而关于乔·史密斯的暗箱操作以及送走"狼王"的交易让麦克海尔饱受质疑。

2011年5月，麦克海尔出任火箭主教练。接下来四个赛季，麦帅率领火箭三次挺进季后赛，并在2014/2015赛季，率领火箭时隔18年后再次杀入西部决赛。

最终，火箭以1比4不敌勇士，止步于西部决赛。虽然率队创下18年最佳战绩，但麦克海尔还是因为缺乏有效的进攻体系、临场指挥不佳等问题而饱受诟病。

2015年11月18日，麦克海尔被火箭解雇了。

记得麦克海尔面试火箭主帅时，曾被问及为什么要重新出山。当时离开森林狼之后，麦克海尔曾表示希望有更多的时间照顾家庭，然而在内心深处他需要比赛。因为篮球已经融入麦克海尔的生命里，无法割舍。他拿起教鞭，以爱之名。

2021年，麦克海尔入选NBA 75大球星，伯德、帕里什也一同入选。昔日叱咤联盟的凯尔特人"铁三角"再一次共享荣耀、留名青史。

生涯高光解读 / 凯尔特人"铁三角"

高光之耀：伯德、麦克海尔和帕里什是NBA第一个被真正冠以"三巨头"之名的组合。他们曾携手率领凯尔特人5次杀入总决赛，并在1981年、1984年和1986年三次力挫湖人，夺得总冠军。在一项关于历史上所有三人组的统计对比中，伯德、麦克海尔和帕里什的"铁三角"组合在时间的稳定性与获得荣耀方面，傲视群雄、名列第一。

1978年，凯尔特人在首轮第6顺位成功选中伯德。1980年，奥尔巴赫又施展妙手，从勇士交易来帕里什，同时又用"探花签"摘取麦克海尔，自此组成名震天下的"铁三角"。

桀骜不羁的伯德被誉为NBA历史上唯一的大满贯得主。球场上的他嚣张得有些招人厌烦，但谁也不能否认，他有嚣张的资本。身为小前锋的伯德技术极为全面，职业生涯场均砍下24.3分、10个篮板、6.3次助攻。

麦克海尔拥有2.44米的惊人臂展，这让他在防守端极具优势，遮天蔽日的手臂几乎封锁了对手所有的投篮线路。有趣的是，这样一位巨星却长期甘居第六人。

帕里什用稳健中投、出色的盖帽与篮板能力，提升了凯尔特人攻防两端的品级。

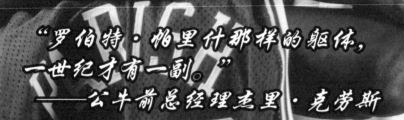

"罗伯特·帕里什那样的躯体，
一世纪才有一副。"
——公牛前总经理杰里·克劳斯

● 档案

罗伯特·帕里什 /Robert Parish
出生地：美国路易斯安那州什里夫波特
出生日期：1953 年 8 月 30 日
身高：2.13 米 / 体重：104 公斤
效力球队：勇士、凯尔特人、黄蜂、公牛
球衣号码：00
场上位置：中锋

● 荣耀

4 届总冠军：1981 年、1984 年、1986 年、
1997 年
9 届全明星：1981 年—1987 年、1990 年、
1991 年
1 届最佳阵容二阵：1981/1982 赛季
篮球名人堂：2003 年
NBA 75 大球星

● 常规赛场均 14.5 分、9.1 个篮板、1.5 个盖帽
● 季后赛场均 15.3 分、9.6 个篮板、1.7 个盖帽

罗伯特·帕里什常规赛数据

赛季	球队	篮板	盖帽	得分
1976/1977	勇士	7.1	1.2	9.1
1977/1978	勇士	8.3	1.5	12.5
1978/1979	勇士	12.1	2.9	17.2
1979/1980	勇士	10.9	1.6	17.0
1980/1981	凯尔特人	9.5	2.6	18.9
1981/1982	凯尔特人	10.8	2.4	19.9
1982/1983	凯尔特人	10.6	1.9	19.3
1983/1984	凯尔特人	10.7	1.5	19.0
1984/1985	凯尔特人	10.6	1.3	17.6
1985/1986	凯尔特人	9.5	1.4	16.1
1986/1987	凯尔特人	10.6	1.8	17.5
1987/1988	凯尔特人	8.5	1.5	14.3
1988/1989	凯尔特人	12.5	1.5	18.6
1989/1990	凯尔特人	10.1	0.9	15.7
1990/1991	凯尔特人	10.6	1.3	14.9
1991/1992	凯尔特人	8.9	1.2	14.1
1992/1993	凯尔特人	9.4	1.4	12.6
1993/1994	凯尔特人	7.3	1.3	11.7
1994/1995	黄蜂	4.3	0.4	4.8
1995/1996	黄蜂	4.1	0.7	3.9
1996/1997	公牛	2.1	0.4	3.7

酋长
罗伯特·帕里什
ROBERT PARISH

罗伯特·帕里什拥有超快的速度，内线和外线的得分能力超群。这位身高2.17米的中锋不但体力过人，而且耐力惊人，一生硕果累累，成绩斐然。在NBA所有的技术统计中，帕里什几乎都名列前茅。

帕里什跨时代的21赛季征程（NBA历史最长），让他有幸成为两大"王朝"的冠军成员。在凯尔特人与公牛，他不仅收获四枚总冠军戒指，还让他"酋长"的威名传遍四海！

1997年5月11日，芝加哥公牛在客场以89比80击败亚特兰大老鹰，这是43岁的"酋长"帕里什职业生涯的第184场季后赛，也是最后一场。

他出场仅8分钟，只摘下2个篮板，没有得分，从此告别了NBA的舞台。

帕里什从1978年到1997年，在NBA征战了19年，一共得到23334分、14715个篮板、2361次封盖，他用横跨三个时代的恒久表现诠释了属于"酋长"的传奇。

一个半月后公牛夺冠，在联合中心漫天飞舞的彩带中，"酋长"畅想着用第四枚戒指为自己漫长的职业生涯画上圆满句点。在那一刻，他冥思起过往的一切。

"嘿，帕里什，精神点！你长得那么高，干吗老是缩肩低头？"伍德劳恩高中篮球教练丹尼斯的鼓励还在耳畔回响，记忆被拉回到那段青涩而又美好的时光。

1965年，12岁的帕里什已长到1.88米，在同年级的学生中，鹤立鸡群。

1971年，帕里什进入圣塔利大学，并成为校队的主力中锋。虽然他并不如"天勾"那般耀眼，但在1975/1976赛季，帕里什还是交出场均"25+18"的豪华成绩单，并入选了全美第二阵容。所以，在1976年NBA选秀大会上，手握8号签的金州勇士毫不犹

　　豫地锁定了这名身高 2.16 米的内线长人，并坚信他会成为里克·巴里的得力助手。

　　1976/1977 赛季，帕里什在自己的新秀赛季表现平平，场均得到 9.1 分、7.1 个篮板，却有 3 次犯规。1977 年，勇士在西部半决赛被湖人淘汰，帕里什也完成了与当时如日中天的"天勾"贾巴尔的首次对话，而这正是两人宿命对决的开始。

　　此后两年，帕里什在沉默中不断积攒着能量，终于在 1978/1979 赛季爆发了，他取得场均 17.2 分、12.1 个篮板、3.1 次封盖的成绩。

　　1980 年，"红衣主教"施展妙手，用"状元签"和 13 号签为凯尔特人换来帕里什和 1980 年"探花秀"麦克海尔。自此，凯尔特人"铁三角"组建完成。

　　帕里什、伯德和麦克海尔组成篮球史上最锋利的三人组。三人联手，在攻防两端能够覆盖全场，帕里什在禁区内攻城略地，麦克海尔近距离单打闪袭，伯德则随机游走于整个半场，担纲组织前锋。在防守端，这三人都是出色的篮板手，麦克海尔"蜘蛛长臂"，帕里什静默稳健，伯德防守意识一流，足以绞碎任何攻击。在他们都健康时，他们是无敌的，即使面对"魔术师"、贾巴尔和沃西也不落下风。

　　帕里什在加盟凯尔特人的第一个赛季，场均砍下 18.9 分、9.5 个篮板、2.6 次封盖，命中率高达 54.5%，他收获了职业生涯第一次全明星，更收获了第一枚总冠军戒指！

　　1981 年的总决赛，被公认为是伯德和麦克海尔的总决赛，但事实上，帕里什才是那届总决赛中的中流砥柱。他面对火箭的当家中锋摩西·马龙，不仅交出了场均"15+8"

的答卷，还防守马龙这位内线高手，使之在整个系列赛只有四成命中率。

沉稳和低调的帕里什默默地站在伯德身后守护篮筐，诠释着坚韧和不屈。总决赛第三场，他13分钟里攻下11分，然后和马龙碰撞受伤，五针缝罢，下一场又交出了"18+12+6"的优秀数据！

帕里什渐渐成了凯尔特人的"大山"，他从不奢求自己成为"绿色风暴"的核心力量，也没有试图从伯德和麦克海尔的手中抢过任何一个领导权。每天晚上，他闷着头往返于攻防两端，抓板、封盖、补位协防，"我只需要跟进上篮，点进每一个进攻篮板，我不必每晚25分、15个篮板！"

1981年至1987年，帕里什七次入选全明星阵容。"绿衫"生涯的第二赛季，他就以54%命中率场均轰下19.9分，还有10.8个篮板、2.4次盖帽，MVP票选高居第四。他拥有细腻的篮下技术和精准中投，而且从不抱怨出手次数，从不苛求球权。在"魔术师"对决"大鸟"成为主旋律的那个时代，帕里什坚持球队赢球至上的篮球信仰。

1984和1986年，凯尔特人又两夺总冠军，伯德、麦克海尔和帕里什的"三巨头"成为20世纪80年代NBA组合的完美典范，并在很大程度上垂范后世。

可惜，巅峰过后，随之而来的是王朝没落与英雄归隐。伯德因为背伤影响在1992年功成身退，带走了一个时代；麦克海尔也因伤病困扰，在1993年挥手离开。

帕里什则在凯尔特人坚守两年后，远走夏洛特，最终去了芝加哥公牛。

时任公牛总经理杰里·克劳斯曾如是感慨："罗伯特·帕里什那样的躯体，一世纪才有一副。"所以，当1996年，42岁的帕里什成为自由球员时，克劳斯第一时间拨通了他的电话。"你在NBA打了快20年，篮球给你留下了什么？"彼时总经理公牛克劳斯如此询问。穿上0号球衣的帕里什答道："篮球让我取得成功，篮球是我的信仰。"

1996/1997赛季，帕里什跟随公牛一路夺冠，他也如愿拿到一枚总冠军戒指，然后挥手作别，留下一个效力NBA长达21赛季的超长画卷。

生涯高光解读 / NBA 活化石

高光之耀：帕里什的职业生涯曾经无比绵长，他在NBA效力足足21个赛季，而且他以1611次总出场次数创造了NBA史上球员最多出场次数的纪录，至今无人打破。

帕里什不仅在NBA效力时间长，而且效率惊人，他在职业生涯的21个赛季中有10个赛季场均达到两双。在凯尔特人时代，帕里什作为"铁三角"之一，亲手创造了很多辉煌。晚年帕里什在公牛，正赶上乔丹的第二个"三连冠"时代。回首帕里什的21年，横跨20世纪的70、80、90年代，正值NBA风起云涌的大变革时代，帕里什亲眼见证过很多时代更迭、王朝兴衰，堪称NBA的"活化石"。

"他有着傲人的天赋，技术如此全面，如果让他来做我的接班人，我没有异议。"

——迈克尔·乔丹

格兰特·希尔常规赛数据

赛季	球队	篮板	助攻	得分
1994/1995	活塞	6.4	5.0	19.9
1995/1996	活塞	9.8	6.9	20.2
1996/1997	活塞	9.0	7.3	21.4
1997/1998	活塞	7.7	6.8	21.1
1998/1999	活塞	7.1	6.0	21.1
1999/2000	活塞	6.6	5.2	25.8
2000/2001	魔术	6.3	6.3	13.8
2001/2002	魔术	8.9	4.6	16.8
2002/2003	魔术	7.1	4.2	14.5
2004/2005	魔术	4.7	3.3	19.7
2005/2006	魔术	3.8	2.3	15.1
2006/2007	魔术	3.6	2.1	14.4
2007/2008	太阳	5.0	2.9	13.1
2008/2009	太阳	4.9	2.3	12.0
2009/2010	太阳	5.5	2.4	11.3
2010/2011	太阳	4.2	2.5	13.2
2011/2012	太阳	3.5	2.2	10.2
2012/2013	快船	1.7	0.9	3.2

● 档案

格兰特·希尔 / Grant Hill
出生地：美国得克萨斯州达拉斯
出生日期：1972 年 10 月 5 日
身高：2.03 米 / 体重：102 公斤
效力球队：活塞、魔术、太阳、快船
球衣号码：33
场上位置：小前锋

● 荣耀

7 届全明星：1995 年—1998 年、2000 年—2001 年、2005 年
1 届最佳阵容一阵：1996/1997 赛季
最佳新秀：1994/1995 赛季
篮球名人堂：2018 年

● 常规赛场均 16.7 分、6.0 个篮板、4.1 助攻
● 季后赛场均 13.4 分、6.1 个篮板、3.6 次助攻

6 ♠

魔鬼山

格兰特·希尔

GRANT HILL

> 如果没有伤病，格兰特·希尔可能是乔丹最理想的接班人。
>
> 优雅君子，风度翩翩，希尔的技术在 NBA 史上堪称少有的全面。在他的全盛时期，是无所不能的全能战士，"三双"对于他来说几乎是信手拈来。他是继"大 O"之后首位场均达到 20 分、9 个篮板和 7 次以上助攻的球员。尽管单纯的数据无法体现希尔的优秀，但他还是控球小前锋的开山鼻祖，之后才有麦迪、詹姆斯的大放异彩。

天妒英才，脆弱的脚踝成为希尔的阿喀琉斯之踵。频繁的伤病让这位绝世天才在板凳上度过自己的黄金年华。如果没有伤病，他是否能成为下一个乔丹？这个问题的答案如今只能在如果中凭吊臆想，徒添感伤！

流年之殇，浸漫浮生，谦谦君子，竟然在岁月中抚膝轻叹。英雄无奈，有些事似乎命中注定。希尔，被伤病侵袭的一颗流星，却在天际刻下永恒的璀璨。

1972 年 10 月 5 日，格兰特·希尔出生于达拉斯的一个书香名门。父亲卡尔文·希尔毕业于耶鲁大学，母亲珍妮特·希尔则毕业于卫斯理学院。与 NBA 中许多黑人球星自幼就混迹街头不同，希尔从小就受到良好的教育，这也让他长大后成为谦谦君子。

父亲曾做过 NFL（美国橄榄球联盟）的职业球员，希尔继承了其出色的运动能力，在南湖高中读书时期，就成为篮球明星，并且在 1990 年入选麦当劳全美最佳阵容。

希尔的大学生涯堪称完美，他就读于有"美国篮球第一名校"之称的杜克大学，师从"老 K 教练"。他率领杜克大学两夺 NCAA 冠军，他的 33 号球衣也在这所大学退役。

值得一提的是，希尔还曾创下率领大学生联队击败"梦一"的壮举。

1994 年选秀大会，希尔在首轮第 3 顺位被活塞选中。初入联盟，希尔便赢得了铺天盖地的赞扬之声。他天赋异禀，突破第一步迅疾如闪电，切入技巧简洁明快，再辅以杜克出品的团队意识和传球视野，堪称完美。加上他出身名门、球风潇洒，一身风度翩翩的君子风范，成为 NBA 力推的一位优质偶像。当时乔丹从 NBA 退役改打棒球。NBA 决定打造一个乔丹的接班人，而希尔满足了乔丹接班人的所有条件。

新秀赛季，希尔成为 NBA 历史上第一个"菜鸟票王"。1994/1995 赛季结束，希尔在处子赛季表现得十分全面，场均得到 19.9 分、6.4 个篮板球、5.0 次助攻和 1.7 次抢断，他同贾森·基德共享最佳新秀奖。

在"后乔丹时代"，希尔的横空出世引发了一场革命，他与皮蓬一起在 20 世纪 90 年代引领了"组织前锋"的潮流。时任活塞主帅的科林斯如此评价希尔："他与'魔术师'做着相同的工作，场均 21 分、8 至 9 个篮板，然后贡献 7 至 8 次助攻。"

1996/1997 赛季，希尔场均贡献 21.4 分、9 个篮板和 7.3 次助攻，成为联盟当仁不让的首席小前锋。该常规赛 MVP 评选，希尔仅落后于马龙和乔丹，位居第三。

然而希尔的辉煌在 2000 年戛然而止，1999/2000 赛季常规赛末尾，他的左脚出现疼痛感，医生建议他休战。然而连续 3 年首轮出局的境遇让希尔陷入疯狂，他像狮子般向队医咆哮请战，医生回答："你必须停下，除非你愿意下半辈子拄着拐杖走路。"

一语成谶，与热火系列赛的第二场，带伤上阵的希尔遭遇脚伤恶化，X 光片显示，他的脚踝就像被刀切过的橙子。彼时希尔黯然离场，再次登上季后赛舞台时已经是 7 年后。

2000 年休赛期，重伤之后的希尔离开了伤心底特律，奔赴奥兰多开始新的生活。在那里有潜力无限的麦迪，希尔与麦迪的外线二人组令人想起年轻的乔丹与皮蓬。

然而天不遂人愿，希尔在魔术彻底变成了"玻璃人"，左脚多了六根钢钉，他在效力魔术的 5 个赛季里打打停停，从未与麦迪在季后赛里联袂出场。

2003 年希尔左脚踝进行第四次手术，麦迪建议老大哥考虑退役："我并不希望他退出江湖，这是一个让人伤感的结局。但众所周知，他连走路都困难。"医生也给出退役的建议，因为他的身体已经不堪重负。2007 年，希尔效力完魔术的最后一个赛季，在大家都认为他将就此谢幕的时候，希尔却在太阳觅得一线生机。

2007 年 7 月，希尔以自由球员身份签约太阳。经过菲尼克斯的"太医"团队的精心治疗，希尔在"凤凰城"浴火重生，恢复健康后竟然打满 2008/2009 赛季的 82 场。

希尔恢复健康，却找不回飞天遁地的巅峰实力，他不再是一流球星，对此他坦然面对，"我学会了如何找回状态，更重要的是重塑信心，这两者缺一不可。"希尔甚至不再去看自己巅峰时期的比赛录像，不是因为往事不堪回首，而是与那时相比，自己已经完全变成了另外一个球员。

"很多人都喜欢艾弗森，我想当他发现自己无法像六七年前一样打球时，内心一定很煎熬。"希尔说，"每个人都会面临这样的困难时期，你只有两个选择，要么转身离开，要么接受现实做出改变，而且要变得更加高效。"

希尔的选择是做出改变，他再也做不出犀利的变向突破和霸气的暴扣，但是中投日益稳健，甚至出人意料地变身防守尖兵。"我为自己的调整感到骄傲，"希尔说，"做那些微不足道的事情，比如防守和篮板球。过去我根本不会去做，或者说根本没必要。调整并不容易，但你做过之后，就会发现自己打开了另外一扇门。"

2009/2010 赛季，希尔突破了季后赛首轮的魔咒，打破宿命之后他心如止水。

2010/2011 赛季，希尔场均贡献 13.2 分，在此之前，历史上在 38 岁高龄场均砍下 13 分的外线球员只有乔丹、斯托克顿和米勒。

2012 年夏天，希尔离开太阳加盟快船，他在菲尼克斯留下了一段美妙时光。

希尔的"篮球之火"并没有在菲尼克斯燃烧殆尽，他仍然希望在职业生涯的暮年再次享受篮球的乐趣。他在拉斯维加斯的训练营里度过了自己 40 岁的生日。

2013 年 6 月 2 日，年过不惑的希尔终于决定退役，离开征战了 20 年的 NBA 赛场。

他曾鲜衣怒马，以乔丹接班人之名傲立潮头。新秀即票王，集万千宠爱于一身。而造化弄人，似乎上天赋予这位年轻人惊世才华后，却又赌气收回，任其在伤病折磨中泯然众生。巨大的落差并没有让希尔沉沦，职业生涯后半段他塑造了逆境拼搏的职业典范。

2018 年 3 月，希尔入选篮球名人堂。作为七届全明星、"组织前锋"的开创者、乔丹的初代接班人……希尔能步入篮球圣殿也是情理之中。

生涯高光解读/ 乔丹的完美接班人

高光解读：乔丹的接班人有很多，但如果没有伤病，希尔可能是最理想的一位，起码 NBA 是这样想的。希尔出自名门、家境优渥，受到良好的教育，拥有谦虚有礼的儒雅君子之风。在莽汉如云的 NBA，希尔似乎就像一股清新的风。

希尔出身于篮球名校杜克大学，师从"老 K 教练"，两次随队拿到 NCAA 冠军，可谓师承正统。1994 年希尔加入 NBA 后，由于当时正值乔丹的第一次退役，NBA 亟待推出新的招牌球星，极具"优质偶像"潜质的希尔就被人冠以"乔丹接班人"的美誉。

低调内敛的希尔不仅出身优渥，而且相貌英俊，球风更是潇洒而又全面，他曾隐隐开创"组织前锋"一脉之先河。可惜进入 21 世纪以后，如此优秀的球员还是遭遇脚踝伤势的侵袭，之后深陷伤病泥沼，泯然众生。希尔曾在太阳浴火重生，虽然彼时的他早已不是那位无所不能的全能巨星，却书写了一名职业球员受伤逆袭的成功典范。

希尔入选名人堂，太阳老板萨沃送上感言："他是一个非常成功的职业球员，但他最伟大的贡献是，无论在球场内外，都树立起职业道德和专业精神的榜样。"

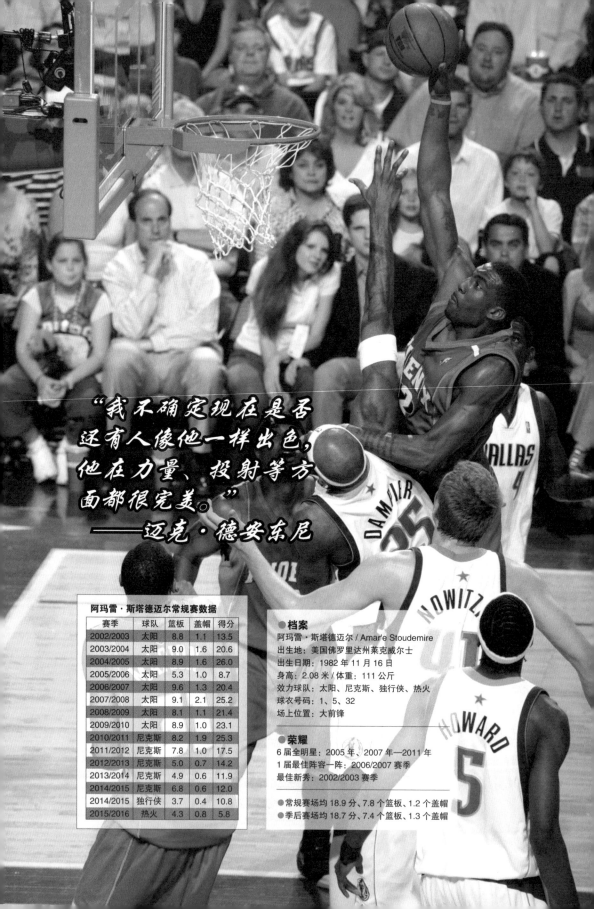

"我不确定现在是否
还有人像他一样出色，
他在力量、投射等方
面都很完美。"
——迈克·德安东尼

阿玛雷·斯塔德迈尔常规赛数据

赛季	球队	篮板	盖帽	得分
2002/2003	太阳	8.8	1.1	13.5
2003/2004	太阳	9.0	1.6	20.6
2004/2005	太阳	8.9	1.6	26.0
2005/2006	太阳	5.3	1.0	8.7
2006/2007	太阳	9.6	1.3	20.4
2007/2008	太阳	9.1	2.1	25.2
2008/2009	太阳	8.1	1.1	21.4
2009/2010	太阳	8.9	1.0	23.1
2010/2011	尼克斯	8.2	1.9	25.3
2011/2012	尼克斯	7.8	1.0	17.5
2012/2013	尼克斯	5.0	0.7	14.2
2013/2014	尼克斯	4.9	0.6	11.9
2014/2015	尼克斯	6.8	0.6	12.0
2014/2015	独行侠	3.7	0.4	10.8
2015/2016	热火	4.3	0.8	5.8

● **档案**
阿玛雷·斯塔德迈尔 / Amar'e Stoudemire
出生地：美国佛罗里达州莱克威尔士
出生日期：1982 年 11 月 16 日
身高：2.08 米 / 体重：111 公斤
效力球队：太阳、尼克斯、独行侠、热火
球衣号码：1、5、32
场上位置：大前锋

● **荣耀**
6 届全明星：2005 年、2007 年—2011 年
1 届最佳阵容一阵：2006/2007 赛季
最佳新秀：2002/2003 赛季

● 常规赛场均 18.9 分、7.8 个篮板、1.2 个盖帽
● 季后赛场均 18.7 分、7.4 个篮板、1.3 个盖帽

6
♥

小霸王
阿玛雷·斯塔德迈尔
AMAR'E STOUDEMIRE

阿玛雷·斯塔德迈尔是力压姚明的"**最佳新秀**",他如救世主般降临太阳城,和纳什、马里昂一起构建起未来菲尼克斯长达 8 年的辉煌!他雷霆万钧的气势、彗星一般的起跳速度、势大力沉的雷霆暴扣,令所有菲尼克斯人,不,所有喜欢篮球的人都为之震慑!

1982 年 11 月 16 日,阿玛雷·斯塔德迈尔出生于佛罗里达州的莱克威尔士。

斯塔德迈尔最初喜欢的运动并不是篮球,而是橄榄球,那个时候他的理想是成为 NFL(美国橄榄球联盟)的大明星。直到看到了奥尼尔在篮球场上的肆虐表现,斯塔德迈尔想:"这个大家伙,才应该是我的偶像!"于是,他开始有了篮球梦。

14 岁时,斯塔德迈尔已长到 1.98 米,但还没接受过正规的篮球训练,不过凭借劲爆的身体素质,他很快就步入篮球正轨。他第一次参加 AAU 邀请赛,就加冕了 MVP。

斯塔德迈尔的高中求学之路非常坎坷,辗转 6 所学校后,才在塞普雷斯·克里克高中站稳脚跟。他在克里克高中时场均能贡献 29 分、15 个篮板和 6 次封盖的高能数据。2002 年,高中毕业后,身高已 2.08 米的斯塔德迈尔决定跳过大学直接参加 NBA 选秀。

虽然当时加内特、科比、麦迪等天才高中生在 NBA 打得风生水起,但人们并不看好斯塔德迈尔的选秀前景,觉得他的技术还比较粗糙,但高达 1.05 米的垂直弹跳又令人称羡。太阳总经理杰里·科朗吉洛在看过他的比赛之后,当即拍板:"这个小子让我看见了当年的科比,我们要定他了!"于是斯塔德迈尔在 2002 年首轮第 9 顺位被菲尼克斯太阳选中,他也是那一年选秀中唯一入选 NBA 的高中生球员。

彼时的太阳正处在重建期，随着贾森·基德的离开，球队刚刚度过一个 36 胜的失败赛季，14 年来首度无缘季后赛。尽管如此，菲尼克斯人也没有对斯塔德迈尔抱有太大希望。

然而，斯塔德迈尔的表现令人振奋，他在职业生涯前 7 场比赛中 4 场得分上双。2002 年 12 月 30 日，太阳对阵森林狼，斯塔德迈尔面对如日中天的加内特，24 投 16 中，爆砍 38 分和 14 个篮板，一举打破了高中生 NBA 新秀赛季的得分纪录。

斯塔德迈尔在自己的首个赛季交出场均 13.5 分、8.8 个篮板的出色答卷，并帮助太阳重返季后赛。他也力压姚明（同级状元秀），荣膺 2002/2003 赛季的最佳新秀。

虽然数据亮眼，但斯塔德迈尔最让人惊叹的是打球方式：刚猛霸道、无所畏惧，侵略性十足，他那雷霆万钧的爆扣、只手遮天的盖帽，成为联盟诸强的梦魇。

接下来的 2003/2004 赛季，虽然斯塔德迈尔场均提升到 20.6 分，还贡献 9 个篮板，但太阳仅取得 29 胜，可谓战绩惨淡。

2004/2005 赛季，史蒂夫·纳什的加盟，让这支太阳骤然腾飞。斯塔德迈尔在纳什的穿针引线下激发出"小霸王"的威力，场均得分提升到 26 分，并在对阵开拓者的比赛中，拿下职业生涯最高的 50 分。那个赛季他和纳什带领太阳砍下球队历史最佳的 62 胜。

2005 年季后赛，太阳遇到马刺——21 世纪伟大的"王朝球队"，他们酣战 5 场。虽然最终败下阵来，但是斯塔德迈尔在与"历史第一大前锋"邓肯的对抗中锋芒毕露，场均暴砍 37 分，让"石佛"也徒叹奈何。

2005/2006 赛季，斯塔德迈尔遭遇膝盖软骨损伤，被迫进行微创手术，仅出战 3 场。经过此次微创手术，那位飞天遁地的"小霸王"还剩几成功力？无数球迷都为之悬心。

2006/2007 赛季，斯塔德迈尔打满 82 场比赛，场均贡献 20.4 分、9.6 个篮板。伤愈归来的他不仅跑跳如常，还练就了一手精准中投，丰富了自己进攻的武器库。季后赛太阳再遇马刺，血战 6 场再遭淘汰，斯塔德迈尔在最后一场狂揽 38 分、12 个篮板，虽然未能力挽狂澜，却也足够惊艳。

此后太阳连续两个赛季未能取得突破，直到 2009/2010 赛季。斯塔德迈尔再次 82 场全勤，场均 23.1 分、8.9 个篮板，还有 1 次封盖。他与纳什联手，终于带领太阳突破首轮，一路杀入西部决赛，但最终还是以 2 比 4 输给了科比统领的上届冠军———湖人。

2010 年夏天，斯塔德迈尔以 5 年 1 亿美元的顶薪加盟纽约尼克斯，告别了效力 9 年的菲尼克斯太阳。他在纽约的首个赛季，表现得神勇无比，场均砍下 25.3 分、8.2 个篮板，并缔造了连续 9 场"30+"的队史空前壮举。

也是在这个赛季，2011 年全明星赛后，卡梅隆·安东尼也加盟尼克斯，"小霸王"与"甜瓜"联手率领球队准备在东部打出一片天地。

然而，接下来的几年，背部、左膝的伤病开始侵蚀斯塔德迈尔，这位"暴力流"大前锋再也没有打出一个健康的赛季。他在 2011/2012 赛季缺席 35 场比赛，在接下来的 2012/2013 赛季，他只出场 29 场。直到 2013/2014 赛季，斯塔德迈尔的出勤率才接近正常，一共出战 65 场，但饱受伤病困扰的他已难复当年之勇，场均仅得到 11.9 分、4.9 个篮板。

2015 年，尼克斯为了节省薪资空间，与斯塔德迈尔尼克斯达成买断协议。

离开纽约，斯塔德迈尔辗转小牛、热火以及 BIG 3 联赛，甚至远赴海外，加盟以色列联赛的耶路撒冷夏普尔、中国 CBA 联赛的福建男篮。为了延续心中的篮球梦想，他奋力拼搏，却再也找不回当年横刀立马篮下舍我其谁的霸王英姿了。

2020 年 10 月 31 日，斯塔德迈尔出任布鲁克林篮网的助理教练，与昔日好搭档纳什再度携手。他在布鲁克林工作了两个赛季，深度见证篮网"三巨头"的聚散离合。

2022 年 5 月，篮网被凯尔特人横扫之后，斯塔德迈尔宣布离开。

昔日恩师迈克·德安东尼曾这样评价斯塔德迈尔："我不确定现在是否还会有人像他一样出色，他在力量、投射等方面都很完美。"

如果没有伤病，如果巅峰期在如今这个时代，斯塔德迈尔将取得何等伟大的成就？在那个年代，他与纳什在德安东尼的率领下，掀起一个汹涌澎湃的跑轰狂潮，携手成为小球风格的先驱。

斯塔德迈尔以刚猛不失灵动的球风，机动性强而又投篮精准的优势，成为 NBA 中独树一帜的存在。在滞涩凝重的十几年前，他尚且纵横无忌，而在骑射如风的如今，斯塔德迈尔那金刚腾云、大鹏展翅的身姿将何等惊艳……

毕竟，他是小球风格的先行者。

生涯高光闪回 / "小霸王"大战"石佛"

高光之耀：尽管太阳在 2005 年西部决赛中被马刺淘汰，但斯塔德迈尔足以留名青史，他场均得到 37.0 分、9.8 个篮板、1.6 次盖帽，投篮命中率高达 55.0%。邓肯场均得到 27.4 分、13.8 个篮板、1.8 个盖帽，投篮命中率 52.7%。仅就个人数据而言，"小霸王"比历史第一大前锋"石佛"还要略高一筹。

2005 年 6 月 3 日，西部决赛第五场，斯塔德迈尔大发神威，上半场就砍下 21 分外加 8 个篮板和 3 次盖帽，率领太阳领先对手。第三节，风云突变，马刺连续反击得手将比分超出。最终太阳主场以 95 比 101 惜败马刺。尽管斯塔德迈尔全场轰下 42 分、16 个篮板、4 次盖帽，还在比赛中多次送出隔扣，但无奈未能帮助球队获胜。

第五战落败之后，太阳以 1 比 4 被马刺淘汰，无缘总决赛。

斯塔德迈尔几乎每场都打出如此显赫的数据，但依旧无法率队迈过"GDP"统领的"黑铁军团"，徒留下一段"霸王空砍"的悲壮传说。

● 档案

迪肯贝·穆托姆博 / Dikembe Mutombo
出生地：刚果金沙萨
出生日期：1966 年 6 月 25 日
身高：2.18 米 / 体重：111 公斤
效力球队：掘金、老鹰、76 人、篮网、尼克斯、火箭
球衣号码：55
场上位置：中锋

● 荣耀

8 届全明星：1992 年、1995 年—1998 年、2000 年—2002 年
2 届篮板王：1999/2000 赛季、2000/2001 赛季
3 届盖帽王：1993/1994 赛季—1995/1996 赛季
4 届最佳防守球员：1994/1995 赛季、1996/1997 赛季、1997/1998 赛季、2000/2001 赛季
3 届最佳防守阵容一阵：1996/1997 赛季、1997/1998 赛季、2000/2001 赛季
1 届最佳阵容二阵：2000/2001 赛季
篮球名人堂：2015 年

● 常规赛场均 9.8 分、10.3 个篮板、2.8 个盖帽
● 季后赛场均 9.1 分、9.5 个篮板、2.5 个盖帽

迪肯贝·穆托姆博常规赛数据

赛季	球队	篮板	盖帽	得分
1991/1992	掘金	12.3	3.0	16.6
1992/1993	掘金	13.0	3.5	13.8
1993/1994	掘金	11.8	4.1	12.0
1994/1995	掘金	12.5	3.9	11.5
1995/1996	掘金	11.8	4.5	11.0
1996/1997	老鹰	11.6	3.3	13.3
1997/1998	老鹰	11.4	3.4	13.4
1998/1999	老鹰	12.2	2.9	10.8
1999/2000	老鹰	14.1	3.3	11.5
2000/2001	老鹰	14.1	2.8	9.1
2000/2001	76 人	12.4	2.5	11.7
2001/2002	76 人	10.8	2.4	11.5
2002/2003	篮网	6.4	1.5	5.8
2003/2004	尼克斯	6.7	1.9	5.6
2004/2005	火箭	5.3	1.3	4.0
2005/2006	火箭	4.8	0.9	2.6
2006/2007	火箭	6.5	1.0	3.1
2007/2008	火箭	5.1	1.2	3.0
2008/2009	火箭	3.7	1.2	1.8

"这个'摇手指'在穆托姆博家乡是一种特殊的庆祝方式，不是挑衅，也不犯规。"

——NBA 官方

非洲大山

迪肯贝·穆托姆博

DIKEMBE MUTOMBO

> 回顾迪肯贝·穆托姆博18年的职业生涯，他堪称NBA联盟老牌防守球员的一代典范。他的防守脚步、卡位、篮板球判断都十分精准，尤其在职业生涯的最后几年，他的防守愈发浓烈、老辣，比起今天动辄蹿起的"跳跳男"们，他聪明、后发先至、精通这个游戏里的所有环节，就仿佛山城重庆的"老汤火锅"，外表看似一抹深沉的色泽，个中味道却无法与外人道哉！

　　大多数人对"穆大叔"的印象是他在"姚麦"身边的火箭岁月，远一些可以追溯到他辅助艾弗森杀入总决赛的2001年。事实上，他的NBA岁月远不止于此，作为1991年进入联盟，到他在2001年跟随76人杀入总决赛时，已经在NBA里征战了10个赛季，而彼时，他的官方年龄都已经35岁了——一个内线即将要退役的年龄。

　　据说迪肯贝·穆托姆博于1966年6月25日在非洲刚果民主共和国出生，实际上可能连他自己都不知道具体生辰年月，因为根本没有找到他的出生证明，所以，"穆大叔"的年龄永远是NBA中一个未解之谜。

　　1987年，因为出众的身高与天赋，让穆托姆博有机会远渡重洋，来到美国的乔治城大学。乔治城大学有着培养传统中锋的传统，穆托姆博在约翰·汤普森教练亦师亦父般细心指导下，逐渐学习了整套的篮球技术，而且不忘研究学业。

　　乔治城拥有其他学校都无法拥有的"训练加餐"。每逢周末，总有一个叫尤因的大个子拉着穆托姆博在健身房里训练一上午，然后再打一下午的训练赛。每次训练赛，总有一个叫阿朗佐·莫宁的"肌肉男"和穆托姆博在内线里搏杀。

1991 年，穆托姆博经过 4 年"乔治城魔鬼内线特训"之后，终于参加了 NBA 选秀，而彼时他已经 25 岁了。和其他充满天赋与未知的"半成品"不同，穆托姆博带着一副从"乔治城"千锤百炼的钢筋铁骨，能无缝对接 NBA。

因此，穆托姆博在首轮第 4 顺位被掘金选中之后，首个赛季便大放异彩。

1991/1992 赛季，穆托姆博在新秀赛季场均便砍下 16.6 分、12.3 个篮板，送出 3 记盖帽，并入选全明星。彼时穆托姆博"摇手指"的招牌动作也初现江湖，每一位被他的"大帽"扇飞的对手，都将获得他的"摇手指"套餐。这个动作一直伴随穆托姆博纵横联盟，后来成为"大叔"的特权。虽然被对手视为挑衅，但 NBA 一直默许，给出的理由是"这个'摇手指'在穆托姆博家乡是一种特殊的庆祝方式，不是挑衅，也不犯规。"

1994 年季后赛，穆托姆博迎来职业生涯的巅峰，他率领掘金以西部第八的身份挑战西部第一的超音速。主场作战的超音速率先连下两城，"雨人"肖恩·坎普在篮筐上无所不能。掘金回到主场，在第三场、第四场连扳两城。穆托姆博发威，连续揽下 13 个篮板、6 个盖帽和 16 个篮板、8 个盖帽的惊人数据，让丹佛的内线成为绝对"禁飞区"，将系列赛拖入最艰难决绝的一战（彼时赛制五局三胜）。

殊死一搏的第五战，穆托姆博再展神威，"雨人"在他的防守下，半场只得 6 分。全场穆托姆博砍下 8 分、15 个篮板，送出 8 记"火锅"，最终率领掘金在西雅图击败超音速，完成了 NBA 历史上的首次"黑八奇迹"。随着岁月流转，关于这次"黑八"的记忆也浓缩成一张穆托姆博双手抱球躺在地板上大笑的经典画面。

西部半决赛，穆托姆博带着掘金继续血战，在 0 比 3 落后爵士之际，他又用三场送出 18 个"火锅"的强势表现，率队连扳三城，可惜最终还是惜败给爵士。

1996 年，掘金认为穆托姆博巅峰期已过，无法再挑起球队大梁。"大叔"看着丹佛续约时犹豫不决，于是他以自由球员身份与老鹰签下 5 年 5600 万美元的合同。

在亚特兰大那几年，穆托姆博夺得两届最佳防守球员、一届篮板王，表现依然强劲。可到了 2001 年，穆托姆博场均得分跌到 10 分以下，表现日趋下滑，老鹰战绩也随之一蹶不振，于是在 2001 年 2 月，他们将穆托姆博交易到费城。

之后又是一个大家熟悉的剧本：穆托姆博拿下盖帽王，辅助艾弗森，带领 76 人一路杀入 2001 年的总决赛，在总决赛遭遇"鲨鱼"碾压，总冠军被湖人收入囊中。

面对巅峰时期的"鲨鱼"奥尼尔，联盟没什么人能克制，"大基本功"邓肯也只能稍加限制。穆托姆博在对"鲨鱼"的防守上做得已经非常不错了，他还要不停地去给队友协防，不断封盖科比、福克斯那些湖人外线球员。篮球是个团队运动，76 人输球并非只是穆托姆博的责任。"大叔"面对"鲨鱼"也曾砍过 16 分、12 个篮板的傲人数据。

帮助 76 人杀入总决赛，英勇"抗鲨"的履历让穆托姆博赢得费城人的信任，76 人给他了一个 4 年 6500 万美元的续约合同。

随着年岁增长，穆托姆博似乎已步入职业生涯的黄昏。2002 年，76 人将他送到新泽西篮网。2002/2003 赛季，篮网在"三叉戟"（基德、马丁和杰弗森）带领下，一路杀进总决赛后，以 2 比 4 负于马刺，穆托姆博的总冠军梦再次破碎。

2003 年，穆托姆博辗转纽约尼克斯、芝加哥公牛。他还不曾为公牛一战，就在 2004 年季前赛，被交易至休斯敦火箭，辅佐"姚麦组合"，并成为姚明的替补。

在休斯敦，穆托姆博迎来"第二春"，可谓"老骥伏枥，志在千里"。

2004/2005 赛季，穆托姆博首次作为替补中锋时表现相当出色，场均登场 15.2 分钟，贡献 4 分和 5.3 个篮板。那时，年逾不惑的他还能单场摘下 19 个篮板，送出 5 次盖帽。

2007/2008 赛季，火箭取得 10 连胜后，姚明因伤遗憾缺阵，穆托姆博临危受命，成为休斯敦一道坚实的防线。火箭再接再厉，最终创下 22 连胜，"大叔"功不可没。

2008/2009 赛季，42 岁的穆托姆博在对阵金州勇士时，得到 10 分、15 个篮板，成为 NBA 史上年龄最大的"两双"球员。2009 年季后赛火箭与开拓者的第二场，穆托姆博不慎被奥登撞伤膝盖，那一撞也直接将"穆大叔"撞出了 NBA。

2009 年 7 月 23 日，穆托姆博宣布退役，告别了辉煌而又漫长的 18 年 NBA 生涯。作为联盟"常青树"，他成长在中锋的黄金年代，又先后遭遇"飞人""OK 组合"的统治期，暮年辅佐"姚麦"，被广大中国球迷熟识并喜爱。

虽然终生无冠，但"穆大叔"的履历堪称辉煌：8 届全明星、4 届最佳防守球员、3 届最佳防守阵容一阵，并拿到历史第二多的 3190 次盖帽。

2015 年 9 月 11 日，穆托姆博进入篮球名人堂。之后不久，他的 55 号球衣分别被亚特兰大老鹰、丹佛掘金退役。

穆托姆博在场上伟岸如山，在场下心怀感恩，不遗余力地致力慈善事业。"穆大叔"还曾两度获得肯尼迪公民奖，堪称所有 NBA 球员的典范。

生涯高光闪回 / 首次黑八

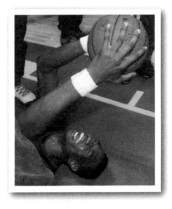

高光之耀：这是 NBA 最经典的系列赛之一。在第五战中"穆大叔"抢下最后一球后倒在地上仰天长啸的镜头跟"黑八奇迹"一起，成为永恒的记忆。

1994 年季后赛首轮中，穆托姆博带领西部第八的掘金在大比分 0 比 2 落后的逆境中奋起直追，连赢三场，将当年的西部头名超音速挑落马下，创造了 NBA 历史上的首个"黑八奇迹"。

仿佛一辆空中列车
轰鸣着冲向篮筐，
那是"肖恩·坎普"
的暴风骤雨！

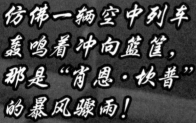

● 档案

肖恩·坎普 / Shawn Kemp

出生地：美国印第安纳州埃尔克哈特
出生日期：1969 年 11 月 26 日
身高：2.08 米 / 体重：104 公斤
效力球队：超音速、骑士、开拓者、魔术
球衣号码：4、40
场上位置：大前锋

● 荣耀

6 届全明星：1993 年—1998 年
3 届最佳阵容二阵：1993/1994 赛季—
1995/1996 赛季
1 届世锦赛冠军：1994 年

● 常规赛场均 14.6 分、8.4 个篮板、1.2 个盖帽
● 季后赛场均 17.3 分、9.7 个篮板、1.6 个盖帽

肖恩·坎普常规赛数据

赛季	球队	篮板	盖帽	得分
1989/1990	超音速	4.3	0.9	6.5
1990/1991	超音速	8.4	1.5	15.0
1991/1992	超音速	10.4	1.9	15.5
1992/1993	超音速	10.7	1.9	17.8
1993/1994	超音速	10.8	2.1	18.1
1994/1995	超音速	10.9	1.5	18.7
1995/1996	超音速	11.4	1.6	19.6
1996/1997	超音速	10.0	1.0	18.7
1997/1998	骑士	9.3	1.1	18.0
1998/1999	骑士	9.2	1.1	20.5
1999/2000	骑士	8.8	1.2	17.8
2000/2001	开拓者	3.8	0.3	6.5
2001/2002	开拓者	3.8	0.4	6.1
2002/2003	魔术	5.7	0.4	6.8

6

雨人

肖恩·坎普

SHAWN KEMP

肖恩·坎普他轻舒"猿臂"却又带着雷霆万钧的声势将球扣入篮筐的一瞬间,最佳地诠释了"暴力美学"。他低位要球后飞快地转身底线切入,面筐时轻灵诡异地突破上篮,看着有着一种别样的美丽。他能够轻易地将观者的心弦捕捉,让它们随着他起伏。"雨人"坎普的扣篮充满力度,充满激情,酷似一道黑色闪电般迅猛。

肖恩·坎普能将空中躲闪和自由换手完美地融于扣篮,这让他的扣篮有一种神来之笔的灵性。他拥有超长滞空和迅疾无比的空中滑翔能力,这让他扣篮时不会任何防守影响,永远势大力沉。

1969 年 11 月 26 日,坎普出生在印第安纳州的埃尔克哈特。与众多出身贫民窟的 NBA 球员一样,坎普早早就选择了篮球之路,并很快就展露出卓绝的天赋。

坎普在高中时期就以劲爆扣篮名声远播,本来有机会进入肯塔基大学,但他因为打架斗殴等事件而痛失良机。坎普在辗转一所职业学校之后,被迫无奈,决定以高中生身份参加 NBA 选秀。

天赋异禀的坎普当时被种种负面问题缠身,最终在 1989 年的 NBA 选秀大会上,他滑落到了第一轮第 17 顺位,被抱着试看心态的西雅图超音速收入麾下。

新秀赛季,西雅图也未对他寄予任何希望,大部分时间坎普都是在板凳席上挥舞着毛巾为队友加油助威。1989/1990 赛季,他也仅仅得到 6.5 分、4.3 个篮板,更没什么引人注目的表现,唯一让球迷们印象深刻的是在对阵国王比赛中,高高跃起的他把头撞在了篮筐上,瞬间血染赛场,事后更是整整缝了 5 针。

1990/1991 赛季，超音速内线出现人员真空，板凳席上的坎普抓住这个机会，在他被推上首发的第二场——对阵雄鹿的比赛中，狂揽 31 分、10 个篮板，无论突破劈扣还是背身单打都有模有样。在随后对阵湖人的比赛中，坎普更加一发不可收拾，镇守禁区一夫当关万夫莫开，独自奉献刷新队史的 10 次封盖，把湖人的内线进攻彻底摧毁。

整个 1990/1991 赛季，坎普交出了场均 15 分、8.4 个篮板的优秀答卷，并在该赛季全明星扣篮大赛上获得亚军，"雨人"威名开始响彻寰宇。

也是在这个赛季，坎普迎来职业生涯最亲密的战友——加里·佩顿。

接下来的 1991/1992 赛季，超音速进入乔治·卡尔执教的时代，坎普和佩顿之间的化学反应日趋纯熟。在球场之上，他们一个眼神便心照不宣，佩顿常常连人都不看就将皮球抛向天空之上一个不可思议的高度，然后坎普瞬间腾空而起，准确地将球接住，在众人的仰望之下，狠狠地将球劈入篮筐！

那个赛季，悄然崛起的超音速闯过季后赛的首轮，被爵士击败于西部半决赛。坎普在那个赛季场均能够得到 15.5 分、10.4 个篮板，俨然未来的超级大前锋。

1992/1993 赛季，坎普场均砍下 17.8 分、10.7 个篮板，他与佩顿带领超音速一路斩将，杀入西区决赛，并与太阳进行了 7 场大战。坎普面对成名已久的巴克利毫不怯场，西雅图"雨人"的威名更是远播到世界的每一个热爱篮球的角落。

1993/1994 赛季，坎普与佩顿联袂率领超音速迎来第一次高潮，那个赛季，坎普场均稳定斩获 18.1 分、10.7 个篮板，彻底跻身联盟顶尖大前锋行列。常规赛，球队在他们的带领下势不可挡，赛季结束的时候，他们以 63 胜 19 负锁定联盟第一的宝座。

但年轻终究要付出学费，季后赛首轮，彼时还青涩的超音速面对破釜沉舟的掘金时轻敌冒进，最终被对手抓住机会，以 2 比 3 溃败，成就了对手 NBA 首次"黑八奇迹"。

虽然季后赛败得可惜，但坎普场均拿下 24.8 个篮板，在"非洲大山"穆托姆博镇守的丹佛内线来去自如，频频上演暴扣好戏，技惊四座。

接下来的 1994/1995 赛季，超音速在常规赛依旧威猛，拿下 57 胜，但季后赛首轮面对复出的"魔术师"约翰逊领衔的湖人，超音速再度失常，四场比赛后就打道回府。

1995/1996 赛季，超音速斩获 64 胜，创历史最佳战绩。季后赛他们首轮 3 比 1 干净利落淘汰国王，半决赛更是以 4 比 0 横扫上届冠军休斯敦火箭。西区决赛，他们和犹他爵士酣战七场。关键生死战，坎普迎来大爆发，他砍下 26 分、14 个篮板，并在关键时刻封盖卡尔·马龙的绝杀投篮，率领超音速第一次挺进总决赛。

1996 年总决赛的戏码至今让人津津乐道，虽然超音速以 2 比 4 输给如日中天的芝加哥公牛，但西雅图人让"篮球之神"倍感压力，写下浓墨重彩的一笔。坎普在总决赛的表现可圈可点，成为在"巅峰局"对抗乔丹的唯一一个高中生球员。

1996/1997 赛季，坎普和佩顿带领超音速依旧强势，获得 57 胜 25 负的战绩。赛季结束后，因不满薪水太低，坎普向球队索要大合同，却未得到答复。一怒之下，他连续缺席训练，最终被超音速先签后换交易到了克利夫兰骑士。

1997/1998 赛季，坎普在骑士获得了 7 年 1.07 亿美元的大合同，在薪水上如愿以偿的他却失去佩顿和卡尔的鞭策。在骑士的前两个赛季，坎普还能凭借职业惯性保持一点勤奋。而接下来的漫长停摆期，彻底让坎普打破一个职业球员自律的闭环。

1998 年到 1999 年初，NBA 进入漫长停摆期，在停摆期间失去比赛压力的坎普开始暴饮暴食，体重猛增。复赛过后，坎普陡然胖了 22.5 公斤，他的状态发生了断崖式下跌。一代暴力美学大师"雨人"就此沦为一个碌碌无为的胖子，也成为高薪低能的代名词，让无数球迷唏嘘不已。

坎普巅峰不再，只能开始自己的流浪生涯，辗转于开拓者、魔术，甚至于意大利联赛。2003 年，坎普不得不惨淡地结束了自己的篮球生涯。

虽然没有乔丹的优雅飘逸，没有卡特的华丽澎湃，没有"J博士"的柔顺舒展，但"雨人"的扣篮力大势沉、胜在刚猛，宛如一道永恒天际的黑色闪电，被世人铭记。

纵观坎普的整个职业生涯，决然算不上成功，最后的惨淡，虽然缘于他的自甘堕落，却也让无数人为之扼腕叹息。

生涯高光闪回/"雨人"的由来

高光之耀："雨人"的绰号完全是误读。20 世纪 90 年代中叶，在空中飞来飞去的坎普只能被万众仰视，西雅图的球迷热切地称呼他为"Reign Man"，意为统治者。然而这个 Reign 和 Rain 读音相同，在进入中国之后，可能被翻译误传。于是，坎普在国内有了"雨人"的绰号，以此也纪念了他那狂风暴雨般的扣篮。

在某个夜晚，坎普在众多防守队员的仰望之下，从天空如劈面而来的大颗雨滴一般直奔篮筐，"雨人"也颇为形象。彼时，误打误撞的"雨人"之名，更是让坎普的暴力扣篮成为江湖佳话。

5-2

5
米切尔 / 阿尔德里奇 / 阿里纳斯 / 隆多
MITCHELL/ALDRIDGE/ARENAS/RONDO

4
汤普森 / 德隆 / 西蒙斯 / 莫宁
THOMPSON/DERON /SIMMONS/MOURNING

3
麦科勒姆/沃克/威廉姆斯/斯托贾科维奇
MCCOLLUM/WALKER /WILLIAMS/STOJAKOVIC

2
奥拉迪波 / 伊戈达拉 / 阿泰斯特 / 霍福德
OLADIPO/IGUODALA /ARTEST /HORFORD

多诺万·米切尔常规赛数据

赛季	球队	篮板	助攻	得分
2017/2018	爵士	3.7	.7	20.5
2018/2019	爵士	4.1	4.2	23.8
2019/2020	爵士	4.4	4.3	24.0
2020/2021	爵士	4.4	5.2	26.4
2021/2022	爵士	4.2	5.3	25.9

"我要打破预期，靠的是杀手本性。"
——多诺万·米切尔

● 档案
多诺万·米切尔 / Donovan Mitchell
出生地：美国康涅狄狄格州格林尼治
出生日期：1996 年 9 月 7 日
身高：1.85 米 / 体重：98 公斤
效力球队：爵士 / 球衣号码：45
场上位置：得分后卫

● 荣耀
3 届全明星：2020 年—2022 年
1 届扣篮大赛冠军：2018 年
最佳新秀阵容一阵：2017/2018 赛季

● 常规赛场均 23.9 分、4.2 个篮板、4.5 次助攻
● 季后赛场均 28.3 分、4.9 个篮板、4.7 次助攻

蜘蛛侠

多诺万·米切尔

DONOVAN MITCHELL

多诺万·米切尔是继韦德之后将爆发力和灵活性结合得最好的双能卫。只要他愿意，随时可以迅疾、顺滑地突入禁区，上篮得分。

不要想一对一阻止他，他对掩护墙位置的敏感程度，就像蝙蝠对黑夜中的障碍物一样，不以目视而以神遇，得知于心而应之于手。

虽然还没达到巅峰时期"闪电侠"的境界，但他拥有韦德不具备的射程，只要手感在线，米切尔就可以展现出历史级别的得分爆炸力。季后赛单场 57 分以及单轮两场 50+ 的壮举，永久铭刻在 NBA 飙分榜上，而他与穆雷的对飙大战完美展示了"神仙打架"的模样。

1996 年 9 月 7 日，多诺万·米切尔出生于康涅狄格州格林尼治一个棒球世家，他的父亲老米切尔曾是 MLB（美国棒球职业联盟）波士顿太空人的主力投手。米切尔自幼就展现出非凡的棒球天赋，梦想继承父亲的衣钵，征战 MLB。

米切尔在高二时期的一次棒球比赛中意外手腕骨折，手腕之于棒球运动员而言，犹如双脚之于足球运动员，米切尔被迫做出了放弃棒球的残忍决定。

棒球之门已经对米切尔关闭，他只能选择第二喜欢的运动——篮球。虽然米切尔从高中才开始系统地接受篮球训练，但他将全部精力都投入到篮球之中，进步神速。

高中毕业后，米切尔选择进入里克·皮蒂诺执教的路易斯维尔大学。2016/2017 赛季中，米切尔场均贡献 15.6 分、4.9 个篮板、2 次抢断，入选大西洋海岸联盟最佳阵容。

2017 年的选秀大会云集了马克尔·富尔茨、朗佐·鲍尔、杰森·塔图姆、达龙·福克斯等青年才俊，米切尔并不太引人注目。犹他爵士慧眼识珠，他们首先从掘金交易得到第 13 顺位选秀权，随后用这个选秀权在首轮第 13 号的位置"截胡"米切尔。

"保持谦逊!"米切尔在被爵士选中并完成签约后如此自我激励。他很清楚自己并非是富尔茨、塔图姆那样受人瞩目的超级新秀,所以他希望自己打出更好的表现,帮助爵士赢得更多胜利,从而赢得更多的尊重与认可。

2017年夏季联赛,米切尔打出了令人瞩目的表现,在一场与灰熊的比赛中,他轰下37分、8次抢断,创造了近8年来夏季联赛的单场得分新高。

2017/2018赛季,米切尔仅用了5场比赛就适应了NBA的节奏。2017年10月28日,爵士主场战胜湖人,米切尔替补出场,16投9中,砍下22分,而与之对位的同届"榜眼秀"鲍尔只得9分,还有5次失误的惨淡表现。

此后,米切尔开始了强势的表演。2017年11月1日和3日,爵士相继主场迎战开拓者和猛龙,米切尔连续砍下28分和25分。11月29日,米切尔在前21场比赛中累计得到312分,成为爵士队史第二位在职业生涯前21场总得分突破300分的球员。

2017年12月1日,爵士主场以114比108战胜鹈鹕,米切尔25投13中,三分球12投6中,砍下41分,成为现役第七位在新秀赛季砍下40+的球员。而40+的得分表演在两个月之后米切尔又完成了一次,成为自2010/2011赛季的格里芬之后首位在新秀赛季至少两次得分40+的球员。

2018年2月18日全明星扣篮大赛,米切尔锋芒毕露,以致敬卡特的"360度转体大风车",击败了拉里·南斯,成功夺魁,加冕新一任扣篮王。

新秀赛季,米切尔完全不像一个"菜鸟"。他场均贡献20.5分、3.7个篮板、3.7次助攻、1.5次抢断,其中得分位列全队第一。如果不是休赛一年的2016级"状元"西蒙斯夺走了那个赛季的最佳新秀,这个"新人王"奖项非米切尔莫属。

爵士以西部第五的身份晋级季后赛,首轮对阵威斯布鲁克领衔的雷霆。

米切尔在季后赛第一场比赛中就砍下27分、10个篮板的华丽"两双"。此后,米切尔又连续砍下28、22、33、23、38的高分,其中在第六场淘汰雷霆的关键一战,米切尔狂砍38分,创造了自1987年以来NBA新秀在季后赛的单场得分新高。

以新秀身份带领球队征战季后赛就突破首轮,米切尔让所有人大吃一惊。尽管第二轮爵士以1比4被火箭所淘汰,但米切尔以新秀后赛场均24.4分、6.1个篮板、3.7次助攻的高能表现彻底征服了爵士球迷。无论是斯托克顿还是德隆·威廉姆斯,都没能在自己职业生涯的首次季后赛征程中打出这样的表现。

2018/2019赛季,米切尔展示出更加强大的持球进攻能力,他和戈贝尔的挡拆成为爵士主要的进攻方式。那个赛季,米切尔场均得到23.8分,并且仅用139场比赛就使其职业生涯总得分突破3000分,创造了爵士队史纪录。此外,他也成为NBA史上前两个赛季都能至少命中175记三分球的唯二球员,另一位是利拉德。

2019/2020赛季,米切尔继续进步,场均得到24分,外加4.4个篮板和4.3次助攻。

在球星云集的西部，米切尔首次登上全明星舞台，而他364万美元年薪的新秀合同，也成为联盟性价比超高的球员。

2020年，因为新冠肺炎疫情推迟的季后赛注定书写许多不平凡的华章，其中就有米切尔与贾马尔·穆雷联袂上演的连环对飙盛宴。

2020年季后赛首轮，爵士与掘金狭路相逢，米切尔和穆雷奉献了季后赛历史上最疯狂的对飙大战。爵士和掘金一共大战七场，米切尔有三场得分40+，两场得分50+，还有两场30+，命中33记三分球，创造了NBA季后赛单轮三分命中数新纪录。

系列赛揭幕战，米切尔爆砍57分，刷新了现役球员季后赛单场得分纪录。穆雷在第四场拿下了50分、11个篮板、7次助攻，但米切尔的51分更胜一筹。

整个系列赛，两人合计砍下了475分，这是季后赛对阵双方合力贡献的最高分，他们也是NBA历史唯一一对在同一轮比赛分别得分50+的球员。虽然最终米切尔以场均36.3分力压穆雷（31.6分），个人对决占得上风，但掘金凭借约基奇的绝杀，实现从1比3到4比3的大逆转，淘汰爵士，米切尔也成为赢得数据、输掉比赛的"空砍帝"。

2020/2021赛季，米切尔场均砍下26.4分、5.5次助攻、命中3.4记三分球，率领爵士打出了52胜20负的联盟第一战绩。遗憾的是，米切尔在常规赛末段遭遇脚踝伤病，直到季后赛首轮第二场才火线复出。爵士碾过年轻的灰熊，却倒在快船的脚下。整个季后赛，米切尔虽然受到伤病困扰只出战10场，但依然有场均32.3分的不俗表现。

2021/2022赛季，爵士在常规赛表现十分强劲，但到了季后赛却再遭重创，以2比4不敌独行侠，止步于首轮。因受伤病困扰，米切尔表现欠佳。一时间关于他"上限不高、缺乏带队能力"的质疑甚嚣尘上，而他不给戈贝尔传球也成为热议的话题。

虽然爵士面临种种纷扰，但他们心里清楚，选中米切尔，实乃天作之合。

爵士一直都秉承机械般严谨精确，崇尚团队纪律性，而米切尔能为这支"铁血之师"带来最稀缺的个人创造力。他虽然身高只有1.85米，但臂展却达到2.08米，速度和力量结合完美，并且有沉稳、坚韧的大将之风，这与爵士一脉相承。

生涯高光闪回 / 季后赛57分

高光之耀：米切尔这场独砍57分，是NBA近30年"最炸裂"的个人季后赛飙分盛宴。纵观整个NBA季后赛史，也只有乔丹（63分）、贝勒（61分）排在他之前。

2020年8月18日，姗姗来迟的NBA季后赛终于开启了首轮第一场的较量。尽管掘金通过加时赛以135比125击败爵士，但米切尔的大爆发还是震慑了掘金众将。

米切尔此战33投19中，三分球15投6中，罚球13罚全中，砍下爵士季后赛队史新高的57分，还贡献9个篮板和7次助攻。

"阿尔德里奇在低位无所不能，颇有我当年的风采。"
——"天勾"贾巴尔

● 档案

拉马库斯·阿尔德里奇 / LaMarcus Aldridge
出生地：美国得克萨斯州达拉斯
出生日期：1985 年 7 月 19 日
身高：2.11 米 / 体重：118 公斤
效力球队：开拓者、马刺、篮网
球衣号码：12
场上位置：大前锋

● 荣耀

7 届全明星：2012 年—2016 年、2018 年—2019 年
2 届最佳阵容二阵：2014/2015 赛季、2017/2018 赛季
最佳新秀阵容一阵：2006/2007 赛季

● 常规赛场均 19.1 分、8.1 个篮板、1.1 个盖帽
● 季后赛场均 20.8 分、8.5 个篮板、1.4 个盖帽

拉马库斯·阿尔德里奇常规赛数据

赛季	球队	篮板	盖帽	得分
2006/2007	开拓者	5.0	1.2	9.0
2007/2008	开拓者	7.6	1.2	17.8
2008/2009	开拓者	7.5	1.0	18.1
2009/2010	开拓者	8.0	0.6	17.9
2010/2011	开拓者	8.8	1.2	21.8
2011/2012	开拓者	8.0	0.8	21.7
2012/2013	开拓者	9.1	1.2	21.1
2013/2014	开拓者	11.1	1.0	23.2
2014/2015	开拓者	10.2	1.0	23.4
2015/2016	马刺	8.5	1.1	18.0
2016/2017	马刺	7.3	1.2	17.3
2017/2018	马刺	8.5	1.2	23.1
2018/2019	马刺	9.2	1.3	21.3
2019/2020	马刺	7.4	1.6	18.9
2020/2021	马刺	4.5	0.9	13.7
2020/2021	篮网	4.8	2.2	12.8
2021/2022	篮网	5.5	1.0	12.9

阿德

拉马库斯·阿尔德里奇

LAMARCUS ALDRIDGE

沉着、稳健，但关键时刻杀伤力不够强。作为仅存的古典型大前锋，拉马库斯·阿尔德里奇无论背筐面筐脚步都十分扎实，精于中距离投射，他在这个区域的投篮命中率达到联盟顶级的水准。

面容冷峻，技术全面，球商出色，擅长团队配合。从策应方面来讲，阿尔德里奇就是联盟中最擅长传球的内线之一。

1985 年 7 月 19 日，拉马库斯·阿尔德里奇出生在达拉斯的一个普通家庭，出生时"小阿德"便罹患先天性心脏病，这种疾病给他将来的职业生涯埋下隐患。

2006 年，阿尔德里奇在首轮第 2 顺位被公牛选中后，随即被交易到开拓者。

虽然贵为 NBA 的榜眼，但阿尔德里奇在开拓者的培养计划中，不是主角。开拓者在 2006 年用首轮第 6 号签摘下的布兰登·罗伊才是心头所爱，而作为同级生的阿尔德里奇只不过是"黄曼巴"身后的大个子。他们在新秀赛季表现迥异。罗伊不负众望，最终拿下最佳新秀，而阿尔德里奇场均得到 9 分、5 个篮板，表现仅算中规中矩。

2007 年，开拓者用状元签选择了"王牌中锋"奥登。但在波特兰这座"撕裂之城"，罗伊与奥登两大核心相继因伤倒下，开拓者几乎崩塌，彼时阿尔德里奇就像是从灰烬与废墟中爬出的勇者一样，一步步站到了领袖的位置，率领波特兰人走出低谷。

2011 年 12 月，饱受膝伤困扰的罗伊退役，阿尔德里奇成为开拓者的领袖，在一片球风偏软的质疑之声中，阿尔德里奇打出了空前的侵略性，努力地证明着自己。

2011/2012 赛季，阿尔德里奇率开拓者一度领跑西部，个人也跻身"20+10"俱乐部。

2012 年 12 月 7 日，开拓者在主场迎战小牛，阿尔德里奇迎来与诺维茨基的中投对决。

阿德被视为"黑色德克",他们都擅长颇为古典的中距离跳投。当阿尔德里奇在德克头上投中了一记"金鸡独立"后仰跳投时,诺维茨基仿佛看到了镜中的自己。

罗伊时代结束后,阿尔德里奇独撑大梁,不得不客串中锋。这位进攻型大前锋在迎来自己的"罗宾"(罗宾·洛佩兹)之后,终于绽放自己。2013 年 11 月 24 日,对阵勇士,阿尔德里奇砍下 30 分、21 个篮板,率领开拓者击败对手,豪取一波 10 连胜。

彼时开拓者打出冷冽强悍、沉稳质朴的篮球,这由他们当家球星的气质所决定。

阿尔德里奇成为开拓者的老大,场均提供"20+10"数据,来保障着球队的下限。但开拓者战绩不温不火,质疑声再次围绕阿德。纵然他入选全明星,季后赛连续砍下40+,那些质疑声也从未停止过。彼时开拓者开始扶正利拉德,试图交易阿尔德里奇。

2015 年夏天,阿尔德里奇成为自由球员,这位在波特兰征战了 9 个赛季的全明星大前锋最终选择了圣安东尼奥马刺,因为这是一支拥有冠军底蕴和传奇教头的球队。

2015/2016 赛季,阿尔德里奇场均砍下 18.0 分、8.5 个篮板。2016/2017 赛季,阿尔德里奇均跌至 17.3 分、7.3 个篮板,这位接棒邓肯的马刺内线新核的表现不尽如人意。

2017/2018 赛季,伦纳德陷入伤病迷局,阿尔德里奇场均拿下 23.1 分、8.5 个篮板,以一己之力将马刺带入季后赛。虽然马刺在季后赛首轮以 1 比 4 不敌勇士,但阿尔德里奇在金州内线疯狂包夹下,依然取得场均 23.6 分、9.2 个篮板,无愧于马刺的脊梁。

2018/2019 赛季,伦纳德与德罗赞互换东家,马刺开启新"双德"(阿尔德里奇 & 德罗赞)时代。阿德场均能够砍下 21.3 分、9.2 个篮板。马刺再次挺进季后赛,波波维奇连续 22 个赛季率领马刺进入季后赛,再次刷新 NBA 的纪录。

马刺首轮对阵约基奇领衔的掘金,尽管阿德在首轮场均砍下 20 分、9.6 个篮板,但马刺最终还是"抢七"惜败年轻的掘金,结束了这个赛季。

2019/2020 赛季,随着年龄以及右肩伤病的影响,阿尔德里奇场均仅得到 18.9 分、7.4

个篮板。更糟糕的是，马刺只取得 32 胜的战绩，23 年来首次无缘季后赛。

2020/2021 赛季，35 岁的阿尔德里奇已经进入生涯暮年，而急于重建的马刺也希望拥有一个全新的开始。而对于未来的去向，阿尔德里奇表示希望加盟一支争冠球队，毕竟总冠军是他毕生追求的梦想，也是仅存的遗憾。

2021 年 3 月 26 日，马刺正式宣布通过买断的形式与阿尔德里奇分道扬镳。在度过 48 小时澄清期后，他成为完全自由球员。布鲁克林篮网第一时间送上了一份老将底薪合同，他们需要为杜兰特、哈登和欧文寻找一个可靠的帮手，而阿德正是最合适的人选。同样，对于渴望冠军戒指的阿德来说，阵容强大的篮网是他最好的归宿。

然而天不遂人意，2021 年 4 月 15 日，在为篮网出战 5 场比赛之后，阿尔德里奇突然宣布退役。据悉他在此前的比赛中遭遇心律不齐，面对突如其来的心脏疾病，这位患有先天性心脏病的全明星大前锋不得不为自己的职业生涯提前画上休止符。

生命大于篮球！但阿尔德里奇心中放不下心爱的篮球。

2021 年 9 月 4 日，阿尔德里奇在休养 6 个月后，宣布复出，并同篮网签下 1 年老将底薪合同，为了总冠军，阿德愿屈尊降贵，在篮网"三巨头"身边甘当绿叶。

家有一老，如有一宝。尽管 36 岁的阿德很难重拾巅峰风采，但在有限的登场时间内，他效率惊人。2021 年 10 月 30 日，篮网在主场战胜步行者。阿尔德里奇替补砍下 21 分，成为现役的第 7 位"两万分先生"。

2021/2022 赛季，阿德出战 47 场，在有限时间内场均贡献 12.9 分、5.5 个篮板。

可惜的是，阿尔德里奇逐渐游离在篮网的战术体系之外。自 2022 年 3 月 6 日之后，这位经验丰富、效率不俗的老将就没有再为篮网披挂上阵。而篮网经历欧文不打疫苗、哈登出走费城等奇葩闹剧之后，在季后赛首轮被凯尔特人横扫出局。

阿尔德里奇的职业生涯将也许走向终点，从开拓者到马刺再到篮网、勤勉、朴实、低调、坚韧的阿德是这个时代最出色的内线之一。即便是遭遇心脏疾患，阿尔德里奇毅然选择再回赛场，几乎用生命在战斗，这源于他对于篮球的无限热爱。

生涯高光闪回 / 双加时暴走

高光之耀：阿尔德里奇 33 投 20 中，罚球 16 罚全中，打出生涯最强一战，在禁区内完爆亚当斯，全场爆砍 56 分，刷新职业生涯单场得分纪录——他此前最高分是 45 分。他用如此一场畅快淋漓的飙分战，证明自己就是"后邓肯时代"马刺的内线核心。

2019 年 1 月 11 日，马刺在主场经过双加时鏖战，最终以 154 比 147 战胜雷霆。阿德在第三节独得 16 分，第二个加时赛还剩 25.2 秒时，又造成格兰特 6 犯"毕业"，稳稳两罚全中，巩固了 4 分的领先优势。最后 2.4 秒，阿德又两罚全中赢得比赛。

> "选择0号球衣是要提醒
> 自己每天都要从零开始,
> 为之奋斗。"
> ——吉尔伯特·阿里纳斯

●档案

吉尔伯特·阿里纳斯 / Gilbert Arenas
出生地:美国加利福尼亚州洛杉矶
出生日期:1982年1月6日
身高:1.91米 / 体重:87公斤
效力球队:勇士、奇才、魔术、灰熊
球衣号码:0、1、9、10
场上位置:得分后卫

●荣耀

3届全明星:2005年—2007年
1届最佳阵容二阵:2006/2007赛季
1届进步最快球员:2002/2003赛季

●常规赛场均20.7分、3.9个篮板、5.3次助攻
●季后赛场均17.1分、3.5个篮板、3.8次助攻

吉尔伯特·阿里纳斯常规赛数据

赛季	球队	助攻	抢断	得分
2001/2002	勇士	3.7	1.5	10.9
2002/2003	勇士	6.3	1.5	18.3
2003/2004	奇才	5.0	1.9	19.6
2004/2005	奇才	5.1	1.7	25.5
2005/2006	奇才	6.1	2.0	29.3
2006/2007	奇才	6.0	1.9	28.4
2007/2008	奇才	5.1	1.8	19.4
2008/2009	奇才	10.0	0.0	13.0
2009/2010	奇才	7.2	1.3	22.6
2010/2011	奇才	5.6	1.4	17.3
2010/2011	魔术	3.2	0.9	8.0
2011/2012	灰熊	1.1	0.6	4.2

大将军
吉尔伯特·阿里纳斯
GILBERT ARENAS

"零号特工"从零开始，从人微望轻的金州"板凳匪徒"，逐步成长为叱咤联盟的奇才"大将军"。他率性而为，纵横无忌。

疯癫起来甚至置胜负于不顾，争强好胜的阿里纳斯匪气十足，锱铢必较，常口出狂言，凡是他盯上的目标，无论在别人眼里多么荒谬，他都会义无反顾地去实现，特别是他从二轮秀一路扶摇直上，成为联盟超级巨星的逆袭之路，充满了独特的色彩。

"嗨，我是阿里纳斯，这是我的故事。当我刚进 NBA 时，前 40 场比赛是在板凳上度过的，他们觉得我不能胜任比赛，就是个 0。我没有怨天尤人，而是不断训练，我要证明他们是错的。现在我还穿着 0 号球衣，因为我要提醒自己每天都要为之奋斗。"

这段著名的广告词更接近于阿里纳斯的内心独白，也许是命运使然，

1982 年 1 月 6 日，吉尔伯特·阿里纳斯出生于洛杉矶。不到 3 岁时母亲就离他而去，小阿里纳斯与父亲相依为命。老阿里纳斯是一位极为上进的龙套演员，他告诉儿子：只有不断努力，才能把握机会。从那一刻起，那种拼搏精神就种在了小阿里纳斯的心田。

老阿里纳斯为了生计经常披星戴月地在外面演出，独自在家的小阿里纳斯倍感孤独，篮球成为他童年生活中的唯一一束光。

阿里纳斯在伯明翰高中就读时就被教练的一句"你已经达到能力的上限"彻底触动，通过不懈的训练，很快就展现出非凡的篮球才华。高三时，阿里纳斯单场砍下 46 分、14 次助攻，同时打破学校两项纪录，高四时他已经成为加州高中联赛的得分王。

阿里纳斯进入亚利桑那大学，两个赛季场均贡献 15.8 分，大二时整季砍下 1105 分，

成为校史第六个进入千分俱乐部的球员。

2001 年夏天，参加 NBA 选秀的阿里纳斯遭到"心灵的暴击"。经过漫长的等待，直到第二轮的第 31 顺位，才被勇士选中。

选秀当天，阿里纳斯待在加州的一个旅馆里，盯着电视，看着自己的名字一直无人问津。他打开窗子，把刚买的钻表和金链都扔到街上，然后关掉电视，失声痛哭。

"如果在选秀大会上被 NBA 球队选中是美妙的一刻，我却不是。"阿里纳斯回忆，"选秀令我失望，我原本以为会在首轮第 11 至 19 位时就被选中。"

初到 NBA，阿里纳斯一直被勇士摁在板凳上，直到 2002 年 1 月 16 日，他才得到职业生涯第一分，但阿里纳斯很欣慰，自认为已完成载入史册的一分。

2002/2003 赛季，阿里纳斯场均得到 18.3 分、4.7 个篮板、6.3 次助攻和 1.5 次抢断，揽下进步最快球员奖。阿里纳斯之所以数据全面飙升，得益于那些周而复始、严苛细致的"魔鬼特训"。为了训练，他把家改成训练馆，为了模拟第四节体力状态，他把氧气浓度降低，在院子里拖着降落伞练体能。他整日泡在球馆里，直到疲惫地睡着。

功夫不负有心人。阿里纳斯经过特训，俨然成为联盟冉冉升起的新星。

2003 年 8 月，阿里纳斯以自由球员的身份加盟华盛顿奇才。

2003/2004 赛季，阿里纳斯在奇才效力的第一年，因为扭伤腹部而缺席 27 场比赛。而相比脆弱的身体，阿里纳斯在场外的言行更令奇才担心。按照世俗的眼光，他是个十足的怪人。比如每场赛后他都会脱下球衣，扔给球迷，他的理由是至少有一个孩子不用因为买球衣而花费 200 美元。此外，阿里纳斯咄咄逼人的性格经常让队友感到恼火。

然而这些非议在阿里纳斯不断取得战果之后，便烟消云散。

2005 年，奇才时隔 8 年重返季后赛，并进入第二轮。2005/2006 赛季，阿里纳斯场均砍下 29.3 分，位列联盟第四，几乎以一己之力将奇才带到东部第五。季后赛首轮，阿里纳斯与詹

姆斯"大战三百回合"，输掉第五场之后他跑到骑士更衣室抱怨："我都准备好胜利宣言和赛后发言了，你们却搞砸了一切。"第六场加时最后时刻，詹姆斯的"咒语"生效，阿里纳斯两罚不中，最终导致奇才被达蒙·琼斯绝杀。被淘汰的第二天早晨，阿里纳斯又出现在训练馆，开始了疯狂的投篮练习。

2006 年 12 月，阿里纳斯连续砍下 40+，甚至在湖人头上砍下 60 分。加时赛所有人疲惫不堪时，他还活蹦乱跳地砍下破纪录的 16 分。

2007 年 1 月对阵爵士，赛前阿里纳斯透露梦到自己在这场比赛投中绝杀。梦境照进了现实，比赛最后 20 秒，阿里纳斯三分出手，皮球刚刚离开指尖，他便转身面对观众，庆祝胜利，这也许是他职业生涯最经典的时刻。

2007 年，伤病开始困扰着阿里纳斯，背负着千万年薪的合同，两个赛季却只打了 15 场比赛，他几乎只能用"夸梅·布朗将统治东部"这种冷笑话占据头条。尽管如此，奇才仍然在 2008 年奉上 6 年 1.11 亿美元的肥约。

2009 年夏天，奇才推上了所有筹码，准备最后赌一次阿里纳斯、巴特勒和贾米森组成的"三巨头"，阿里纳斯在华盛顿的故事也终于走向终点。伤愈复出的阿里纳斯发现自己当年赖以生存的爆发力消失了。

如果地球上只有一个人会继续相信阿里纳斯，那一定是奥蒂斯·史密斯，这个与"菜鸟"时期的阿里纳斯成为挚友的总经理将他带到了奥兰多。得知交易的第一时间，阿里纳斯匆匆与队友告别，乘坐最近的航班赶往奥兰多，没浪费一秒钟的时间。事实证明，阿里纳斯没有在奥兰多获得重生，从魔术再到灰熊，在 NBA 销声匿迹时，他也只有 30 岁。

然而作为一个二轮新秀，阿里纳斯已经足够出色，他三次入选全明星，三次入选最佳阵容。他穿着 0 号球衣，但在 NBA 的历史里，他从来不是一个 0。

生涯高光闪回 / 60 分之夜

高光之耀： 此役阿里纳斯 32 投 17 中，罚球 27 罚 21 中，砍下职业生涯最高的 60 分，还贡献 8 个篮板和 8 次助攻，力压科比的 45 分，率奇才以 147 比 141 击败湖人。阿里纳斯成为继张伯伦之后，第二名能够在湖人身上单场砍下 60 分的球员。

2006 年 12 月 18 日，奇才做客斯台普斯中心挑战湖人。阿里纳斯与科比上演巅峰对决。虽然湖人在第四节单节砍下 46 分将比赛拖入加时赛，但加时赛俨然成了阿里纳斯的天下。他在加时赛中无人可挡，突破上篮，外线三分，制造犯规。阿里纳斯在加时赛中的神勇简直犹如天神下凡，5 分钟内居然单枪匹马抢下 16 分！

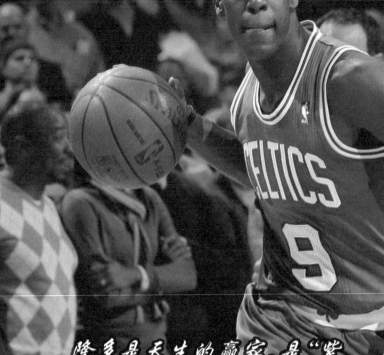

隆多是天生的赢家,是"紫金17冠""绿衫17冠"的唯一亲历者。

●档案

拉简·隆多 / Rajon Rondo

出生地:美国肯塔基州路易斯维尔

出生日期:1986年2月22日

身高:1.85米 / 体重:84公斤

效力球队:凯尔特人、独行侠、国王、公牛、鹈鹕、湖人、快船、老鹰、骑士

球衣号码:9、4、1

场上位置:控球后卫

●荣耀

2届总冠军:2008年、2020年

4届全明星:2010年—2013年

3届助攻王:2011/2012赛季、2012/2013赛季、2015/2016赛季

1届抢断王:2009/2010赛季

2届最佳防守阵容一阵:2009/2010赛季、2010/2011赛季

●常规赛场均9.8分、4.5个篮板、7.9次助攻

●季后赛场均12.5分、5.6个篮板、8.5次助攻

拉简·隆多常规赛数据

赛季	球队	篮板	助攻	得分
2006/2007	凯尔特人	3.7	3.8	6.4
2007/2008	凯尔特人	4.2	5.1	10.6
2008/2009	凯尔特人	5.2	8.2	11.9
2009/2010	凯尔特人	4.4	9.8	13.7
2010/2011	凯尔特人	4.4	11.2	10.6
2011/2012	凯尔特人	4.8	11.7	11.9
2012/2013	凯尔特人	5.6	11.1	13.7
2013/2014	凯尔特人	5.5	9.8	11.7
2014/2015	凯尔特人	5.5	10.8	8.3
2014/2015	独行侠	4.5	6.5	9.3
2015/2016	国王	6.0	11.7	11.9
2016/2017	公牛	5.1	6.7	7.8
2017/2018	鹈鹕	4.0	8.2	8.3
2018/2019	湖人	5.3	8.0	9.2
2019/2020	湖人	3.0	5.0	7.1
2020/2021	快船	3.1	5.8	7.6
2020/2021	老鹰	2.0	3.5	3.9
2021/2022	湖人	2.8	3.7	3.1
2021/2022	骑士	2.8	4.9	6.2

5 ◆

隆指导

拉简·隆多

RAJON RONDO

他曾是"绿衫军"的"少主"、总冠军球队当家后卫、联盟第一控卫候选人；他又是"真中锋""三双王""隆指导""鬼才"指挥官。他拥有控球后卫所能拥有的一切，最完整的传球技巧，最深刻的赛场洞察力，他对球队战术的理解程度可以和教练媲美。

作为一名球员，他速度奇快，在攻防两端都充满攻击性，但与此同时，他又缺乏射程，在罚球线以上几乎可以忽略他的存在。

隆多是天生赢家，是"紫金17冠""绿衫17冠"的唯一亲历者。

丹尼·安吉见证了隆多从"菜鸟"到球队"大佬"的成长历程，至今他还无法忘怀2006年选秀的点滴回忆。2006年NBA选秀，拉简·隆多在首轮第21顺位被菲尼克斯太阳选中。安吉与太阳达成协议，用2007年的首轮签加上部分现金将隆多招至凯尔特人的麾下，这次运作被公认为"绿衫军"队史最成功的一次"淘宝"。

关于2008年凯尔特人的冠军荣耀，"三巨头"几乎抢占了所有戏份，却很容易忽略隆多的贡献。安吉与里弗斯多次谈起总决赛第六场，"隆多太牛了，他才是场上最闪亮的星，要知道他狂揽21分、7个篮板、8次助攻和6次抢断。"

随着"三巨头"逐渐老去，年轻的隆多勇挑重担，成为凯尔特人的发动机。他穿针引线引领球队，"第四巨头"的称呼也体现了这位核心后卫的价值。

2011年东部半决赛第三场，隆多在第三节遭遇左手肘部脱臼的重创，但他重伤依旧不下火线，拖着一条伤臂，展现出"独臂大侠"的风采。当他凭借单手完成扣篮时，极大地鼓舞了"绿衫军"众将的士气，一举击败热火。虽然隆多的复出没有换来半决赛的最终胜利，但他用一场"英雄归来"，向世人展示了最纯正的凯尔特人DNA。

2012 年东部决赛，凯尔特人和热火再次遭遇，隆多在第二场打出一场非典型的比赛，他在加时赛砍下 12 分，全场砍下职业生涯季后赛新高的 44 分，还贡献 8 个篮板、10 次助攻。

东部决赛"抢七大战"，隆多虽然豪取 22 分、10 个篮板、14 次助攻的"三双"数据，却无力率领凯尔特人阻击巅峰"三巨头"领衔的热火，无奈地目送宿敌迈入总决赛。

"后三巨头"时代的凯尔特人看不到复兴的希望，2014 年 12 月 19 日，小牛和凯尔特人完成交易，隆多加入达拉斯小牛，最后一位冠军后卫也远走他乡。

职业生涯的前 9 个赛季，隆多都为凯尔特人效力，他是联盟最好的传球大师之一，也是波士顿的象征。当所有人以为隆多要"一人一城"时，他开始了流浪生涯。

在达拉斯小牛，那里没有一个能够兼容隆多的战术体系，他只是过客。然而，做不了拔枪如雷电的牛仔，大可以做一个掌控全局的"国王"。2015 年 7 月 4 日，隆多与国王达成了一份一年 950 万美元的合同。在萨克拉门托，隆多终于可以随心所欲做自己。在这里，他和肯塔基校友考辛斯合作，一举拿下联盟助攻王，大有重回巅峰之势。

然而好景不长，曾贵为当赛季助攻王（场均 11.7 次助攻）的隆多，于 2016 年 7 月 4 日以两年 2800 万美元的合同加盟公牛，时隔两年，他再回东部。

隆多与韦德、巴特勒组成"公牛三巨头"，率领公牛以 8 号种子球队挺进季后赛。隆多回到无比熟悉的 TD 北岸花园，在前两战场均贡献 11.5 分、10 次助攻，引领公牛在客场以 2 比 0 击败昔日母队凯尔特人。可惜隆多因为手指受伤缺席余下的比赛，缺少指挥官的公牛被"绿军"翻盘。如果隆多不受伤，上演"黑八奇迹"也犹未可知。

2017 年 7 月 16 日，隆多以一年合同加盟新奥尔良鹈鹕。

在鹈鹕，安东尼·戴维斯是个内线怪物，攻击范围覆盖整个半场，但并不擅长持球强攻。朱·霍乐迪尤其善于运用运球节奏和身体对抗来寻找得分机会，但统筹全队非其所长。于是，隆多的到来恰恰弥补了这个空白。

隆多的传球无所不至，只要戴维斯在正确的得分位置上，隆多的传球就一定如影随形；对其他队友而言也不例外。于是，霍乐迪被解放了，他不需要考虑如何寻找戴维斯，只需要在隆多给他球的时候，一对一揉搓对方的小号后卫。戴维斯更不必多说，隆多无微不至地"喂球"，让他可以在球场上任何位置都能保持进攻威胁。如此一来，以前一盘散沙的鹈鹕，被隆多这个天才般的统筹者捏合成了真正的强队。

2018 年季后赛首轮，鹈鹕横扫开拓者，利拉德赛后直言："隆多造成大麻烦。"虽然接下来，鹈鹕被勇士以 1 比 4 淘汰，但隆多单场送出 21 次助攻的壮举被永载史册。

2018/2019 赛季，当詹姆斯确定加盟洛杉矶湖人后，隆多爽快地答应了湖人的老将底薪报价，毕竟跟"现役第一人"并肩作战还是极具诱惑力的。

2018/2019 赛季，隆多来到湖人后，充当起一干年轻球员的导师角色。

2019/2020 赛季，湖人通过交易得到"浓眉"安东尼·戴维斯，而恰恰隆多是拥有"浓眉"使用说明书的人。2020 年，在新冠肺炎疫情肆虐下，NBA 不得不进入一个缩水赛季。

在这艰难的一年，詹姆斯率领湖人夺得总冠军，而隆多成为湖人夺冠的关键因素。他是詹姆斯甘心让出球权的大场面球员，他是战术"鬼才"、指挥天才、天生的赢家。隆多也成为"紫金 17 冠""绿衫 17 冠"的唯一亲历者。这份殊荣独一无二。

在 2020 年季后赛，隆多场均能送出 6.6 次助攻，虽然场均仅得 8.9 分，但他拥有高达 40% 的三分球命中率，成为出奇制胜的利刃。

隆多在进攻和串联球队方面都有惊艳表现，是湖人第二阵容的进攻核心。我们已经熟悉他那奇思妙想的空接妙传，变幻莫测的假传上篮，在隆多的指挥棒下，每个人都找到了最合适的位置。至此，隆多终于在离开波士顿之后，找到了适合自己的主队。

2020 年 11 月，隆多拒绝湖人 260 万美元的合同，以一纸两年 1500 万美元的合约加盟老鹰。但在亚特兰大效力不到一个赛季，隆多还是和老鹰"和平分手"。

2021 年 3 月 26 日，隆多再回洛杉矶，不过是加盟快船，2021 年 5 月 15 日，快船以 115 比 122 不敌火箭。隆多 11 投 4 中，得到 9 分、3 个篮板、13 次助攻。13 次助攻是隆多当赛季单场新高，而且也是那个赛季快船的单场最高助攻纪录。

2021/2022 赛季，重回湖人的隆多效力还不足半个赛季，2022 年 1 月，又被交易到了骑士，在这支"青年军"中，这位 36 岁的老将依旧在努力地发光发热。

隆多并不是像保罗、库里那样，一个人就能创造花团锦簇的进攻盛世。他是个顶级的统筹者，能将强大的队友安排在最合理的位置上，指挥他们威胁对手。但如果队友本身没有足够的威慑力，隆多也就无从施展。加上隆多孤傲、倔强的怪脾气，所以当他离开凯尔特人，不再是手握球权的"绿衫少主"时，就注定了漂泊的宿命。

辗转小牛、国王、公牛、鹈鹕、湖人、老鹰、快船和骑士，凑齐了一身彩虹球衣的隆多，注定还会漂泊下去，做一名行踪不定的"流浪后卫"。

球星特质解读 / 孤傲冷峻的传统控卫

特质解读：因为个性冷峻，不擅长与媒体打交道，隆多被塑造成一个傲慢而固执的怪人。他习惯扮演激励队友的领袖角色，却不屑在公众面前伪装自己。

隆多臂展长，手掌奇大，拥有良好的球感，可以轻松上演快攻扣篮。他的投篮能力虽然不突出，但其传球和篮板能力在后卫中难逢敌手，经常打出"三双"数据。

隆多的传球犀利，让人防不胜防。尤其是他那无解的招牌动作——背后假传，更是令人无法防守。他是始终恪守着"传球至上"的传统控卫。如今传球至上的组织后卫已经成为稀有动物，飙分型控卫开始成为主流，而隆多是一位反潮流的老派球员。

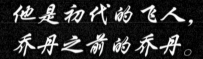

他是初代的飞人，
乔丹之前的乔丹。

●档案

大卫·汤普森 / David Thompson
出生地：美国北卡罗来纳州谢尔比
出生日期：1954 年 7 月 13 日
身高：1.93 米 / 体重 88 公斤
效力球队：掘金、超音速 / 球衣号码：33、44
场上位置：得分后卫

●荣耀

1 届 ABA 全明星 MVP：1976 年
1 届全明星 MVP：1979 年
4 届全明星：1977 年—1979 年、1983 年
2 届最佳阵容一阵：1976/1977 赛季、
1977/1978 赛季
篮球名人堂：1996 年

●常规赛场均 22.1 分、3.8 个篮板、3.2 次助攻
●季后赛场均 22.9 分、4.3 个篮板、3.7 次助攻

大卫·汤普森常规赛数据

赛季	球队	篮板	助攻	得分
1975/1976	掘金	6.3	3.7	26.0
1976/1977	掘金	4.1	4.1	25.9
1977/1978	掘金	4.9	4.5	27.2
1978/1979	掘金	3.6	3.0	24.0
1979/1980	掘金	4.5	3.2	21.5
1980/1981	掘金	3.7	3.0	25.5
1981/1982	掘金	2.4	1.9	14.9
1982/1983	超音速	3.6	3.0	15.9
1983/1984	超音速	2.3	0.7	12.6

天行者
大卫·汤普森
DAVID THOMPSON

"天行者"——NBA 史上与球员最具契合度的绰号之一。这三个字，足以让一位绝世天才以一种完美姿态定格在篮球史册中。

汤普森，演绎了一个天才绽放和陨落的故事：他的天分和才华可以气凌九霄，踏天而行，决荡风云。但在灵魂上，他终究是个凡人。他没能踏着那个乌烟瘴气的时代前进，最后在最美好的年龄陨落。

天行者，逆天而行。他是初代飞人，乔丹之前的乔丹，他曾单场砍下 73 分……

1954 年 7 月 13 日，大卫·汤普森出生于北卡罗来纳州谢尔比的一个农场主家庭。

17 岁那年，他创造了一项吉尼斯世界纪录：垂直弹跳 1.12 米。后来这个纪录又被他自己刷新到 1.22 米。这是一个足以让人产生幻觉的高度。对于人类而言，这甚至已不仅仅是飞翔，简直是踏天而行。

如今再平常不过的空接，在刚刚被发明出来时叫作"空接上篮"。发明者自然是汤普森和他的队友蒙特·托。因为那时 NCAA 还不允许扣篮，所以整个大学期间，汤普森只在最后一场比赛中扣过一次篮，裁判果断判进球无效。但观众们全都疯了。

那一扣是天才临别时答谢观众的即兴表演。

1974 年，汤普森率领北卡州立大学狼群队击败加州大学洛杉矶分校棕熊队，拿到 NCAA 冠军。弹跳力超强的汤普森展现了空中打球的雄姿，"天行者"绰号应运而生。

1975 年，NBA 和 ABA 两大联盟同时把汤普森尊为状元。但他觉得 NBA 没什么诚意，想选他的亚特兰大老鹰初次见面居然只请吃麦当劳快餐，再加上 ABA 那边有"J 博士""冰人"格林、詹姆斯·塞勒斯这些伟大的球员，还有他最好的朋友蒙特·托夫，所以事情就这么决定下来：ABA 联盟，丹佛掘金，那一年他 21 岁。

汤普森在 ABA 的第一个赛季，场均能得到 26 分，投篮命中率高达 51.5%，毫无悬念地荣膺最佳新秀。此外，汤普森在自己的新秀赛季（1975/1976 赛季）还完成两件大事：

第一，史上第一次扣篮大赛，汤普森和"J 博士"留下传世对决。他上演 360 度砸扣，似乎要锁定冠军，但之后还是输给"J 博士"的罚球线滑翔扣篮。

第二，汤普森以新秀身份率领掘金杀入总决赛后，还是输给了"J 博士"的纽约网。

1976 年 6 月 17 日，ABA 和 NBA 合并。汤普森也随掘金来到更大的舞台。

1977/1978 赛季，汤普森达到了职业生涯的巅峰。1978 年 4 月 9 日，常规赛的收官战，汤普森面对活塞独砍 73 分。这也是迄今为止 NBA 历史单场得分榜的第四高分，仅少于张伯伦的 100 分、78 分以及科比的 81 分。

那场比赛至今都令人印象颇深：汤普森第一节就狂砍 32 分，刷新张伯伦的纪录。他前 21 次投篮恐怖地进了 20 个，半场结束时，他 23 投 20 中，狂砍 52 分。经过火力全开的上半场之后，他在下半场终于有些累了，最终汤普森 38 投 28 中，豪取 73 分。

但命运似乎总是如此，这个"天行者"成为最佳新秀之后，每次都会输给更神奇的对手从而屈居第二。汤普森 73 分比赛仅仅过去三个小时之后，"冰人"就开启反超模式：他第一节 20 分，第二节 33 分——汤普森刚刚刷新张伯伦的单节得分纪录，瞬间被"冰人"超越。最后，"冰人"凭借一场经典的三节 63 分比赛，在得分榜的榜首争夺战中，反超汤普森，夺下该赛季的得分王宝座。

在同年季后赛首轮，汤普森与他的掘金被超音速击败。季后赛遭淘汰并不影响汤普森如日中天的声望。入行以来，他每场比赛都能以 50% 以上的命中率得到 25 分以上。

1978 年休赛期，汤普森与掘金签下 5 年 400 万美元的合同，创下当时的 NBA 纪录。这在当时，可以理解为"魔术师"的百年合同，乔丹的 3000 万美元年薪，是商业对天才夸张的、噱头型的慷慨。

签下空前大合同的汤普森本应大展宏图，但接下来却进入命运的拐点。

1979/1980 赛季他遭遇脚后跟韧带撕裂，只打了 39 场比赛。他是天才，单纯的肉体伤痛无法将他击倒，下一个赛季他便王者归来。1980/1981 赛季，伤愈归来汤普森场均砍下 25.2 分，加冕全明星赛 MVP，但随后他又沉迷上大麻。

汤普森的状态急剧下滑，1982 年掘金怒其不争，将他交易到西雅图。他在超音速场均滑落至 12 分，此时他才 29 岁，本该是一个 NBA 球员最美好的年华。

汤普森无力从毒品里走出来，而一年后，最后一根稻草压了下来：在纽约的 Studio 54 迪斯科舞厅，汤普森从楼梯上摔了下来，导致膝盖严重受伤，就此失去了上天赐给他的所有才华。

1985年，汤普森试图签约步行者无果，心灰意冷后宣布退役，那时他才30岁！

多年以后，当汤普森终于在牧师的帮助下，从毒品和精神的泥潭中走出来时，最美好的年华已经逝去。他所能做的，只是在纪录片中现身说法，告诫年轻一代远离毒品。

如果没有那些伤病与毒品，汤普森不管是天赋还是技巧，都是顶级的存在。他有着凶悍简洁的爆发力，擅长斗折蛇形般蜿蜒突破，利刃出鞘般直捣篮筐，然后在人群中豁然腾跃，天马行空般完成攻篮。更难能可贵的是他并不像其他"天赋怪"那样迷信自己，甚至还能牺牲自己的得分数据，让队友变得更好。

在《天行者》纪录片中，他的队友回忆道："汤普森能让所有队友都很爱他，因为他能带大家赢球。他是那种能让每个队友都变好的球员，而且从不贪恋数据。"

如果他始终健康，能达到的巅峰到底有多高，至今仍是一个谜。

但如果把视野延展，汤普森似乎又是幸运的。他的才华幸运地绽放在20世纪70年代，和"J博士"一道，成了划过洪荒大地的一道闪电，照亮了混沌的篮球世界。他的才华也因此被永远铭记。

生涯高光闪回 / "神"的引荐人

高光之耀：汤普森是"篮球之神"进入名人堂的引荐人，因为他是乔丹童年时最欣赏的球员。虽然汤普森不是NBA 50大球星之一，但是他是20世纪70年代第一个为NBA带来令人难以置信的运动能力的球员，他起跳之后仿佛能在空中漫步。

2009年，当乔丹被提名进入篮球名人堂时，他将选择谁来担任自己的引荐人，这个事情成为大家关心的焦点。是当年公牛的主帅菲尔·杰克逊、北卡大学的恩师迪恩·史密斯或是巴克利和查尔斯·奥克利这些好朋友吗？都不是，乔丹最终将引荐人定为大卫·汤普森。汤普森是同在北卡罗来纳长大的乔丹年少时的偶像，所以这个决定虽然出乎许多人的意料，但也在情理之中。"篮球之神"也不忘初心。

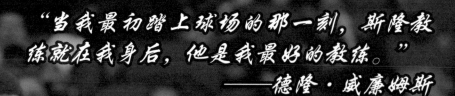

"当我最初踏上球场的那一刻，斯隆教练就在我身后，他是我最好的教练。"

——德隆·威廉姆斯

德隆·威廉姆斯常规赛数据

赛季	球队	篮板	助攻	得分
2005/2006	爵士	2.4	4.5	10.8
2006/2007	爵士	3.3	9.3	16.2
2007/2008	爵士	3.0	10.5	18.8
2008/2009	爵士	2.9	10.7	19.4
2009/2010	爵士	4.0	10.5	18.7
2010/2011	爵士	3.9	9.7	21.3
2010/2011	篮网	4.6	12.8	15.0
2011/2012	篮网	3.3	8.7	21.0
2012/2013	篮网	3.0	7.7	18.9
2013/2014	篮网	2.6	6.1	14.3
2014/2015	篮网	3.5	6.6	13.0
2015/2016	独行侠	2.9	5.8	14.1
2016/2017	独行侠	2.6	6.9	13.1
2016/2017	骑士	1.9	3.6	7.5

● 档案

德隆·威廉姆斯 / Deron Williams
出生地：美国西弗吉尼亚州帕克斯堡
出生日期：1984 年 6 月 26 日
身高：1.91 米 / 体重：91 公斤
效力球队：爵士、篮网、独行侠、骑士
球衣号码：8、31
场上位置：控球后卫

● 荣耀

3 届全明星：2010 年—2012 年
2 届最佳阵容二阵：2007/2008 赛季、
2009/2010 赛季
最佳新秀阵容一阵：2005/2006 赛季

● 常规赛场均 16.3 分、3.1 个篮板、8.1 次助攻
● 季后赛场均 15.7 分、3.2 个篮板、7.0 次助攻

D-WILL

德隆·威廉姆斯

DERON WILLIAMS

"吃饭、睡觉、打保罗。"虽然没有克里斯·保罗那样持续稳定的巅峰期,但巅峰时期的德隆似乎是"CP3"的克星。

与保罗相比,德隆更为高大强壮,突破更具有杀伤力。在斯隆的爵士挡拆体系下,德隆将能力最大化,和布泽尔一起,几乎重现了铁血"犹他双煞"的荣光。德隆就是"学院派篮球"的代表。他没有保罗那样的随心所欲运球撕裂防守的天赋,但他能最稳妥地保护篮球;他也不追求那种一击致命的传球,而会花更多的时间从容执行战术。

1984 年 6 月 26 日,德隆·威廉姆斯出生于西弗吉尼亚的帕克斯堡。他从小与妈妈丹妮斯·史密斯相依为命,父亲拜伦·威廉姆斯没有尽到父亲的责任,1990 年之后就从德隆的生活中彻底消失了。缺乏父爱的成长环境给予德隆不寻常的竞争意识,他将周遭的一切都视作挑战。8 岁和 12 岁时,德隆曾两次拿过德州少年摔跤冠军。

德隆 10 岁时全家移居达拉斯,在母亲的指导下他开始转向学习篮球。凭借出色的天赋,德隆进入克罗尼高中。高二赛季,德隆展现了出众的控球技术和组织才能,场均贡献 17 分、6 个篮板、8.4 次助攻,率队打出 29 胜 2 负的优异战绩。

2002 年,德隆进入了伊利诺伊大学。效力伊大的第一年,德隆在助攻上表现尚可,但场均只得 6 分令他自己都不满意。好在三年后,德隆终于用得分证明了自己。

2005 年,伊利诺伊大学在 NCAA 打出荡气回肠的一季,他们在加时赛逆转亚利桑那大学,德隆在最后几分钟接管了比赛,独自砍下 15 分,打出大学生涯代表作。

2005 年,德隆决定参加选秀,这一年纳什刚刚当选常规赛 MVP。在 NBA 控卫当道的时代,爵士跳过了保罗,在第 3 顺位选中了德隆。很多爵士球迷对错失保罗耿耿于怀,但爵士选择德隆时没有任何犹豫。

"菜鸟"赛季，德隆没有赢得斯隆教练的信任，在控卫的位置上，麦克劳德和帕拉西奥一直排在他前面。斯隆的理由很简单，斯托克顿第一年也是板凳球员。

2006/2007 赛季，德里克·费舍尔也加盟爵士，德隆下决心要争取到比"老鱼"更多的出场时间，"我知道我必须比他表现得更好。"德隆率领爵士打出 12 胜 1 负的最佳开局，最终以 51 胜 31 负的战绩称雄西北赛区。

2007 年季后赛首轮，德隆率领爵士以 4 比 3 逆转击败火箭之后，终于赢得了老帅斯隆的赞许："他拥有极高的天赋，我无法想象这支球队没有他会变成什么样子。"

第二轮对阵勇士，德隆在首场比赛砍下 31 分、8 助攻之后，巴克利感慨地说道："德隆在这次季后赛之后，将成为一个家喻户晓的名字。"

德隆在季后赛的出色表现让斯隆改变了注意，他开始将球队权杖交给这位当家控卫，由德隆自主发动进攻，这是连斯托克顿都不曾享受过的待遇。

2007/2008 赛季，德隆场均贡献 18.8 分、10.5 次助攻，成为 NBA 历史上第三位单季拿到 1500 分、800 次助攻并且命中率超过五成的球员。

2009/2010 赛季，德隆场均上升至 24.2 分、10.2 次助攻，达到生涯的巅峰，但此刻危机也逐渐显现——斯隆和德隆这对情同父子的师徒，有了分歧。

德隆体重增大，为了避免膝盖受伤，老帅斯隆劝说爱徒减少扣篮，并且要求德隆成为像斯托克顿那样的球员。但斯托克顿那样趋于完美的球员世间罕有，他严于律己、融入团队，遵守老帅斯隆制定的战术安排以及恪守"盐湖城"的清规戒律。彼时年轻的德隆正值顶峰，在鲜花与掌声包围下，对于老帅斯隆的谆谆教诲，置若罔闻。

老帅斯隆执掌爵士帅印长达 23 年，素来以铁腕治军，即便当年麾下有马龙与斯托克顿这样的殿堂级巨星，他也绝不允许个人凌驾于团队之上。

2010/2011 赛季，这对师徒间的矛盾在爵士对阵公牛的一场比赛中彻底爆发了。

当时斯隆安排了一种战术，而德隆在场上做出完全相反的战术。中场休息时，师徒二人发生激烈争吵。赛后，主帅斯隆并没有像往常一样，带领着队员们高喊着："1，2，3，let's go Jazz！"而是一反常态地说了一句："祝你们好运。"

第二天，老帅斯隆宣布辞职，毅然决然地告别了执教长达 23 年的爵士。

当时的德隆对于恩师的离任可能心怀愧疚，但他还没有意识到自己的错，而当他感到彻底明白、痛彻心扉时，老帅斯隆已撒手人寰，这是后话。

关于续约，德隆希望光明正大地拿到顶薪，"盐湖城"当然不会放弃这位"斯托克顿二代"，然而德隆与斯托克顿最大的区别是他无法与斯隆和平共处。

2011 年年初，让德隆意外的是，斯隆退休后，爵士将这位明星控卫送往篮网，理由是不希望德隆在执行球员选项后一无所获。

2012 年自由球员市场，德隆成为各支球队都追逐的大牌控卫。篮网承诺从球员引进到新体育馆的建设，都将听从德隆的意见。然而到了布鲁克林，德隆发现距离胜利渐行渐远，即使他的身边有皮尔斯和加内特这样的队友。

德隆承认自己始终无法融入纽约，每年夏天，他都回归犹他，越来越怀念以前的生活，怀念斯隆的战术体系，然而一切再也回不去了。

"同级生"保罗始终稳居一线控卫的行列，而德隆已经日渐平庸，只有在谈论最差性价比球员排行榜时才会提及他的名字，持续的低迷状态让篮网决定将其交易出去。

达拉斯对这个昔日的明星控卫仍然抱有期待，2015/2016 赛季，德隆来到小牛（现独行侠），场均还能贡献 13.1 分、6.9 次助攻，虽然已经不是巨星水准，但仍是中产控卫的表现。不过由于库班决心重建，2016/2017 赛季中期，小牛将德隆买断。

德隆以 26 万美元的年薪加盟骑士，场均只有 4.3 分、2.1 次助攻，总决赛场均降到 1 分、1.2 次助攻，简直成为对手的"提款机"。最终，骑士丢冠，德隆也镀金失败了。

德隆离开爵士之后，命运陡转，他不再是斯隆体系中呼风唤雨的重型控卫，没有战术加持的他没有带领篮网冲出东部的能力，因为他不是自带体系的顶级后卫。德隆为了证明自己过多选择单打导致受伤，然后泯然众生，坠落凡尘，从此退出 NBA。

2018 年 9 月，德隆终于想清楚，向老帅斯隆说出"对不起"，虽然这句抱歉迟到 7 年，但相信斯隆已经释然，有谁会和自己的孩子计较呢……

2020 年 5 月，一代传奇教练杰里·斯隆与世长辞，德隆第一时间发文缅怀："当我踏上球场的那一刻，他就在我身后。再见，我最好的教练。"

生涯高光闪回 / 吃饭、睡觉、打保罗。

高光之耀：时光一直在改变着人生的轨迹，保罗用助攻王、75 大球星等一系列的荣誉将自己推上时代的高峰，多年来一直都是联盟第一控卫。而德隆，自从离开爵士之后，就踏入了另外一条河流，状态江河日下，直到了无踪迹。谁又能想到，他在犹他时，曾经何等风光，如今却飘散如烟。

他们被称为 2005 年的"控卫双璧"，与保罗相比，德隆的个人进攻并不那么花样百出，但简单实用。他在身高、力量上都具有优势。在爵士的岁月里，挡拆战术和铁血纪律让他如虎添翼，以至于在与保罗对阵的比赛中大占上风。保罗传球隐蔽刁钻，德隆传球则大开大阖；保罗进攻灵巧诡谲，德隆进攻质朴刚健。那时候，德隆还能靠着挡拆体系和身体优势占得上风，于是"吃饭、睡觉、打保罗"成为球迷们津津乐道的话题。

*"他能从1号位打
到5号位，而且是
一位无私的球员。"*
*——强尼·琼斯
（西蒙斯恩师）*

● 档案
本·西蒙斯 / Ben Simmons
出生地：澳大利亚墨尔本
出生日期：1996 年 7 月 20 日
身高：2.08 米 / 体重：104 公斤
效力球队：76 人、篮网 / 球衣号码：25、10
场上位置：控球后卫

● 荣耀
3 届全明星：2019 年—2021 年
1 届抢断王：2019/2020 赛季
最佳新秀：2017/2018 赛季
最佳新秀阵容一阵：2017/2018 赛季
2 届最佳防守阵容一阵：2019/2020 赛季、
2020/2021 赛季

● 常规赛场均 15.9 分、8.1 个篮板、7.7 次助攻
● 季后赛场均 13.9 分、8.0 个篮板、7.5 次助攻

本·西蒙斯常规赛数据

赛季	球队	篮板	助攻	得分
2017/2018	76 人	8.1	8.2	15.8
2018/2019	76 人	8.8	7.7	16.9
2019/2020	76 人	7.8	8.0	16.4
2020/2021	76 人	7.2	6.9	14.3
2021/2022	篮网	0.0	0.0	0.0

西帝
本·西蒙斯
BEN SIMMONS

他曾是费城76人的少年天子，费城也为他的伤病甘心守候一年。虽然没有外线三分加持，但西蒙斯仅凭突破、分球、扣篮、上篮、助攻这些近身短打的功夫，就曾纵横无忌。

但他又太过奇葩，抱残守缺，在骑射如风的现代赛场三分球出手数是 0，纵然他有顶级控卫的传球手法，能让球队变得行云流水，但缺乏三分技能成为他晋升顶级球星的阻碍。

1996 年 7 月 20 日，本·西蒙斯出生在墨尔本的一家医院里，当他诞生时医院的电视机里正直播着亚特兰大奥运会的开幕式。母亲朱莉每逢回忆时都说："出生在奥运开幕当天，是一个很美好的征兆。"西蒙斯似乎与体育有缘。

西蒙斯的父亲戴夫·西蒙斯拥有 2.05 米的身高，虽然错过 NBA，但在澳大利亚联赛开创了辉煌生涯。西蒙斯继承了父亲的篮球基因，15 岁时身高蹿升至 2 米。为了更为广阔的舞台，2011 年，西蒙斯举家搬到了美国，西蒙斯也进入蒙特沃德高中。

在澳大利亚篮球环境中成长的西蒙斯，更喜欢传球，热衷于阅读比赛做出最正确选择。高三与高四两个赛季，西蒙斯带队连续两夺高中全美锦标赛冠军，并蝉联 MVP。

高四赛季，他场均 28 分、11.9 个篮板、4.0 次助攻和 2.6 次抢断，震惊美国篮坛。

迅速蹿红的西蒙斯，成为美国篮坛令人瞩目的新星，众多 NCAA 豪门送上邀请函，最终西蒙斯选择了路易斯安那州立大学——出品过"大鲨鱼"的篮球名校。

2015/2016 赛季，西蒙斯场均得到 19.2 分、11.8 个篮板和 4.8 次助攻，投篮命中率高达 56%，当选全美年度最佳新人，入选全美大学篮球最佳阵容一阵。

西蒙斯的静态天赋非常出众，他有着 2.08 米的中锋身高和 2.14 米的臂展，体脂率仅有 6.7%。作为一名现象级的全能控卫，人们期待西蒙斯成为下一个詹姆斯。

如此全能身手和高效表现，让众多 NBA 球队垂涎三尺。2016 年选秀大会，手握状元签的费城 76 人毫不犹豫地选中西蒙斯。对此，球队名宿艾弗森给予掌声："西蒙斯会让费城球迷感到骄傲。"而西蒙斯对于加盟 76 人也感到开心，"我从小就立志，要打 NBA，能够成为 76 人的一部分，终于圆了我的梦。"

全面身手、超强天赋、年少成名、鲜衣怒马的状元郎，这些身份让人很容易将西蒙斯跟詹姆斯放在一起比较，巧合的是，两人同属于里奇·保罗的经纪公司。

当全费城球迷都在期待西蒙斯在新赛季带领球队重振雄风的时候，这个 20 岁的天才在只打了一场季前赛之后就遭遇了重伤打击，他的右脚第五内侧楔骨骨折，不得不接受手术，而且最终宣布 2016/2017 赛季结束。但费城球迷相信，经历过一个赛季的蛰伏之后，"满血归来"的西蒙斯会更加强大。

2017 年，西蒙斯健康归来，并搭档恩比德打满了一个完整赛季。

2017/2018 赛季，西蒙斯出战 81 场，场均贡献 15.8 分、8.1 个篮板、8.2 次助攻，打出 12 次"三双"，位列 NBA 新秀赛季"三双"数榜第二，仅落后于奥斯卡·罗伯特森。他率领 76 人以 52 胜 30 负的成绩位列东部第三，时隔 7 年重返季后赛。

值得一提的是，因伤休战一年（2016 级状元）的本·西蒙斯，击败米切尔与塔图姆两位 2017 级翘楚，荣膺了 2017/2018 赛季的最佳新秀。

西蒙斯这个赛季佳绩不断。2018 年 4 月 7 日，76 人以 132 比 130 击败骑士，西蒙斯面对詹姆斯砍下 27 分、15 个篮板、13 次助攻的"大三双"，詹姆斯也用 44 分、11 个篮板、11 次助攻予以回击。这场新老全能持球大核心的较量，堪称火星撞地球！

2018 年季后赛，西蒙斯场均贡献 16.3 分、9.4 个篮板、7.7 次助攻，表现十分出色，但年轻的 76 人还是在半决赛败给另一支更具天赋的"青年军"——凯尔特人。

重伤归来，率队崛起，22 岁的西蒙斯已经达到同龄人未曾企及的高度，但他还有很大的提升空间。虽然他已经展现出惊人的球场驱动力，但缺乏中远距射程的短板却始终存在，尤其是缺乏三分球投射的短板，在比赛中会被对手特别针对。

2018/2019 赛季，西蒙斯达成职业生涯"2000 分 +1000 篮板 +1000 助攻"的里程碑，成为 NBA 历史上第二快完成此成就的球员，仅落后于奥斯卡·罗伯特森。

2019 年 2 月 1 日，西蒙斯入选全明星。得知喜讯后的西蒙斯在当晚比赛中得到 26 分、8 个篮板、6 次助攻，率领 76 人以 113 比 104 将上届冠军勇士挑落马下。

2019 年季后赛揭幕战，西蒙斯只得到 9 分，篮网球迷贴出"寻人启事"来讽刺这位全明星球员。西蒙斯仅用了三场比赛便完成自我救赎：第二场，西蒙斯砍下 18 分、10 个篮板、12 次助攻的"三双"数据；第三场恩比德缺阵，西蒙斯 13 投 11 中，高效砍下 31 分；第五场，西蒙斯正负值达到"+34"，创队史纪录。

2019 年，猛龙成为总冠军，回首猛龙夺冠之路，西蒙斯、恩比德领衔的 76 人给他们制造的麻烦最大。两队在东部半决赛大战七回合，如果不是伦纳德命中极限三分绝杀，76 人可能走得更远。

2019 年休赛期，西蒙斯与 76 人签下一份 5 年 1.7 亿美元的续约合同。

2019/2020 赛季，西蒙斯场均贡献 16.4 分、7.8 篮板，外加 8 次助攻，同时以场均 2.1 次抢断荣膺赛季抢断王，入选了最佳防守阵容一阵和最佳阵容三阵。不幸的是，西蒙斯在季后赛开始前接受了左膝手术，只能坐在场边看着 76 人被凯尔特人横扫出局。

2020/2021 赛季，西蒙斯首发出战 58 场，场均得到 14.3 分、7.2 篮板、6.9 助攻，连续第三年入选全明星，在最佳防守球员评选中排名第二。

2021 年 6 月，东部半决赛，76 人与老鹰鏖战七场落败。西蒙斯遭遇到人生"滑铁卢"，他那不会投篮的缺点被老鹰专门针对后变成"命门"。西蒙斯在这个"高端局"彻底失去信心，从"西不投"蔓延到"罚不中"，整个系列赛西蒙斯 45 罚仅 15 中，33% 命中率成为 76 人的最大短板。76 人惨遭淘汰之后，西蒙斯痛定思痛，决心专注投篮练习，为此还放弃代表澳大利亚男篮出征东京奥运的机会。

然而，东部半决赛的折戟让西蒙斯与 76 人心生嫌隙。休赛期，西蒙斯提出离队申请。2022 年 2 月 11 日（交易截止日），最重磅交易达成，篮网将哈登和米尔萨普送出，从 76 人换来西蒙斯、小库里、德拉蒙德等筹码。从此，西蒙斯的费城生涯告一段落。

西蒙斯刚来到篮网，就因为扑朔迷离的背伤而无法上场。2022 年 5 月初，在篮网被凯尔特人横扫出局时，一再"被复出"的西蒙斯还是一袭潮装，如男模般静坐在场边。

淘汰后篮网宣布，西蒙斯将接受背部微创椎间盘切除手术，预计需要三到四个月恢复期。毫无疑问，如果没有伤病，即便他不会投篮，西蒙斯依旧是左右联盟未来的球员之一，毕竟他才 26 岁，还是状元，有着令人羡慕的高绝天赋。

生涯高光闪回 / 得分新高

高光之耀：虽然不以得分见长，但西蒙斯偶尔也会展示侵略性。然而，最无法解释的是他那起伏悬殊的罚球命中率，此战还高达 92%，4 个月之后东部半决赛就跌至 33%。

2021 年 2 月 16 日，虽然 76 人在客场以 123 比 134 不敌爵士，但西蒙斯面对最佳防守球员戈贝尔释放出空前强大的进攻火力。

此战，恩比德因伤缺阵，独自带队的西蒙斯首节就轰下 19 分，全场 26 投 15 中，罚球 13 罚 12 中，砍下职业生涯新高的 42 分，外加 9 个篮板和 12 次助攻。

此战过后，西蒙斯谈到最佳防守球员的主要竞争者——戈贝尔，坦言："他内线防守不错，但其他难说，面对我一位外线得分手时，还是丢了 42 分。"

"总冠军值得我用生命去争取，因为我是阿朗佐·莫宁！"

——阿朗佐·莫宁

● 档案

阿朗佐·莫宁/Alonzo Mourning
出生地：美国弗吉尼亚州切萨皮克
出生日期：1970 年 2 月 8 日
身高：2.08 米／体重：109 公斤
效力球队：黄蜂、热火、篮网／球衣号码：33
场上位置：中锋

● 荣耀

1 届总冠军：2006 年
7 届全明星：1994 年—1997 年、2000 年—2002 年
2 届盖帽王：1998/1999 赛季、1999/2000 赛季
2 届最佳防守球员：1998/1999 赛季、1999/2000 赛季
2 届最佳防守阵容一阵：1998/1999 赛季、1999/2000 赛季
1 届最佳阵容一阵：1998/1999 赛季
篮球名人堂：2014 年

● 常规赛场均 17.1 分、8.5 个篮板、2.8 个盖帽
● 季后赛场均 13.6 分、7.0 个篮板、2.3 个盖帽

阿朗佐·莫宁常规赛数据

赛季	球队	篮板	盖帽	得分
1992/1993	黄蜂	10.3	3.5	21.0
1993/1994	黄蜂	10.2	3.1	21.5
1994/1995	黄蜂	9.9	2.9	21.3
1995/1996	热火	10.4	2.7	23.2
1996/1997	热火	9.9	2.9	19.8
1997/1998	热火	9.6	2.2	19.2
1998/1999	热火	11.0	3.9	20.1
1999/2000	热火	9.5	3.7	21.7
2000/2001	热火	7.8	2.4	13.6
2001/2002	热火	8.4	2.5	15.7
2003/2004	篮网	2.3	0.5	8.0
2004/2005	篮网	7.1	2.3	10.4
2004/2005	热火	3.7	1.7	5.0
2005/2006	热火	5.5	2.7	7.8
2006/2007	热火	4.5	2.3	8.6
2007/2008	热火	3.7	1.7	6.0

ZO

阿朗佐·莫宁
ALONZO MOURNING

莫宁是怎样的存在？也许他是四大中锋之外的最强中锋！

他是两届盖帽王、两届最佳防守球员，是一位优秀的进攻型内线，巅峰生涯场均砍下 23.2 分、10.4 个篮板、2.7 记盖帽。

而他那性如烈火、顽强不屈的"肾斗士"精神更是载入史册。"没有人为比赛付出的鲜血和汗水能比莫宁更多。他把自己的一切都奉献给了比赛，但作为一名竞争者，他绝不向对手让步一寸。我们永远不会忘记，他是冠军，他是勇士，他是传奇。"帕特·莱利对于这名昔日爱徒的评价，可谓一语中的。

1970 年 2 月 8 日，阿朗佐·莫宁出生于弗吉尼亚州的切萨皮克。

高中毕业那年，莫宁场均可以得到 25 分、15 个篮板，被评为佳得乐和奈史密斯的年度最佳球员。面对众多大学的邀请，莫宁最终选择了乔治城大学。

从跨进乔治城大学校门的那一刻起，莫宁的命运就注定了。这所以盛产"铁血中锋"而闻名的大学从来没出过孬种，莫宁也从未给母校丢过脸，他进入 NBA 后，成为那个时代铁血硬汉的代言人。宁可流血不流泪，这也就是乔治城人的宿命。

1973 年，约翰·汤普森就任乔治城大学主教练，开启了长达 27 年的乔治城执教生涯。作为昔日"指环王"的队友，汤普森更热衷在防守端控制比赛。对乔治城的孩子而言，阻止对手得分甚至比自己得分更有快感。

尤因、穆托姆博、莫宁这三位在防守端打出赫赫威名的铁血中锋，都是约翰·汤普森的爱徒，当然这位 NCAA 名帅的学生中也有异类——那就是阿伦·艾弗森。

1992 年选秀大会，莫宁在首轮第 2 顺位被黄蜂选中，在他前面是一个更高大的身影，那就是奥尼尔。如果说奥尼尔是堪比"张北斗"的进攻大杀器，那么莫宁就是像拉塞尔一样醉心于防守的内线巨擘。

莫宁在"菜鸟"赛季场均得到21分、10.3 个篮板和3.47 次盖帽，并带领黄蜂获得50胜，入选了 1992/1993 赛季的新秀最佳阵容，可惜无缘最佳新秀，因为那个"大家伙"奥尼尔数据更光鲜，场均贡献 23.4 分、13.9 个篮板。

莫宁在 NBA 的前三个赛季几乎都打出了"20+10"顶级内线数据，理应成为黄蜂重建的核心，然而夏洛特迟迟不愿支付年薪 1300 万美元的合同，双方沟通无果。

1995 年 11 月，莫宁远赴热火。

1995/1996 赛季，帕特·莱利成为热火主帅之后，复制了纽约"粗暴篮球"模式，莫宁也成为铁血热火的头号悍将。虽然以防守闻名，但莫宁在进攻端也威力无穷。1996年 3 月 29 日，莫宁在热火对阵子弹的比赛中，砍下生涯最高的 50 分。

1996/1997 赛季，莫宁入选全明星，率领热火取得 61 胜 21 负的佳绩。季后赛他们淘汰魔术，与尼克斯在东部半决赛狭路相逢。尼克斯以 3 比 1 领先热火，双方在第五场的第四节上演群殴，导致尤因等球员禁赛，之后热火连胜三场，反败为胜。

铁血、强硬、防守至上，那时候，莫宁带领的热火与同门师兄尤因领衔的尼克斯犹如镜中的投影，迈阿密和纽约的恩怨情仇成为那时候最受关注的戏码。

1998 年季后赛，热火与尼克斯再度冤家相遇，第四场终场前 1.4 秒，拉里·约翰逊挥肘击到莫宁，后者暴怒挥拳还击，两人扭打在一起。"我当时知道这 1 秒钟的失控可能会葬送整个赛季的努力，我也知道这就是拉里的风格，他一直是这么打球的。"莫宁说，"但我咽不下这口恶气，我绝对不能让对手看扁我。"

当时莫宁怒不可遏，挥拳追打约翰逊，为了保护队员，尼克斯队主教练杰夫·范甘迪死死抱住莫宁的大腿，在地板上被莫宁拖了很远竟然都没有撒手。《纽约时报》对此添油加醋："杰夫甚至被莫宁带离地板，活像一张吊床。"莫宁为冲动付出了禁赛代价，热火因此被尼克斯淘汰出局。

1999/2000 赛季，莫宁达到生涯巅峰，场均以投篮命中率 55.1% 得到 21.7 分，每场还送出 3.72 次盖帽，荣膺该赛季的盖帽王，夺得最佳防守球员的尊号。

莫宁在场上无所畏惧，但在场下却遭遇生命危机。2000 年，莫宁被查出患有严重的肾病，除了换肾别无他法。幸运的是，莫宁最终找到肾源匹配的捐献者——他的表弟贾森·库珀。经过肾移植手术，莫宁逃离了死神的召唤，开始期待重回球场。

一场大病虽然没有夺走莫宁对篮球的热情，却消耗了许多光阴。

2003 年，莫宁以自由球员身份与新泽西篮网签约，但其肾功能已无法支持高强度的赛事，被迫再次进行肾移植手术。手术后他的肾功能开始衰竭，甚至威胁到生命。然而，莫宁在彼时却做出了一个惊人的决定——再次复出。

在篮网，莫宁不再是球队的主角，也不在乎在队中的地位，但他绝不容忍队友将比赛和训练视为儿戏。他开始无比怀念自己的篮球圣地——迈阿密。

2005/2006 赛季，莫宁如愿以偿，以老将底薪重返迈阿密，在那支星光熠熠的热火，他期待重新证明自己。在防守端莫宁仍然勇字当头，他不介意成为那些飞天扣将们的"背景帝"。提及卡特在自己头上那记华丽的暴扣，莫宁毫不在乎："很不幸，那个扣篮会被人记住很长很长时间。不过那是比赛的一部分，如果我在乎这个，盖帽会少一大半。顺便说一句，那场比赛我们赢了。"

2005/2006 赛季，莫宁场均出场 20 分钟，贡献 2.7 次盖帽，效率惊人。在热火的冠军之路上，他几乎用尽了自己最后一丝气力。总决赛第六场，莫宁完成第 5 次封盖后，倒地不起，莱利回忆："当时，我真担心他再也站不起来了。"

莫宁的执着终于等到了回报，经过 14 年的打拼，他终于成为总冠军球队的一员。2007 年 12 月 19 日，热火客场挑战老鹰，莫宁在试图封盖马里奥·韦斯特时，轰然倒地。面对队医的询问，莫宁平静地说："一切都结束了，结束了。"

当队医准备用担架将莫宁抬出场时，这位硬汉果断拒绝："不，我决不能这样离开球场。"在队友韦德和厄尔·巴隆的搀扶下，莫宁在漫天的掌声中蹒跚离场，他用最男人的方式告别了舞台，职业生涯戛然而止。

2009 年 3 月 30 日，热火为莫宁举行了球衣退役仪式，33 号战袍是美航球馆穹顶升起的第一件球衣。在迈阿密，莫宁倾注了满腔热血，一代硬汉最终归隐，但莫宁永远属于迈阿密。2013 年总决赛，莫宁的身影再度出现在美航中心的看台上，像一名守望者，用另外一种方式见证热火的光辉。

生涯高光闪回 / 战意不屈

高光之耀：NBA 历史上从来就不缺乏铁血英雄的壮烈传说，但用生命来打球者凤毛麟角，其中最著名的一位就是——阿朗佐·莫宁。

身高只有 2.08 米，但莫宁依靠强壮的身体和丰富的技术，在内线翻江倒海，制霸攻防两端。

2003 年，莫宁患上严重的肾病，经过反复手术后，他凭借着顽强意志，毅然重回赛场。

2006 年总决赛期间，莫宁膝盖再遭重伤，但在第六场，他依然带伤上阵，送出致命封盖，一举奠定胜局，帮助热火夺得总冠军。

> "波特兰就是我的
> 家，不仅是篮球，
> 还有灵魂，都深受
> 其影响。"
> ——C.J. 麦科勒姆

● **档案**
C.J. 麦科勒姆 / C.J. McCollum
出生地：美国俄亥俄州坎顿
出生日期：1991 年 9 月 19 日
身高：1.91 米 / 体重：86 公斤
效力球队：开拓者、鹈鹕 / 球衣号码：3
场上位置：得分后卫

● **荣耀**
1 届进步最快球员：2015/2016 赛季

● 常规赛场均 19.2 分、3.5 个篮板、3.5 次助攻
● 季后赛场均 20.2 分、4.4 个篮板、3.0 次助攻

C.J. 麦科勒姆常规赛数据

赛季	球队	篮板	助攻	得分
2013/2014	开拓者	1.3	0.7	5.3
2014/2015	开拓者	1.5	1.0	6.8
2015/2016	开拓者	3.2	4.3	20.8
2016/2017	开拓者	3.6	3.6	23.0
2017/2018	开拓者	4.0	3.4	21.4
2018/2019	开拓者	4.0	3.0	21.0
2019/2020	开拓者	4.3	4.4	22.2
2020/2021	开拓者	3.9	4.7	23.1
2021/2022	开拓者	4.2	4.5	20.5
2021/2022	鹈鹕	4.4	5.8	24.3

CJ

C.J.麦科勒姆

C.J. MCCOLLUM

麦科勒姆从来不是球队的头号球星，甚至不是全明星，没有拿过任何冠军，但他说自己是天生猎食者，对这一点所有人都不会质疑。因为他温煦的目光中偶尔寒光闪烁，都会随即掀起一场得分狂飙。

昔日"开拓者双枪"宛如天作之合，利拉德炙热猛烈、杀伐决断，麦科勒姆绵里藏针、后劲连绵。利拉德是生死判官，而麦科勒姆则是优雅杀手，冷静、果决、轻灵、狡黠、精准，一如既往地默默得分。

1991 年 9 月 19 日，C.J. 麦科勒姆出生于俄亥俄州的坎顿。

2005 年，麦科勒姆就读格伦奥克高中时，身高只有 1.57 米。然而身材的劣势并没有阻挡他追逐篮球的脚步。高中的两年间，他的身高一下猛增 23 厘米，高三的第一场比赛，他轰下 54 分，创造了该校的单场得分纪录。而高四那年，他更是场均拿下 29.3 分，并在毕业时总得分达到创造校史新纪录的 1405 分，此时他的身高也长到 1.89 米。

然而，麦科勒姆出色的成绩并没有打动那些 NCAA 的传统篮球名校，无奈之下，他只得选择里海大学。麦科勒姆的到来给这所大学带来翻天覆地的变化。

2011 年，大三赛季的麦科勒姆率队杀入"疯狂三月"。2012 年，大四赛季的麦科勒姆场均得到 23.9 分，投篮命中率高达 49.5%，三分命中率高达 51.6%。但他在大四赛季只打了 10 场比赛就因为左脚跖骨骨折而赛季报销，这对其选秀行情产生了一定的影响，不过，开拓者还是在 2013 年选秀大会赌了一把，在首轮第 10 顺位选走麦科勒姆。

开拓者期待麦科勒姆成为下一个利拉德，而利拉德早在麦科勒姆上大四时，就主动联系他，他们惺惺相惜。

207

利拉德与麦科勒姆球风相似，心思互通，配合天衣无缝。"开拓者双枪"逐渐成为现役最好的后场组合之一。不过他们之间的磨合并非一帆风顺，麦科勒姆在菜鸟赛季只打了 38 场比赛就因为左脚跖骨再次骨折而赛季结束。2014/2015 赛季，他又遭遇了手指伤势休战了 1 个月，复出之后的上场时间也不稳定。

虽然上场时间寥寥，但麦科勒姆还是抓住有限的时间证明了自己。2015 年 4 月 26 日，开拓者与灰熊的季后赛，麦科勒姆替补上场 27 分钟，14 投 8 中，得到 26 分。四天之后，开拓者客场 93 比 99 不敌灰熊，麦科勒姆得到生涯新高的 33 分，并且成为开拓者队史上季后赛单场得分最高的替补球员。

2015 年夏天，合同到期的阿尔德里奇宣布离队，开拓者意欲重建，他们将巴图姆交易至黄蜂，将马修斯送往达拉斯，又将罗宾·洛佩兹送往纽约尼克斯……昔日的"波特兰五虎"就这样消散在光阴中，徒留利拉德一个人面对这片废墟。

2015/2016 赛季开始前，所有人似乎都认定开拓者将联盟垫底。而此时的麦科勒姆挺身而出，场均砍下 20.8 分、3.2 个篮板、4.3 次助攻，荣获该赛季进步最快球员奖。

麦科勒姆和利拉德这对"开拓者双枪"率领球队以 44 胜西部第五的战绩闯进 2016 年的季后赛，并在首轮战胜快船。西部半决赛，虽然开拓者与巅峰勇士鏖战五场，力竭而败，但"双枪"治下的这支"波特兰青年军"，足以令人心生敬意。

2016 年夏天，开拓者以 4 年 1.06 亿美元的合同提前续约麦科勒姆。这个上赛季还场均只有 6.8 分的小伙子，此时竟然收获了亿元大合同，其崛起速度之迅猛，世所罕见。

拿到大合同之后，麦科勒姆丝毫没有懈怠，他将赛季场均得分维持到 20+，成为利拉德身边绝佳搭档，偶尔也会抢走"利指导"的风头，比如在 2018 年 2 月 1 日的比赛，他只用了三节就轰下 50 分，率领开拓者击败公牛。

2019 年季后赛，麦科勒姆在开拓者在与掘金的西部半决赛中大放异彩，他在第三场出战 60 分钟，砍下 41 分，历经四加时，率队战胜对手。第六场和第七场，他连续砍下 30+，在利拉德手感不佳时，麦科勒姆为掘金能晋级西部决赛提供关键火力支援。

开拓者自 2000 年以来首次重返西部决赛，却被上届冠军勇士横扫，麦科勒姆在首次西决之旅表现平平，场均贡献 22 分、4.5 次助攻，投篮命中率仅有 39.3%。

虽然西决落败，但"双枪"率领开拓者打出十年来最佳战绩。2019 年 7 月，麦科勒姆与球队签下了一份 3 年 1 亿美元的合同，而在此之前，利拉德也以 4 年 1.94 亿美元的顶薪续约开拓者，这意味着"超级双枪"，依然是波特兰未来三年的球队基石。

2019/2020 赛季，NBA 受新冠肺炎疫情的影响而一度停摆，直到 2020 年 7 月才在奥兰多重新开打。麦科勒姆场均得到 22.2 分、4.2 个篮板、4.4 次助攻，开拓者在他与利拉德的带领下，连续 7 年跻身季后赛之列。遗憾的是，开拓者在先下一城的大好局面下，被湖人连胜四场淘汰出局，麦科勒姆在第五场偶露峥嵘，轰下 36 分。

2020/2021 赛季，麦科勒姆在圣诞大战中投进 9 记三分球，狂砍 44 分，率领开拓者险胜火箭。这个赛季他状态奇佳，场均能砍下 27.6 分，三分命中率高达 43.4%，可惜麦科勒姆在 2021 年 1 月 17 日与老鹰的比赛中不慎倒地，导致左脚骨裂，缺席 24 场比赛。归来之后，麦科勒姆状态平平，场均得分下降到 21.8 分。开拓者以西部第六进军季后赛，以 2 比 4 不敌掘金，连续第二年首轮即遭淘汰。自 2014 年开始，开拓者连续 8 年杀进季后赛，从"双德时代"到"双枪时代"，他们始终无法跨入总决赛的大门。

2021 年夏天，开拓者宣布与主教练斯托茨分道扬镳，比卢普斯走马上任。

2021 年 12 月，麦科勒姆被检查出患有气胸（右肺处），并深陷交易流言，尽管球队出面澄清，但在 2022 年 2 月 8 日，麦科勒姆还是被开拓者交易到鹈鹕，从此告别九年波特兰岁月，开始一段新奥尔良的旅程。

在交易达成后，麦科勒姆在《球星看台》发表了一篇冗长而有深情的亲笔信，诉说了他对波特兰的爱，大意是，"波特兰就是我的家，在这里奋斗九年，不仅是篮球，还有灵魂，都深受其影响。我与兄弟达米安（利拉德）在这里一同成长、并肩作战。如今我被交易了，商业联盟，人生亦然。我会在新奥尔良依然关注波特兰的每一位队友，因为在这里有我太多回忆，我会永远为此自豪。"

麦科勒姆来到鹈鹕，与年轻的领袖英格拉姆一起，率领鹈鹕一路逆袭，在"胖虎"蔡恩缺阵球队不被看好的情况下，通过附加赛淘汰马刺、力克快船，以西部第八重返季后赛，并与西部第一的太阳鏖战六场，才饮恨出局。

年近而立的麦科勒姆迅速成为年轻鹈鹕的核心，可以肆意得分。4 月 14 日对阵马刺的附加赛，麦科勒姆在第二节袭下 19 分，半场狂砍 27 分。

2022 年季后赛，当鹈鹕被老辣的太阳挡在半决赛之外，他们却以胜利者的姿态昂首离开。因为所有人都相信，下赛季"胖虎"归来，他们必将成为西部一股生猛的力量。

此时的麦科勒姆，三十而立，此心不渝，战斗不息。

生涯高光闪回 / "抢七"发威

高光之耀： 麦科勒姆此战 29 投 17 中，砍下全场最高的 37 分，创造开拓者队史"抢七"个人得分新高。在利拉德"哑火"的情况下，麦科勒姆率领开拓者击败掘金，成为这个系列赛七场鏖战的胜负手。此轮系列赛苦战七局，第三场苦战 4 个加时，创造了 66 年来用时最长比赛纪录，掘金与开拓者打出棋逢对手的旷世名局。

2019 年 5 月 13 日，西部半决赛开拓者与掘金的"抢七大战"，主场作战的掘金一度领先 17 分之多。此役利拉德手感冰凉，17 投只有 3 中，仅得 13 分。好在麦科勒姆保持火热手感，砍下 37 分，并在最后 29.7 秒掘金追到只差 1 分时，撤步跳投命中制胜一击，艰难率领开拓者以 100 比 96 击败掘金，赢下"抢七大战"。

"他是黄蜂队史最佳球员之一。"

——迈克尔·乔丹

● 档案

肯巴·沃克 / Kemba Walker

出生地：美国纽约布朗克斯区

出生日期：1990 年 5 月 8 日

身高：1.85 米 / 体重 83 公斤

效力球队：黄蜂、凯尔特人、尼克斯

球衣号码：1、15、8

场上位置：控球后卫

● 荣耀

4 届全明星：2017 年—2020 年

1 届鲍勃·库西奖：2010/2011 赛季

1 届最佳阵容三阵：2018/2019 赛季

NCAA 冠军：2010/2011 赛季

● 常规赛场均 19.5 分、3.8 个篮板、5.3 次助攻

● 季后赛场均 19.6 分、3.8 个篮板、4.8 次助攻

肯巴·沃克常规赛数据

赛季	球队	篮板	助攻	得分
2011/2012	黄蜂	3.5	4.4	12.1
2012/2013	黄蜂	3.5	5.7	17.7
2013/2014	黄蜂	4.2	6.1	17.7
2014/2015	黄蜂	3.5	5.1	17.3
2015/2016	黄蜂	4.4	5.2	20.9
2016/2017	黄蜂	3.9	5.5	23.2
2017/2018	黄蜂	3.1	5.6	22.1
2018/2019	黄蜂	4.4	5.9	25.6
2019/2020	凯尔特人	3.8	4.8	20.4
2020/2021	凯尔特人	4.0	4.9	19.3
2020/2021	尼克斯	3.0	3.5	11.6

蜂王
肯巴·沃克
KEMBA WALKER

沃克在进攻端的能力相当全面，持球突破兼具速度和力量，外围投篮相当精准，关键时刻得分绝不手软。

作为一个技巧早熟但天赋并不出挑的高顺位新秀，经历了 2016 年季后赛的"淬火"之后，沃克在打出职业生涯最好的时节，成为黄蜂在进攻端的第一创造者。他拥有灵巧的步伐、美妙的控球、精准的中投，以及令人愉悦的节奏感。沃克像是一个远射不够优秀、温润如玉但少了几分惊艳的凯里·欧文。

1990 年 5 月 8 日，肯巴·沃克出生于纽约市的布朗克斯区，从小就置身于浓郁的街头篮球文化中，那里盛传着阿尔斯通、马布里、奥多姆、阿泰斯特等 NBA 球星的纽约往事。"我那个街区的很多男孩都崇拜马布里。"沃克回忆童年时说。

沃克在莱斯高中的高三时期，场均砍下 18.2 分，入选了麦当劳全美最佳阵容。

2008 年，沃克拒绝了北卡、肯塔基、UCLA 和杜克等篮球名校的邀请，选择了康涅狄格大学，一座以出产雷·阿伦、汉密尔顿、本·戈登等优质射手而闻名的学府。沃克认为自己以投篮见长，他渴望比肩三大射手前辈，并带领"康大"重夺 NCAA 冠军。

大一赛季，沃克率队打进 NCAA 四强，成为《体育画报》的封面人物。2010 年 11 月 17 日，大二的沃克在主场对阵佛蒙特大学的比赛中，砍下个人新高的 42 分。

2010/2011 赛季，沃克率领康涅狄格大学队进入 NCAA 总决赛，最终击败巴特勒大学队，夺得总冠军，而沃克也最终当选 NCAA 四强赛 MOP（最杰出球员）。

2011 年 NBA 选秀，夏洛特山猫（现夏洛特黄蜂）在首轮第 9 顺位选中沃克，球队老板乔丹看中的是沃克在控卫位置上的超强活力、稳定输出能力和全明星潜质。

2011/2012 赛季，由于劳资纠纷延时开打，沃克在长达 6 个月的等候之后，终于迎来职业首秀。面对雄鹿，沃克拿下 13 分、7 个篮板、3 次助攻，表现颇为抢眼。

随后沃克遭遇"新秀墙"，在菜鸟赛季场均贡献 12.1 分、4.4 次助攻，投篮命中率只有 36.6%。但沃克的表现偶尔也有亮点，譬如 2012 年 1 月 29 日，在对阵奇才的比赛中，沃克拿下 20 分、10 个篮板、10 次助攻，成为 2011 届新秀中首位得到"三双"的球员。

2012/2013 赛季，沃克成为山猫的头号控卫。上场时间激增，他打出了漂亮的场均数据：17.7 分、3.5 个篮板和 5.7 次助攻，投篮命中率提升到 42.3%。

2013/2014 赛季，沃克场均得到 17.7 分、4.2 个篮板 6.1 助攻。该赛季结束后，夏洛特山猫改名夏洛特黄蜂，沃克也从"猫王"一跃变身为"蜂王"。彼时的乔丹决定与他续约一份 4 年 4800 万美元的合同，沃克也成为夏洛特的真正核心。

尽管沃克身高只有 1.85 米，劣势明显，但沃克从未气馁。他回忆，"当时许多人都说我太矮、投篮差，但我知道如何打球，我一直都把那些批评当作前进的动力。"

2014/2015 赛季，沃克遭遇左膝盖半月板撕裂，被迫进行手术，错过 20 场比赛，而黄蜂再一次无缘季后赛。2015 年夏天，黄蜂进行两笔引援，签下巴图姆和林书豪。与此同时，中锋科迪·泽勒进步明显，老将杰弗森也愿意接受第六人的角色，黄蜂全队进入一个良性发展的美妙阶段，而沃克将带领黄蜂展翅高飞。

2016/2017 赛季，我们见证了林书豪加盟黄蜂后的又一次闪耀，见证了沃克作为领的袖卓尔不群。2016 年 1 月 19 日，黄蜂在主场双加时以 124 比 119 战胜爵士，沃克得到生涯新高的 52 分。整个赛季，沃克场均 20.9 分、4.4 个篮板、5.2 次助攻，各项投篮命中率都创下生涯新高。黄蜂最终以东部第五的排名进入季后赛。值得一提的是，与热火的系列赛中，他们在 0 比 2 落后的不利局面下连扳三场，率先取下赛点。

当所有人都以为在夏洛特的第六场将是他们创造历史之时，沃克暴露出了季后赛经验不足的致命弱点，老辣的韦德终结了沃克的前进脚步。在吞下一场 33 分的失利后，沃克坚强地表示："我们会变得更强。"

2017/2018 赛季，沃克超越戴尔·库里（9839 分），成为黄蜂队史得分王，并在客场击败独行侠的比赛中，命中 10 记三分球。沃克表现固然出色，但无法换来球队的更多胜利，黄蜂在 2018 年依然无法挺进季后赛。

2018/2019 赛季，沃克迎来职业生涯的巅峰期。2018 年 11 月 18 日，在黄蜂 119 比 122 惜败 76 人的比赛里，沃克犹如天神下凡，砍下个人与黄蜂队史新高的 60 分。

两天后，沃克在面对凯尔特人的比赛中轰下 43 分，末节独得 21 分。两场比赛累计轰下多达 103 分，沃克成为 NBA 历史上第 6 位轰下 60+ 后再轰 40+ 的球员，比肩张伯伦、马拉维奇、乔丹、麦迪和科比。

2018/2019 赛季，沃克场均砍下 25.6 分，28 次得分 30+ 创队史纪录，并且单赛季命中 260 记三分球。他职业生涯首次入选全明星首发，职业生涯首次入选最佳阵容（三阵），沃克用一系列强劲表现，加快了自己向联盟顶级球星行列迈进的步伐。

2019 年休赛期，沃克渴望留在黄蜂，原本有望拿到 5 年 2.21 亿美元的顶薪合同，但黄蜂却只肯给沃克 5 年 1.6 亿美元的合同，关于续约双方分歧较大。最终，黄蜂和凯尔特人达成先签后换的交易，沃克离开了效力 8 年之久的黄蜂。

沃克与凯尔特人签订 4 年 1.41 美元的合同之后，全力与"双探花"（塔图姆和布朗）并肩作战。2019/2020 赛季，沃克场均得到 20.4 分、4.8 次助攻，再次入选全明星首发。

凯尔特人在 2020 年季后赛高歌猛进，一路杀到东部决赛，沃克也不断提供凶猛火力支援，譬如横扫 76 人第四场，他独砍 32 分。

首次站上东决的赛场，沃克却饱受膝伤困扰，并没有发挥王牌得分手的威力。场均贡献 19.8 分，仅为球队第三得分点。凯尔特人最终被热火挡在总决赛大门之外。

2020/2021 赛季，沃克陷入左膝伤病的泥潭，状态大大折扣，虽然偶露峥嵘，但他已经不是当年那位视得分如草芥的"王牌控卫"。2021 年 6 月，凯尔特人将沃克交易到俄克拉荷马雷霆，沃克与雷霆达成买断。2021 年 8 月 12 日，尼克斯用一纸 2 年 1800 万美元的合同将沃克签下。在外打拼 10 年之后，沃克终于回到家乡——纽约。

然而，回家的美好愿景很快被现实击碎。在防守至上的锡伯杜教练手下，沃克在 2021/2022 赛季才打了 10 余场比赛就跌出轮换阵容，成了尼克斯战绩不佳的替罪羊。12 月份，罗斯受伤，重新被激活后的沃克终于迎来绽放：他对阵奇才时狂砍 44 分，圣诞大战打老鹰时拿下 10 分、10 个篮板、12 次助攻的"经济型三双"，并当选东部周最佳球员。

短暂的高光并没有改变沃克的处境，2022 年全明星赛之后，沃克与尼克斯达成共识，提前结束木赛季的征程。现实的困顿不能阻挡沃克再次崛起的步伐，毕竟，他是四届全明星、曾经锋芒毕露的"蜂王"，年仅 32 岁的沃克，不该就此迷茫。

生涯高光闪回 / 60 分新高

高光之耀：沃克此战 34 投 21 中，三分球 14 投 6 中，罚球 12 罚全中，得到个人职业生涯新高的 60 分，并创造了黄蜂队史球员单场得分最高纪录。

2018 年 11 月 18 日，黄蜂主场 119 比 122 惜败 76 人，此役沃克犹如球队老板乔丹附体，内突外投，无人可挡。第四节最后关键时刻，沃克无视巴特勒的防守，命中关键打板三分，帮助球队扳平比分。加时赛中，沃克体力耗尽，仅命中一球，单场得分达到 60 分。决战时刻，巴特勒命中压哨绝杀三分，最终 76 人以 122 比 119 险胜黄蜂。

这位传球鬼才全明星赛上的那个后肘传球，让巴克利惊呼在"2K"里都无法仿制出来。

贾森·威廉姆斯常规赛数据

赛季	球队	篮板	助攻	得分
1998/1999	国王	3.1	6.0	12.8
1999/2000	国王	2.8	7.3	12.3
2000/2001	国王	2.4	5.4	9.4
2001/2002	灰熊	3.0	8.0	14.8
2002/2003	灰熊	2.8	8.3	12.1
2003/2004	灰熊	2.0	6.8	10.9
2004/2005	灰熊	1.7	5.6	10.1
2005/2006	热火	2.4	4.9	12.3
2006/2007	热火	2.3	5.3	10.9
2007/2008	热火	1.9	4.6	8.8
2009/2010	魔术	1.5	3.6	6.0
2010/2011	魔术	1.4	1.5	2.1
2010/2011	灰熊	1.1	1.9	2.0

● 档案

贾森·威廉姆斯 / Jason Williams
出生地：美国西弗吉尼亚州贝尔镇
出生日期：1975 年 11 月 18 日
身高：1.85 米 / 体重：86 公斤
效力球队：国王、灰熊、热火、魔术
球衣号码：2、3、44、55
场上位置：控球后卫

● 荣耀

1 届总冠军：2006 年
最佳新秀阵容一阵：1998/1999 赛季

● 常规赛场均 10.5 分、5.9 次助攻、1.2 次抢断
● 季后赛场均 8.3 分、3.3 次助攻、0.8 次抢断

白巧克力

贾森·威廉姆斯

JASON WILLIAMS

　　他拥有白人的身体，却同时兼具黑人的爆发力。而且他每一次传球都堪称匪夷所思的神来之笔，玄妙莫测、永不雷同、无从琢磨，就像你永远猜不到下一颗巧克力的味道。于是"白巧克力"成为威廉姆斯永远的标签。

　　他灵动、自由的打法被挖掘到了最大，每天晚上，他都肆意发挥着自己的灵感，创造出无数千奇百怪的传球和进攻，他成了十佳球的常客，而萨克拉门托也成了转播商的宠儿。

　　不受打磨的天性绽放，才是这块"白巧克力"最美味的时刻！

　　他是整个 NBA 球场上的异类，在强调纪律和执行力的篮球比赛中，他是唯一不按常理出牌的怪物。他带给 NBA 的是从未有过的新鲜感，有他，比赛变得充满吸引力。因为没人知道他会做出什么样的举动，人们只能睁着眼睛，目不转睛地看着他，生怕错过任何一个细节。无他，比赛似乎瞬间变得平庸，不论打得如何焦灼、激烈，也不过是有迹可循的对决，沿着战术安排和球星特点，总会有迹可循。

　　他仿佛武林最高境界的天外飞仙，一剑东来，变化万千，绚烂过后，却无痕迹。

　　"白巧克力"绽放在 21 世纪初叶，那个还存有古典浪漫主义的余温。不敢想象威廉姆斯如果出生这个时代，会书写一个什么样的职业生涯……

　　1975 年 11 月 18 日，贾森·威廉姆斯出生在西弗吉尼亚州的贝尔镇。他 4 岁时就可以熟练地控球，从小就在父亲工作的杜邦中学球场上不停地练习各种运球投篮。

　　大学期间，威廉姆斯师从 NCAA 名帅比利·多诺万（后来出任雷霆、公牛主帅）。

215

1998 年选秀大会，威廉姆斯被萨克拉门托国王在首轮第 7 顺位选中，从此开始了独一无二的表演。揭幕战，他酣战马刺，得到 21 分、3 次助攻，更难能可贵的是他打出水银泻地一般的攻势，其自如轻松、充满创造力的酷炫球风令人着迷。

威廉姆斯创造了一个独一无二的奇观——他还在新秀赛季，其球衣销量就高居 NBA 销量榜第五。萨克拉门托国王的比赛不仅一票难求，其转播量也得到飞跃式提升。

尽管威廉姆斯在第二赛季场均仅贡献 9.4 分、5.4 次助攻，但他每一次传球，都是天马行空的艺术创作，而在绚烂无比的视觉盛宴中，没有谁会纠结那些数据的瑕疵。

21 世纪前后，威廉姆斯坐镇的萨克拉门托国王成为 NBA 最华丽的球队。"白巧克力"这个形容他同时拥有白人身体和黑人爆发力的绰号也开始响彻联盟。

"白巧克力"身为白人，却拥有比黑人更出色的球感，他将街头篮球动作与实战完美结合，更是一座行走的传球博物馆：背后传球、手肘传球、不看人传球、空中换手传球……他信手拈来，那时候，威廉姆斯与韦伯和迪瓦茨（两位最会传球的大个子）配合得行云流水，联袂谱写了一曲华丽梦幻的萨克拉门托"普林斯顿"交响曲。

很难说是"普林斯顿"打法的国王成就了"白巧克力"，还是"白巧克力"成就了那支极具观赏性的国王。总之在阿德尔曼教练的"普林斯顿"战术体系之下，这位传球鬼才开始肆意挥洒自己的篮球天赋，于是许多匪夷所思的传球就这样出现了。

一人拿球，九人紧张。他用那些神鬼莫测的传球不仅"戏耍"了对手，有时就连队友也一头雾水，但他就凭借这些传球在长人如林的 NBA 里扬名立万，营造了一个充满悬念的未知世界，让球迷们看得如醉如痴，大呼过瘾。

2000 全明星赛新秀赛季，威廉姆斯的那个后肘传球更是让巴克利惊呼在《NBA 2K》游戏里都无法仿制出来。这就是"白巧克力"，一位仅靠传球就能让球迷无比热爱的球员。然而，当世人习惯了"白巧克力"的华丽球风，又开始关心球队的战绩。

从 2000/2001 赛季起，国王开始觉得威廉姆斯华而不实的球风失误太多，更无法给球队带来胜利。而他似乎对这些批评视而不见，更让人们觉得他已经无可救药。

随着国王在 2001 年西部半决赛被湖人横扫，失利的质疑逐渐向威廉姆斯侵袭。萨克拉门托很快将他送往苦寒的孟菲斯，换来"白魔鬼"毕比。毕比在国王的成功表现刺激到了威廉姆斯。于是他决定改变自己，从华丽炫技流向沉稳务实派靠拢。

2001/2002 赛季，威廉姆斯加盟灰熊开始骤然改变。尽管这个赛季他场均拿下职业生涯新高的 14.8 分、8 次助攻，甚至还在对阵火箭时独砍 38 分，但他并不爽，因为那个自由穿梭、挥洒天赋和即兴创造的球场精灵，正按照世人的胜负观强加改造、迷失自己。

从 2002/2003 赛季到 2004/2005 赛季，威廉姆斯在灰熊数据逐年递减，而球队在季后赛边缘徘徊，让威廉姆斯的改变毫无意义。

孟菲斯也意识到无法留下这个变得中规中矩，但心灵依旧向往不羁飞扬的控卫了。

于是他们在 2004/2005 赛季结束，将威廉姆斯送往迈阿密。

在迈阿密热火，威廉姆斯步入职业生涯的末期，他努力改变自己，蜕变为一位沉稳有序的组织者，成为热火夺冠的一块最佳拼图。

2005/2006 赛季，威廉姆斯作为热火的首发控卫，场均得到 12.3 分、4.9 次助攻。

在热火对阵活塞的东部决赛，威廉姆斯甚至上演单骑救主的戏码，11 投 10 中拿下 21 分，帮助球队顺利晋级总决赛。

2006 年总决赛，当热火以 0 比 2 落后小牛的危急时刻，威廉姆斯奇锋出鞘，帮助韦德上演绝境逆袭，连扳 4 场，最终击败小牛夺得总冠军。威廉姆斯在总决赛场均贡献 12 分、5 次助攻，功不可没，他也如愿拿到一枚总冠军戒指。

在之后的两年，他也按部就班，成为球队、球迷乃至整个联盟的"合格控卫"，稳扎稳打组织进攻，给空位队友送去助攻。

2007/2008 赛季结束后，威廉姆斯离开热火，辗转快船、魔术、灰熊……

然后，他无法忍受不能按着自己心意打球，于是在 2011 年 4 月 19 日，宣布退役，退役的原因发自内心：他已经找不到篮球的乐趣。

从飞檐走壁、随心所欲的剑客，蜕变成一个兢兢业业、恪尽职守的士兵，尽管拿下了引人钦羡的总冠军戒指，却被时光遗忘了最初那个紫衣翩翩的佳公子。那么，那个最初的"白巧克力"到底是什么味道呢？

是超远的一记背后传球，将对手完全迷惑，助攻迪瓦茨拿下两分，是一记漂亮的胯下运球，让"手套"佩顿完全迷失，然后抛射上篮，轻松取分，还是自己带球过了半场，无视所有防守队员和己方球员的超远三分出手，投入篮圈？或许都不是。

当整个 NBA 都变得循规蹈矩、索然无味时，我们又何尝不怀念那个"创造了的第 1001 式传球技巧"的男人，那个带给我们千般滋味的"白巧克力"呢？

生涯高光闪回/ 手肘梦幻传球

高光之耀：凭借一手鬼神莫测的传球技巧，"白巧克力"威廉姆斯曾被誉为史上传球最华丽的控卫，而"手肘传球"让他一传成名。

2000 年 NBA 新秀赛，威廉姆斯在一次快攻中，先用左手假意背传给右边队友，之后用右肘将球打向左边队友，这记前所未见的"手肘传球"惊诧了世人，堪称传球中的鬼才之作。

"他的投篮让人想起伯德。"
——理查德·汉密尔顿

● 档案

佩贾·斯托亚科维奇 / Peja Stojakovic
出生地：塞尔维亚波热加
出生日期：1977年6月9日
身高：2.06米／体重：100公斤
效力球队：国王、步行者、黄蜂、猛龙、独行侠
球衣号码：16
场上位置：小前锋

● 荣耀

1届总冠军：2011年
3届全明星：2002年—2004年
1届最佳阵容二阵：2003/2004赛季
2届三分球大赛冠军：2000/2001赛季、
2001/2002赛季
1届世锦赛冠军：2002年
1届欧锦赛冠军&MVP：2001年

● 常规赛场均17.0分、4.7个篮板、1.8次助攻
● 季后赛场均14.4分、4.9个篮板、1.0次助攻

佩贾·斯托亚科维奇常规赛数据

赛季	球队	篮板	助攻	得分
1998/1999	国王	3.0	1.5	8.4
1999/2000	国王	3.7	1.4	11.9
2000/2001	国王	5.8	2.2	20.4
2001/2002	国王	5.3	2.5	21.2
2002/2003	国王	5.5	2.0	19.2
2003/2004	国王	6.3	2.1	24.2
2004/2005	国王	4.3	2.1	20.1
2005/2006	国王	5.3	2.2	16.5
2005/2006	步行者	6.3	1.7	19.5
2006/2007	黄蜂	4.2	0.8	17.8
2007/2008	黄蜂	4.3	1.2	16.4
2008/2008	黄蜂	4.3	1.2	13.3
2009/2010	黄蜂	3.7	1.5	12.6
2010/2011	黄蜂	1.0	1.0	7.5
2010/2011	猛龙	1.5	0.5	10.0
2010/2011	独行侠	2.6	0.9	8.6

佩贾

佩贾·斯托亚科维奇

PEJA STOJAKOVIC

作为东欧出产的顶级射手，佩贾成为"一招鲜，吃遍天"的代表，在 NBA，资质平平的他就凭借精良射术入选全明星。

作为联盟最好的射手之一，佩贾关键投篮技术极其出色，尽管"歪把"投篮动作并不标准，但出手速度快，命中率高，射程覆盖范围大，空切跑位能力强。

1977 年 6 月 9 日，佩贾·斯托贾科维奇出生于南斯拉夫的波热加。

少年的佩贾在炮火声中学会了投篮，16 岁便成为职业球员。1994 年，佩贾举家迁至希腊。随着在希腊联赛里声名鹊起，佩贾在 1996 年决定参加 NBA 选秀。

1996 年是选秀大年，诞生了群星璀璨的"黄金一代"。19 岁的佩贾在首轮第 14 顺位被萨克拉门托国王选中时，并没有立刻到 NBA 报到，但在那张的"96 黄金一代"大合影中，那位梳着中分发型的欧洲俊逸小生神情格外冷峻。

佩贾选择在希腊联赛继续征战两个赛季，在 1998 年拿到希腊联赛 MVP 之后，佩贾才正式来到 NBA，加盟了萨克拉门托国王。也就是同一个夏天，韦伯从华盛顿赶来，阿德尔曼执掌起国王帅印。

1998/1999 缩水赛季，国王在韦伯、迪瓦茨和"白巧克力"的率领下，将篮球打得花团锦簇，和湖人一起成为西部新贵，佩贾在新秀赛季场均得到 8.4 分。

1999/2000 赛季，佩贾出任国王首发，场均能贡献 11.9 分、3.7 篮板。虽然进攻端有所提升，但防守端的软肋也十分明显。国王与湖人在季后赛打出一轮火花四射的系列赛，以 2 比 3 光荣出局，佩贾这位白人投手在 NBA 里逐渐开始找到射程。

2000/2001 赛季，国王送走"白巧克力"，换来"白魔鬼"迈克·毕比。佩贾进入首发，"国王五虎"也横空出世。"五虎"分别为控球后卫毕比、得分后卫克里斯蒂、小前锋佩贾、大前锋韦伯、中锋迪瓦茨，他们联手将国王打造成千禧年过后 NBA 球风最华丽的球队，开创了一段雄奇澎湃的萨克拉门托岁月。

佩贾由此也开始一名"神射手"的高光生涯。之后五个赛季里，他四个赛季场均得分超过 20 分，三分球命中率高达四成，成为足以媲美雷·阿伦的三分射手。

佩贾射术精良，但短板也十分明显。他虽然拥有 2.06 米的标准大前锋身高，但无力与黑人大汉去内线肉搏，而且他的身高还连累了运球水平。但他依然能够场均砍下 20 分，这一切都归功于他独特的"歪把"投篮绝技。

佩贾拥有神奇的出手速度和惊人的准确度，再加上 2.06 米的身高带来的超高出手点以及独特的出手姿势，让他的投篮很难被对手封盖，确保让他成为一名神射手。

他的三分球投射在那个时代尤为突出。进入首发后有四个赛季三分球命中率超过 40%。2001/2002 赛季，他更是蝉联了全明星大赛的三分王。

身为一个白人投手，佩贾足够聪明，精通一切为射手设置的战术和寻找出手机会的方法，在国王的"普林斯顿体系"中如鱼得水。当时的国王进攻如行云流水，行云流水的国王也逼出了一个趋于完美的佩贾。

他的投篮被打磨得更为精纯，当得分已经变成他的常规武器时，佩贾在做任何事情时都显得如此的举重若轻。当时的国王一传一射皆心有灵犀，整个球队就像一部精巧细致、严密运转的机械战车，佩贾就是炮管，完成最后的精确炮击。

2001/2002 赛季初，韦伯缺阵，佩贾成为国王的核心，他在前 20 场比赛中场均贡献 24 分，率领国王取得 15 胜 5 负的优异战绩，连续第三年入选全明星。在他最巅峰的 2003/2004 赛季，场均得到 24 分、6 个篮板，常规赛 MVP 榜高居第四。

佩贾有着超凡的射术和球感，但绵软的球风始终被人诟病。他那种依靠跑动、掩护、反向切入的无球打法，一旦在季后赛中遭遇高压防守，就会变得极不稳定。2002 年西部决赛，国王大战湖人的生死局，佩贾投出一记导致败局的"三不沾"，因此颇受质疑。

随着韦伯离去，国王进入衰落期。2005/2006 赛季，饱受伤病困扰的佩贾场均只得到 16 分。至此，他终于在国王待不下去了。从 2006 年 1 月到 7 月，他从国王辗转到印第安纳步行者，最后来到新奥尔良黄蜂，这里有联盟最灵秀的控卫——保罗。

2006/2007 赛季，佩贾场均得到 17.8 分、4.2 篮板。其中在 2006 年 11 月 15 日对阵山猫的比赛中，佩贾 22 投 15 中，砍下生涯最高的 42 分，为伤病满营的黄蜂注入一针"强心剂"。新奥尔良受此鼓舞，打出一波四连胜。

2007/2008 赛季，佩贾成为黄蜂的第三得分点，每晚他都习惯性接过保罗的传球，然后稳稳命中三分球。2008 年季后赛，黄蜂首轮以 4 比 1 淘汰小牛，在西部半决赛和马刺鏖战七场，然后昂首出局。那个赛季黄蜂取得 55 场常规赛以及 7 场季后赛的胜利。

2008/2009 赛季，黄蜂再度被伤病潮席卷，佩贾也因伤缺阵 21 场。而黄蜂这一切最终以季后赛首轮第四场著名的"58 分惨案"作为结局。

新奥尔良试图在一片废墟上重整旗鼓，但重建计划中不包括佩贾。到了 2010 年 12 月底，佩贾和杰里·贝勒斯一起，被送到暗无天日的猛龙，后者在 2011 年 1 月 21 日买断了他的合同。四天之后，他签约达拉斯小牛。

2010/2011 赛季，佩贾跟随小牛拿到总冠军，但他只在总决赛第一场只得 2 分，就被卡莱尔提前换下。所以，对于 34 岁的佩贾而言，他的夺冠之路的高潮部分留在 2011 年西部决赛的第四场。佩贾三分球 6 投全中，帮助小牛横扫上届冠军湖人，他也以此弥补了 2002 年西部决赛生死局那一击不中的遗憾。

佩贾拿到总冠军戒指后，心满意足。2011 年 12 月 20 日，他画上了职业生涯的句点。

佩贾在 NBA 效力 13 个赛季，共出战 804 场，以 40.1% 命中率共投中了 1760 个三分球。 如果，他能驰骋在如今的"三分制胜"的年代，将取得更加辉煌的成就。

2014 年 12 月 17 日，佩贾的 16 号球衣在国王退役。

作为"96 黄金一代"的配角，佩贾在国王度过辉煌时刻，在小牛夺冠的大结局也让他实现梦想。这种际遇像极了佩贾擅长制造的抛物线，虽然获得出手机会的过程十分艰辛，但篮球最终还是划出一道曲线后应声落网，"刷"的那声爽响，让人欣慰。

生涯高光闪回／球衣退役

高光之耀： 2014 年 12 月 17 日，国王主场迎战雷霆的赛前，为球队的传奇射手佩贾举行 16 号球衣退役仪式。佩贾亲临现场发言："感到非常荣幸，这是我不曾奢望的殊荣。"

佩贾是国王队史三分球总命中纪录保持者（1070 记三分球）、罚球命中率保持者（89.3%）。他为国王效力 518 场，场均贡献 18.3 分，是巅峰"国王五虎"的一员。

维克多·奥拉迪波常规赛数据				
赛季	球队	助攻	抢断	得分
2013/2014	魔术	4.1	1.6	13.8
2014/2015	魔术	4.1	1.7	17.9
2015/2016	魔术	3.9	1.6	16.0
2016/2017	雷霆	2.6	1.2	15.9
2017/2018	步行者	4.3	2.4	23.1
2018/2019	步行者	5.2	1.7	18.8
2019/2020	步行者	2.9	0.9	14.5
2020/2021	步行者	4.2	1.7	20.0
2020/2021	火箭	5.0	1.2	21.2
2020/2021	热火	3.5	1.8	12.0
2021/2022	热火	3.5	0.6	12.4

"奥拉迪波的突破让我
想起韦德，他完全可能
成为另一道'闪电'。"
——凯文·杜兰特

●档案
维克多·奥拉迪波 / Victor Oladipo
出生地：美国马里兰州上马尔伯勒
出生日期：1992 年 5 月 4 日
身高：1.93 米 / 体重：95 公斤
效力球队：魔术、雷霆、步行者、火箭、热火
球衣号码：4、5、7
场上位置：得分后卫

●荣耀
2 届全明星：2018 年、2019 年
1 届抢断王：2017/2018 赛季
1 届最佳防守阵容一阵：2017/2018 赛季
最佳新秀阵容一阵：2013/2014 赛季

●常规赛场均 17.4 分、4.6 个篮板、3.9 次助攻
●季后赛场均 14.3 分、4.8 个篮板、3.0 次助攻

2
♠

奥迪
维克多·奥拉迪波

VICTOR OLADIPO

巅峰时的奥拉迪波就像一柄出鞘的利剑，锋锐柔韧、寒气逼人。将巨大的能量压缩进了精练的肌肉里，随时可以瞬间爆发。奥拉迪波闪电般的第一步可以突破任何人，包括 2018 年的"巅峰詹"。

如果不是伤病，在奥拉迪波成为步行者的领袖之后，身躯中蕴藏的惊人能量必将完美兑现。即便是大伤归来，他依然没有丢掉魔法师般瞬移包抄抢断的绝技，这足以令他成为优秀的角色球员。

1992 年 5 月 4 日，维克托·奥拉迪波出生于美国马里兰州上马尔伯勒的一个高级知识分子家庭。父亲克里斯·奥拉迪波是马里兰大学的行为学博士，因为上马尔伯勒地区的治安环境较差等原因，他并不支持儿子在外面打篮球。而曾经是田径运动员的母亲则对儿子的"篮球梦"给予鼎力支持，奥拉迪波也继承了母亲的运动天赋。

由于父亲的学者身份，奥拉迪波没有其他黑人孩子的叛逆行为，但低调谦和的姿态却掩饰不住他那钻石般闪耀的篮球才华。他在印第安纳大学的大三赛季，场均得到 13.6 分、6.3 个篮板、2.2 次抢断和 2.1 次助攻，并以 78 次抢断创造了校史单赛季抢断纪录，荣膺最佳防守球员、美国体育新闻年度最佳球员，并入选了全美最佳第一阵容。

2013 年选秀大会上，奥拉迪波在首轮第 2 顺位被奥兰多魔术选中。之所以成为"榜眼秀"，除了他的出色天赋之外，更源于他的自律。为了保持状态，奥拉迪波不去夜店，不交女朋友，绝大部分时间都和篮球在一起，"苦曼巴"的绰号就由此而来。

自律无比的奥拉迪波打造了一个梦幻般的开局：他在 12 月 4 日同 76 人的双加时大战中，轰下 26 分、10 个篮板、10 次助攻，收获了职业生涯首个"三双"，而同他对位的 76 人新秀迈卡威也打出了"三双"。这是 NBA 历史上首次两名新秀同场砍下职业生涯首个"三双"。

2014 年 1 月 16 日，魔术不敌公牛，奥拉迪波轰下职业生涯新高的 35 分。整个新秀赛季，奥拉迪波场均得到 13.8 分、4.1 个篮板、4.1 次助攻，入选了最佳新秀阵容。

2014/2015 赛季，奥拉迪波更上一层楼，场均得分达到 17.9 分。

2015/2016 赛季，是奥拉迪波最为挣扎的一季，他出任替补，并两次被对手撞成脑震荡。赛季结束后，奥拉迪波的场均得分降到 16 分。2016 年 6 月 24 日，奥拉迪波被魔术当作筹码送往雷霆，换来伊巴卡。2016 年 11 月，雷霆便与奥拉迪波签下 4 年 8400 万美元的续约合同。由于杜兰特在同年夏天转投勇士，雷霆成为威斯布鲁克的球队，风格和功能相近的"奥迪"和"威少"能否共存，成为一个疑问。这个疑问始终困扰着接下来的整个赛季。

2016/2017 赛季，奥拉迪波场均仅得到 15.9 分、2.6 次助攻和 1.2 次抢断，均为生涯近年来新低。在威少赛季场均"三双"的神迹辉映下，奥拉迪波显得更加尴尬。

即便如此，作为雷霆"二当家"的奥拉迪波也毫无怨言。不过接下来他在自己职业生涯的首次季后赛之旅中，仅仅交出场均 10.8 分以及 34.4% 的投篮命中率的寒酸答卷，显然不及格。雷霆以 1 比 4 被火箭淘汰，奥拉迪波也陷入"被质疑"的旋涡。

2017 年 7 月，奥拉迪波被雷霆交易到印第安纳步行者，换来保罗·乔治。

奥拉迪波在印第安纳步行者这个最初"铸梦"的地方，开启了重生之路。他在休赛期进行了"一天三练"的秘密特训。经过数周的残酷训练，奥拉迪波如精雕重塑，焕然一新。

2017/2018 赛季，奥拉迪波只用一个月的时间，就让步行者球迷忘记了失去"泡椒"的痛苦，他刷新了一连串印第安纳步行者的队史纪录，成为这支球队真正的核心。

2017 年 12 月 11 日，奥拉迪波砍下生涯新高 47 分，率领步行者主场击败掘金。

奥拉迪波最终在 2017/2018 赛季大放异彩，场均砍下 23.1 分、5.2 个篮板、4.3 次助攻，并送出 2.4 次抢断，夺得抢断王，并荣膺进步最快球员奖。

2018 年季后赛首轮，奥拉迪波率领步行者将詹姆斯领衔的骑士逼进"抢七大战"，险些掀翻长达近十年的东部"皇权"统治。虽然步行者遗憾落败，但世人记住了那辆屡屡超车、风驰电掣的"奥迪"。

奥拉迪波在整个系列赛场均砍下 22.7 分、8.3 个篮板、6 次助攻、2.43 次抢断，三分命中率高达 40%。他在第一战爆砍 32 分，率队旗开得胜；第六战轰下"三双"，扳平总比分；"抢七战"他独取 30 分、12 个篮板、6 次助攻、3 次抢断，可谓虽败犹荣。

离开雷霆的奥拉迪波，经历了一次飞跃。他速度惊人，臂展超长，幻影疾风般的突破更是其拿手好戏。经过季后赛七场大战的锤炼，印第安纳的球迷们认为奥拉迪波足以继承米勒的衣钵，将步行者再次带回东部顶级豪强的序列。

奥拉迪波正处于生涯上升期，然而在 2018/2019 赛季却遭遇人生的"滑铁卢"。

上半赛季，奥拉迪波场均得到 18.8 分、5.6 个篮板、5.2 次助攻，连续第二年入选全明星，一路顺风顺水。然而 2019 年 1 月 25 日，在步行者对阵猛龙的比赛中，奥拉迪波遭遇右腿股四头肌撕裂，被迫进行手术，缺席了该赛季余下的所有比赛。

此次大伤让奥拉迪波整整休养了一年。2020 年 1 月 30 日，步行者对阵公牛，重伤归来的奥拉迪波手感冰凉，前 6 次三分球出手全部投丢，但他依然展现"大心脏"，在比赛还剩 9 秒时命中关键三分，帮助步行者加时取胜。获胜之后，奥拉迪波热泪盈眶："我就是要出手，带着'曼巴精神'。"1 月 26 日，科比在直升机事故中不幸罹难。作为科比的信徒之一，奥拉迪波用一记"黑曼巴式"进球致敬与缅怀偶像。

伤愈归来的 19 场比赛，奥拉迪波并没有以前那般游刃有余，场均仅贡献 14.5 分、2.9 次助攻。步行者也在 2020 年季后赛首轮被热火淘汰出局。

2020/2021 赛季，奥拉迪波仅仅代表步行者打了 9 场比赛，就在 2021 年 1 月 14 日卷进那场涉及哈登的四方大交易，最终被送至火箭。在休斯敦，奥拉迪波虽然偶露峥嵘，但他已经不再是那辆灵动飘逸、幻影疾驰的"奥迪"。

2021 年 3 月 26 日，奥拉迪波被火箭交易到迈阿密热火。奥拉迪波本欲在南海岸重新证明自己，却在出战仅 4 场之后，再次被股四头肌伤势击倒。再次经过手术之后，奥拉迪波在 2022 年 3 月伤愈复出。

2022 年 4 月 11 日，热火客场挑战面对魔术，面对昔日的"老东家"，奥拉迪波 22 投 13 中，砍下 40 分、10 个篮板、7 次助攻、2 次抢断的闪亮数据，依稀绽露巅峰时的风采。

2022 年季后赛打响后，洛瑞因伤缺阵，奥拉迪波临危受命，并在东部决赛第四场砍下 23 分，在组织进攻和防守端为热火做出突出贡献。

短短三年，沧海桑田，奥拉迪波经历了巅峰与低谷。从全明星后卫变成替补，亿元合同也变成底薪，但只要还能与心爱的篮球为伴，奥拉迪波就无怨无悔，正如其所言："每晚踏上赛场，我都要全力以赴，争取成为角色球员中的最强一人。"

生涯高光闪回/怒砍 47 分

高光之耀：世人皆知疾风突破是奥拉迪波的拿手好戏，其实他还是一位猿臂善射的球员，这场独砍 47 分的大戏中，奥拉迪波命中了 6 记三分球。

2017 年 12 月 11 日，步行者主场挑战掘金，奥拉迪波打出生涯代表作。他在进攻端彻底爆发，全场 28 投 15 中，三分球 12 投 6 中，罚球 13 投 11 中，狂砍职业生涯新高的 47 分，带领球队以 126 比 116 加时取胜掘金。值得一提的是，上一次单场轰出至少 47 分的步行者后卫，还是 1992 年的雷吉·米勒。

"他总能看到球队所需，并及时补充上去，这是罕见的能力。"
——卢克·沃顿

安德烈·伊戈达拉常规赛数据

赛季	球队	篮板	助攻	得分
2004/2005	76人	5.7	3.0	9.0
2005/2006	76人	5.9	3.1	12.3
2006/2007	76人	5.7	5.7	18.2
2007/2008	76人	5.4	4.8	19.9
2008/2009	76人	5.7	5.3	18.8
2009/2010	76人	6.5	5.8	17.1
2010/2011	76人	5.8	6.3	14.1
2011/2012	76人	6.1	5.5	12.4
2012/2013	掘金	5.3	5.4	13.0
2013/2014	勇士	4.7	4.2	9.3
2014/2015	勇士	3.3	3.0	7.8
2015/2016	勇士	4.0	3.4	7.0
2016/2017	勇士	4.0	3.4	7.6
2017/2018	勇士	3.8	3.3	6.0
2018/2019	勇士	3.7	3.2	5.7
2019/2020	热火	3.7	2.4	4.6
2020/2021	热火	3.5	2.3	4.4
2021/2022	勇士	3.2	3.7	4.0

●档案

安德烈·伊戈达拉 /Andre Iguodala
出生地：美国伊利诺伊州斯普林菲尔德
出生日期：1984 年 1 月 28 日
身高：1.98 米 / 体重：94 公斤
效力球队：76人、掘金、勇士、热火
球衣号码：4、9
场上位置：小前锋

●荣耀

4 届总冠军：2015 年、2017 年、2018 年、2022 年
1 届总决赛 MVP：2015 年
1 届全明星：2012 年
1 届最佳防守阵容一阵：2013/2014 赛季
最佳新秀阵容一阵：2004/2005 赛季
1 届奥运冠军：2012 年
1 届世锦赛冠军：2010 年

●常规赛场均 11.4 分、4.9 个篮板、4.2 次助攻
●季后赛场均 9.4 分、4.4 个篮板、3.5 次助攻

2
♥

一哥

安德烈·伊戈达拉

ANDRE IGUODALA

伊戈达拉是人生赢家，不仅是因为他在场上斩获四届总冠军和一届总决赛MVP奖杯，还因为他在场外成为日进斗金的商业巨擘。

草根中的巨星，这是对伊戈达拉最中肯的评价。在18年职业生涯中，他总是不温不火，永远不是阵中那最醒目的"一哥"。但如果他以奇兵之势杀出，却是对手的梦魇，他是库里身边的皮蓬，却比皮蓬更幸运，2015总决赛，伊戈达拉抢镜成功，加冕MVP。

1984年1月28日，安德烈·伊戈达拉出生于伊利诺伊州斯普林菲尔德。从小他就练习各项体育运动，因为梦想像乔丹一样，所以最终选择了篮球。

刚刚进入兰菲尔高中时，伊戈达拉只有1.75米，司职控卫，然而随着身高的疯长，他在高中最后一年已经成为队内身高最高的球员。2002年伊利洛伊州AA类高中联赛，伊戈达拉场均砍下23.5分、7.8个篮板、4.1次助攻，率队夺得亚军。

伊戈达拉的高中篮球生涯光彩夺目，因此收到多家大学的邀请，他最终选择了亚利桑那大学，与钱宁·弗莱、卢克·沃顿和哈桑·亚当斯成为队友。

伊戈达拉在亚利桑那大学的两年里，成为该校球队的MVP，并入选太平洋十联盟的最佳阵容。伊戈达拉在大学的成绩斐然，并在2004年决定参加NBA选秀。

2004年选秀大会，费城76人在第9顺位选中了伊戈达拉。

彼时76人还是艾弗森的球队，伊戈达拉扮演副手，因此有了"小AI"的称呼。2004/2005赛季，两个"AI"率领76人杀入季后赛，伊戈达拉在首个赛季场均得到9分、5.7个篮板，入选最佳新秀第一阵容。

2006 年 2 月，伊戈达拉在全明星新秀对抗赛闪耀全场，拿下此届新秀赛个人最高的 30 分，并贡献 6 个篮板和 3 次助攻，荣获了新秀挑战赛 MVP。

伊戈达拉蒸蒸日上，但艾弗森巅峰不再，76 人连续两个赛季战绩不佳。2006 年 12 月，艾弗森被交易到掘金，告别十年费城峥嵘岁月，伊戈达拉迎来属于自己的时代。

2006/2007 赛季，伊戈达拉场均得分升至 18.2 分，但始终无法摆脱 "AI" 的阴影。艾弗森离开的几个赛季里，伊戈达拉被迫增加出手之后，却发现自己并非 "主攻手"。

2012 年 8 月，伊戈达拉被 76 人交易到掘金。在丹佛高原，伊戈达拉找到属于自己的节奏，他不需要出任主角，而他的无私得到了全队的认可，总经理乌杰里非常希望他留下。然而季后赛掘金 2 比 4 负于勇士之后，伊戈达拉对金州心驰神往。

2013 年 7 月，伊戈达拉终于如愿以偿，与勇士签下 4 年 4800 万美元的合同。

在这支以 "水花兄弟" 为主打的球队，伊戈达拉明白如何发挥出自己的价值，"我可以成为托尼·阿伦，与此同时，我还可以像皮蓬一样去进攻。"

2014/2015 赛季，史蒂夫·科尔出任勇士主教练，希望巴恩斯打首发，让伊戈达拉引领替补。让一位此前 808 场全部首发的球员坐上替补席并不容易，况且伊戈达拉还拿着队内第三高的薪水。不过伊戈达拉并不在乎是否首发，更重要的是球队的胜利。

整个 2014/2015 常规赛季，伊戈达拉全部替补出场，场均只得到 7.8 分、3.3 个篮板。但到了 2015 年总决赛，伊戈达拉便开始爆发，场均贡献 16.3 分、5.8 个篮板、4 次助攻，在攻防两端都有抢眼表现。尤其是伊戈达拉有效地限制了詹姆斯，令后者首战 14 投仅 4 中。总决赛第四场，伊戈达拉出任首发小前锋，一举砍下 14 分、8 个篮板、7 次助攻、3 次抢断，勇士 "死亡五小" 惊现江湖，伊戈达拉成为勇士夺冠的胜负手。

2015 年 6 月 17 日，总决赛第六战，勇士在客场以 105 比 97 击败骑士，以总比分 4 比 2 淘汰对手，夺得总冠军。伊戈达拉荣膺总决赛 MVP，成为 NBA 历史上首位常规赛 0 首发的总决赛 MVP。伊戈达拉荣获此项至尊殊荣，一切都在意料之外，又在情理之中。

"水花兄弟" 率领勇士所向披靡、战无不胜，伊戈达拉是那支常胜之师的侧翼大闸，更是主教练科尔麾下的 "万金油"。

2015/2016 赛季，勇士打出了史上最强的常规赛战绩——73 胜，超越公牛的 72 胜，独享历史第一。只可惜，勇士在 1 比 3 落后雷霆完成超级逆转之后，在总决赛被詹姆斯的骑士以同样形式反杀。伊戈达拉没能延续上届总决赛的神奇，"抢七决战" 的关键时刻，伊戈达拉反击上篮，被詹姆斯 "钉板" 盖帽，成为败局的一个瞬间。

痛失总冠军，勇士在 2016 年夏天大手笔招来杜兰特。此后三年，以库里、汤普森、格林、杜兰特和伊戈达拉组成 "死亡五小" 终极版，横扫联盟，两次夺得总冠军。

勇士队达成 4 年 3 冠的伟业，而伊戈达拉永远保持低调。当 "水花兄弟" 掀起三分潮、杜兰特斩将夺旗、格林肆意怒吼时，伊戈达拉只会默默地奉献自己的一切。

2019 年，勇士在季后赛连折杜兰特和汤普森，总决赛以 2 比 4 不敌猛龙，无缘三连冠。伊戈达拉在那个夏天被交易至灰熊，此后辗转迈阿密。2020 年热火重返总决赛舞台，伊戈达拉也完成连续六年进军总决赛的壮举，可惜热火不敌湖人，未能夺冠。

2021 年 8 月 6 日，勇士为伊戈达拉奉上了一纸老将底薪的合约，37 岁的"一哥"重返金州，他坦言这是他职业生涯的最后一季，自己将在勇士退役。"欢迎我最好的兄弟回家，"库里说道，"他永远是那个让我感觉无比踏实的老大哥。"

2021/2022 赛季，回到勇士的伊戈达拉依旧开启"养生模式"，常规赛场均得分仅有 4 分，却能送出 3.7 次助攻。进入季后赛，伊戈达拉偶露峥嵘之外，没有再现 7 年前总决赛 MVP 的雄风，即便如此，他依然是勇士阵中"元老级"的存在。

2022 总决赛，勇士以 4 比 2 击败凯尔特人夺得总冠军，伊戈达拉也收获到自己的第四枚总冠军戒指。他曾坦言这是最后一季，这位在 NBA 征战 18 年的 38 岁老兵，以四个总冠军加上一个总决赛 MVP 的荣耀谢幕，书写了蓝领球员的成功神话。

从艾弗森身边飞天遁地的扣将，到独自带队"黑八"逆袭的硬汉，再到甘做绿叶辅佐库里的草根英雄……伊戈达拉从来不是巨星，但却是巨星身边最可靠的搭档。

作为非典型巨星，伊戈达拉一共从 NBA 拿到 2.2 亿美元的薪水，但这远非他收入的全部。他还是一位非常成功的商业奇才，仅 2020 年一笔投资就净赚 4 亿美元，连库里都跟在这位老大哥身后学投资，赚得盆满钵满。

基于如上原因，我们有理由相信：伊戈达拉，这位身价不菲的商业精英拿着微薄薪水在 NBA 打篮球，是真的出于热爱！

生涯高光闪回 / 勇士四冠 F4

高光之耀：从 2015 年到 2022 年，勇士 8 年夺得 4 届总冠军，创建了连绵不绝的"金州王朝"，将四冠荣耀集于一身，如今勇士阵中只有四人：库里、汤普森、格林与伊戈达拉。

2022 年 6 月 17 日，总决赛第六场最后一分钟，勇士胜券在握，科尔令旗一挥，将伊戈达拉换上场，让这位功勋老臣在场上充分享受夺冠那一刻的荣光。

慈世平常规赛数据

赛季	球队	篮板	抢断	得分
1999/2000	公牛	4.3	1.7	12.0
2000/2001	公牛	3.9	2.0	11.9
2001/2002	公牛	4.9	2.8	15.6
2001/2002	步行者	5.0	2.4	10.9
2002/2003	步行者	5.2	2.3	15.5
2003/2004	步行者	5.3	2.1	18.3
2004/2005	步行者	6.4	1.7	24.6
2005/2006	步行者	4.9	2.6	19.4
2005/2006	国王	5.2	2.0	16.9
2006/2007	国王	6.5	2.1	18.8
2007/2008	国王	5.8	2.3	20.5
2008/2009	火箭	5.2	1.5	17.1
2009/2010	湖人	4.3	1.4	11.0
2010/2011	湖人	3.3	1.5	8.5
2011/2012	湖人	3.4	1.1	7.7
2012/2013	湖人	5.0	1.6	12.4
2013/2014	尼克斯	2.0	0.8	4.8
2015/2016	湖人	2.5	0.6	5.0
2016/2017	湖人	0.8	0.4	2.3

"让我们倒在敌人的尸体上。"

——罗恩·阿泰斯特

2
♣

野兽

罗恩·阿泰斯特

RON
ARTEST

罗恩·阿泰斯特是联盟最出色的一对一防守专家，也是最让科比、麦迪、艾弗森等球星头疼的对手。他斗志旺盛，拥有极为出众的力量、速度、抢断能力以及一流的防守技术。

"心有猛虎，细嗅蔷薇"，总觉得慈世平（2011 年改名为慈善·世界·和平，简称"慈世平"）有着张飞绣花般的灵巧心思，也有"天杀星"李逵般不可控制的暴力因子，总之目睹过他"野兽出没日子"的球迷们，对于如今格林的评价也只有"不过如此"。今后缺少慈世平的岁月，似乎缺少了肆意飞扬的狂野和残暴，一切变的云淡风轻，一切也索然无味……

1979 年 2 月 13 日，阿泰斯特在纽约的皇后区出生。他们一家 10 口人挤在一个两居室里，生活过得拥挤不堪。曾是拳击手的父亲老阿泰斯特还有家庭暴力行为，最终导致婚姻破裂。阿泰斯特遭遇了一个悲惨的童年，不幸患上狂躁症，年仅 8 岁就需要接受心理治疗。医生的诊断方案是鼓励阿泰斯特去打篮球，转移注意力。阿泰斯特的篮球天赋一下子迸发了出来，彼时的纽约野球场上经常出现他的身影。

1997 年，阿泰斯特进入圣约翰大学，从此开始了"恶名远扬"的防守悍将之路。

大一赛季，阿泰斯特场均就得到 11.6 分和 6.3 个篮板，成为"大东赛区"的最佳新秀。接下来的大二赛季，阿泰斯特再进一步，场均得到 15 分、还送出 6 个篮板和 4 次助攻，一展 NCAA 全能小前锋的风采。

1999 年阿泰斯特宣布 NBA 选秀，芝加哥人公牛在首轮第 16 顺位将其拿下。

1999/2000 赛季，身为"菜鸟"的阿泰斯特场均得到 12 分、4.3 个篮板和 2.8 次助攻，还贡献 1.65 次抢断，成为公牛阵中一位全能型的防守悍将。

2001 年夏季训练营，阿泰斯特干了一票"冒犯神威"的大事件——那是一场热身赛，21 岁的阿泰斯特与 38 岁的乔丹单挑时被打爆，一怒之下犯规过于凶猛，撞断了"帮主"两根肋骨。当时乔丹正准备复出，这次意外受伤让他回到赛场的日子推迟了很久，一时间阿泰斯特成为天下球迷的"公敌"。

值得一提的是，当时乔丹被撞断肋骨时并未马上下场，而是强忍剧痛，坚持在下一回合投中制胜一球。这一壮举震撼了阿泰斯特，他也非常懊悔撞伤乔丹。

虽然阿泰斯特撞伤乔丹并非有意之举，但鉴于"帮主"在公牛无上的地位，芝加哥人还是决定将阿泰斯特送走。2002 年 2 月，阿泰斯特被公牛送往印第安纳步行者。

阿泰斯特很快就成为步行者的重要一员。2003/2004 赛季，他荣膺最佳防守球员，场均拿下（联盟第三）2.1 次抢断，每场将对手得分限制在 8.1 分之下。并交出场均 18.3 分、5.3 个篮板和 3.7 次助攻的出色数据，成功入选全明星。

2003/2004 赛季，步行者豪取 61 胜联盟最佳战绩，并在季后赛一路杀至东部决赛，可惜以 2 比 4 败给活塞。巅峰折戟底特律，为接下来的"奥本山群殴"埋下伏笔。

2004 年 11 月 19 日，步行者做客奥本山宫殿挑战活塞。比赛进入到最后的 45.9 秒，阿泰斯特和本·华莱士爆发冲突，因为不满判罚，阿泰斯特躺在技术台上冷静自己，被看台上的球迷泼洒啤酒（或饮料）。情绪失控的阿泰斯特随即冲上看台暴打了（他认为）那位扔啤酒的球迷。史蒂芬·杰克逊与小奥尼尔等步行者球员也加入战斗，双方陷入混战，这也酝酿成为 NBA 历史上规模最大的一次群殴，史称"奥本山宫殿事件"。

这次群殴触犯了 NBA 的底线，步行者的主力几乎都遭到联盟的禁赛处罚，阿泰斯特更是被禁赛 73 场，步行者因此一蹶不振。禁赛期间，阿泰斯特录制唱片、口无遮拦、要求转会，离奇事件层出不穷。2006 年 1 月 26 日，步行者忍无可忍，将他交易到萨克拉门托，阿泰斯特在国王却迎来了职业生涯的第一次巅峰。

浪子回头金不换，阿泰斯特收敛了心性，在场上的贡献也日趋稳定。在国王的三个赛季，他的得分一路从 16.9 分飙升到 20.5 分，成为攻防一体的外线悍将。

2008 年 7 月，阿泰斯特被火箭招募过来。2008/2009 赛季，阿泰斯特场均贡献 17.1 分、5.2 个篮板、3.3 次助攻和 1.52 次抢断。成为"姚麦"身边的得力干将。2009 年西部半决赛，火箭与湖人上演七番大战，阿泰斯特贴面硬怼科比的镜头给湖人留下深刻印象。

2009 年夏天，湖人以 5 年 3395 万美元的优厚合同将阿泰斯特招至麾下，辅佐科比。得到这位防守悍将的"紫金军团"如虎添翼，一路杀入总决赛，与凯尔特人再次相遇。

两年前总决赛湖人输给凯尔特人，两年后再次相逢，两队实力的天平悄然发生转变，因为湖人拥有阿泰斯特，一位能防住对方主将皮尔斯的球员。

湖人与凯尔特人鏖战七场，阿泰斯特为湖人筑起了钢铁防线的同时，在进攻端也有抢眼表现。他在"抢七大战"砍下20分并命中制胜三分球，为"紫金军团"成功卫冕立下赫赫战功。阿泰斯特也终于收获一枚自己的总冠军戒指。

2011/2012赛季开始前，阿泰斯特将名字改为（Metta World Peace）慈善·世界·和平，简称——"慈世平"。随着年龄的增长，他那凭借强壮身体的力量型打法，逐渐失去威力，随着技术统计的一路走低，"慈世平"在洛杉矶的岁月也似乎到了尽头。

2012年4月23日，湖人迎战雷霆，"慈世平"抡肘击中哈登的头部，导致后者倒地。虽然赛后知错的"慈世平"向哈登进行道歉，但"野兽"的凶狠还是让人心有余悸。

2013年7月12日，湖人一纸特赦，放逐了这位曾经帮助球队卫冕的功臣。

2013年夏天，"慈世平"和尼克斯签订了两年300万美元的合同，但因为膝盖等伤病原因，赛季只打了29场比赛，场均仅得4.8分，投篮命中率只有39.7%。2014年2月25日，尼克斯买断了他剩下的合同。

2014年8月5日，"慈世平"和CBA的四川男篮完成签约。来到中国后，他改名为"熊猫之友"（The Pandas Friend）。2014年12月8日，"慈世平"由于饱受膝伤困扰而选择休战，他的CBA之旅也正式告一段落。

2015年9月25日，"慈世平"与老东家湖人达成了一份1年的非保障合同，在曾经圆梦的地方，"慈世平"期待为自己充满争议的职业生涯画上一个圆满的句号。

2017年4月12日，斯台普斯中心，湖人本赛季的收官战。"慈世平"最后一次以湖人球员身份出场。登场24分钟，7投7中，砍下18分，还贡献4个篮板以及4次抢断，"慈世平"放弃了最后时刻出手得分的机会，静默着让时间走完。

而这是"慈世平"选择的独有告别方式。

他在球场上是个"疯子"，狂妄自大，事实上并非如此。只要和他做过队友，都会认为他是一位天性直率、重情重义的真汉子。

生涯高光闪回／频换球衣号码

高光之耀：阿泰斯特率性而为，为了心中所念，他在职业生涯七次更换球衣号码，这其中还不包括被联盟视作"行为艺术"而叫停的那几回。

进入NBA，阿泰斯特最初沿袭了大学时期的15号，之后为了致敬乔丹，改穿23号。一年后，又改穿91号，为的是致敬罗德曼。因为"奥本山宫殿斗殴"事件，阿泰斯特身披91号球衣打了9场比赛，便遭到禁赛。归来之后他又穿回15号球衣。

之后阿泰斯特在国王时号码换成93号，来到火箭后又改穿96号球衣。

阿泰斯特还打算致敬皮蓬而改穿33号，直接被联盟叫停。

来到湖人，阿泰斯特最初选择37号，以此来纪念迈克尔·杰克逊的《战栗》专辑连续37周排名音乐榜榜首。在第二年，阿泰斯特又穿回最初的15号球衣。

只有真懂球的人才将霍福德奉
为至宝，这就是他被称为"球
盲鉴定器"的原因。

●档案
艾尔·霍福德 / Al Horford
出生地：多米尼加普拉塔港
出生日期：1986 年 6 月 3 日
身高：2.06 米 / 体重：111 公斤
效力球队：老鹰、凯尔特人、76 人、雷霆
球衣号码：42、15
场上位置：中锋

●荣耀
5 届全明星：2010 年、2011 年、2015 年、2016
年、2018 年
最佳新秀阵容一阵：2007/2008 赛季
1 届最佳防守阵容二阵：2017/2018 赛季

●常规赛场均 13.7 分、8.2 个篮板、1.2 个盖帽
●季后赛场均 13.3 分、8.3 个篮板、1.2 个盖帽

艾尔·霍福德常规赛数据

赛季	球队	篮板	盖帽	得分
2007/2008	老鹰	9.7	0.9	10.1
2008/2009	老鹰	9.3	1.4	11.5
2009/2010	老鹰	9.9	1.1	14.2
2010/2011	老鹰	9.4	1.0	15.3
2011/2012	老鹰	7.0	1.3	12.4
2012/2013	老鹰	10.2	1.1	17.4
2013/2014	老鹰	8.4	1.5	18.6
2014/2015	老鹰	7.1	1.3	15.2
2015/2016	老鹰	7.3	1.5	15.2
2016/2017	凯尔特人	6.8	1.3	14.0
2017/2018	凯尔特人	7.3	1.1	12.9
2018/2019	凯尔特人	6.8	1.3	13.6
2019/2020	76 人	6.8	0.9	11.9
2020/2021	雷霆	6.7	0.9	14.2
2021/2022	凯尔特人	7.7	1.3	10.2

球盲鉴定器

艾尔·霍福德

AI HORFORD

相貌英俊、目光坚毅，霍福德是多米尼加最成功的 NBA 球员，也是在 NBA 季后赛经历失败最多的球员之一。

扎实、沉稳、谦虚，是霍福德的标签，他没有老友诺阿的张扬，靠着稳扎稳打的务实与强硬，收获了长久而辉煌的职业生涯。

他从不是最有天赋的那一位，却是让所有天赋队友最爱的那一位，因为有霍福德在身边，队友们都会感到无比踏实。

1986 年 6 月 3 日，艾尔·霍福德出生在多米尼加共和国普拉塔港的一个体育世家，他的父亲蒂托·霍福德是颇有名气的职业篮球运动员，曾经参加过 NBA 选秀，并在第二轮 14 顺位被密尔沃基雄鹿选中，成为多米尼加共和国的第一位 NBA 球员。

蒂托·霍福德只在雄鹿和子弹留下 3 年的短暂履历，场均仅交出 1.5 分、1.3 个篮板的微薄成绩单。老霍福德为了延续自己的篮球职业生涯，还曾辗转法国、意大利和巴西等联赛，虽然成绩平平，却为儿子树立了一个为了理想全力拼搏的好榜样。

霍福德就读密歇根州的大莱奇高中时，接受了正统的美式篮球教育。高四那年，霍福德场均砍下 21 分、13 个篮板、5 次助攻，并被评为 2004 年全美四星高中生(满分为五星)。如此优异的表现，引来众多 NCAA 豪门的橄榄枝，霍福德最终选择了佛罗里达大学。

从 2005 到 2007 年，霍福德与诺阿组成佛罗里达大学短吻鳄队的无敌内线组合，在多诺万教练的带领下，连续两年问鼎 NCAA 冠军，完成两连冠的壮举。

带着两连冠的荣耀，霍福德参加 2007 年 NBA 选秀，并在首轮第 3 顺位被亚特兰大老鹰选中。2007/2008 赛季，作为新科"探花"，霍福德场均砍下 10.1 分、9.7 个篮板，展现出稳健的中投和出色的内线防守能力。老鹰时隔 9 年重返季后赛，并与当年的总冠军凯尔特人鏖战七场，虽然落败，但作为"菜鸟"的霍福德对位加内特毫不怯场，七场比赛他场均得到 12.6 分、10.4 个篮板、3.6 次助攻。

凭借新秀赛季的出色表现，霍福德确立自己在老鹰阵中内线核心位置。当时那支老鹰名将如云，有乔·约翰逊、约什·史密斯、麦克·毕比、贾马尔·克劳福德，而霍福德以其朴实无华的球风体现着自己的价值，他总是默默地稳健防守和高效得分。

2009/2010 赛季，霍福德场均砍下 14.2 分、9.9 个篮板和 2.3 次助攻，并入选了全明星。2010 年休赛期，老鹰同霍福德签下 5 年 6000 万美元的续约合同。

此后三年，除了因伤缺席比赛之外，霍福德的发挥都稳如磐石。老鹰也连续杀进季后赛。2013/2014 赛季，霍福德在投篮命中率创下 56.7% 的新高之后，在 2013 年老鹰与凯尔特人的"圣诞大战"中遭遇胸肌撕裂，不得不进行手术，导致赛季结束。

2014/2015 赛季，老鹰在布登霍尔泽教练的执教下展翅腾飞，常规赛斩获刷新队史最佳成绩的 60 胜。霍福德、科沃尔、米尔萨普、杰夫·蒂格同时入选全明星。老鹰在季后赛力斩篮网、击退奇才，一路闯入东部决赛，却惨遭詹姆斯的骑士横扫。

2015/2016 赛季，霍福德生涯首次打满 82 场常规赛，老鹰再一次杀入季后赛，再一次被骑士横扫。2016 年 7 月，霍福德与凯尔特人签下 4 年 1.1 亿美元的合同，自此他离开了效力 9 年的亚特兰大老鹰，正式开启全新的波士顿生涯。

霍福德经过 9 年的 NBA 磨砺，奠定了务实与强硬的风格，与"绿衫军"的气质颇为吻合。他也成为这支"青年军"的内线支柱，并为之提供坚韧的力量与成熟的经验。

在史蒂文斯教练麾下，霍福德保持着稳定的输出，小托马斯打出巅峰的状态。2016/2017 赛季，来到凯尔特人的首个赛季，霍福德便帮助球队打入东部决赛，可惜被骑士以 4 比 1 轻松击败。詹姆斯又一次阻挡住霍福德的前进之路，

2017/2018 赛季，新科"探花"塔图姆加入凯尔特人，加上欧文的到来，凯尔特人实力大增。"绿衫军"再一次杀入东部决赛，又一次遭遇骑士。不幸的是，他们这次遇到的是"灭霸詹"。七场鏖战之后，年轻的"绿衫军"饮恨出局，霍福德职业生涯第三次在东部决赛被骑士击败、铩羽而归，詹姆斯成为他无法逾越的"梦魇"。

2018/2019 赛季，詹姆斯西游加盟湖人，结束了长达 10 年的东部统治。凯尔特人似乎也看到曙光，霍福德赛季场均得到 13.6 分、6.7 个篮板、4.2 次助攻，依然是凯尔特人攻城拔寨的基本盘。但此时"字母哥"阿德托昆博率领雄鹿崛起，在半决赛挡住了"绿衫军"前进的脚步。2019 年夏天，霍福德在续约谈判中与凯尔特人产生分歧，最终他选择跳出最后一年 3012 万美元的球员选项，与 76 人签下 4 年 1.09 亿美元的新合同。

事实证明，霍福德离开波士顿是个错误的决定。2020 年季后赛首轮，76 人被老东家凯尔特人横扫出局，霍福德场均只有 7 分、7.3 个篮板，赛季结束后他就被交易到了雷霆。

2021 年，短暂流浪两年的霍福德又回到波士顿，彼时凯尔特人以"双探花"为首的年轻人已日渐成熟。2.06 米的霍福德出任首发内线，既保持了小球时代"无限换防"所需要的机动性，还用一手精准三分拉开进攻空间，同时也成为最后一道防线，在攻防两端贡献巨大，因此，"绿衫军"的 2021/2022 赛季防守效率成为全联盟第一。

2022 年季后赛，凯尔特人在首轮横扫杜兰特与欧文领衔的篮网，震惊联盟。

东部半决赛，凯尔特人经过"抢七大战"，淘汰上届冠军——雄鹿，在此轮系列赛中，"字母哥"在霍福德的防守下，命中率仅为 31%，后者也成为了名副其实的"反字母装甲"。而即将 36 岁的霍福德在第四战砍下季后赛新高的 30 分，并上演了势大力沉的隔扣"字母哥"，可谓宝刀不老，老夫聊发少年狂!

东部决赛，又是经过一番荡气回肠的七场大战，凯尔特人艰难淘汰热火，时隔 12 年重返总决赛，而这也是霍福德职业生涯的首次总决赛之旅。

总决赛面对强大的勇士，凯尔特人在第一战先发制人，在大通中心客场 120 比 108 大胜对手，霍福德 12 投 9 中，三分球 8 投 6 中，砍下 26 分，其中 6 记三分球也创造了总决赛球员首秀三分球命中数的纪录。虽然最终凯尔特人以 2 比 4 不敌勇士，在距离总冠军咫尺之遥轰然倒下，但霍福德以强劲的表现赢得世人的尊重，足以昂首离开。

我们不会忘记在 2022 年夏天，霍福德拍打地面肆意怒吼，这位老实人用最极端的表现一舒心中的郁结。作为著名的"失败者"，这一次经过两轮抢七，踏着"尸山血海"，终于来总决赛的舞台。霍福德甚至投出比库里还高的三分球命中率，他在总决赛中累积三分球 24 投 15 中，命中率高达 62.5%，创造总决赛的纪录。在最后一场中打出了 19 分、14 个篮板的出色表现，但依然无法扭转凯尔特人失利的颓势。

NBA 中从不缺少失败者，霍福德就是其中一个。不过，从 2022 年夏天之后，霍福德的这个失败者前面，要加上"伟大"两个字。

生涯高光闪回 / 老夫聊发少年狂

高光之耀：霍福德在季后赛屡次倒下，却又屡次爬起，带着必胜的信念，以及破碎以后重塑的勇气，在实战中迸发出巨大的力量，引领着年轻的凯尔特人艰难前行。

2022 年 5 月 10 日，东部决赛第四场，老将霍福德彻底爆发，全场 14 投 11 中，三分球 7 投 5 中，砍下个人季后赛新高的 30 分，外加 8 个篮板、3 次助攻。其中在第四节，霍福德 6 投全中，独砍 16 分，并用一记隔着"字母哥"的暴扣，吹响凯尔特人反攻的号角。

在这位 2007 年老"探花"的感召下，2017 年的"探花"塔图姆也找回手感，第四节 6 投 5 中砍下 12 分，与霍福德联手率领凯尔特人在第四节拿下 43 分（创今年季后赛末节得分纪录），一举逆转击败雄鹿。

NBA总冠军&MVP名录

历届总冠军

年份	总冠军	决赛战绩
1947	费城勇士	4比1战胜芝加哥牡鹿
1948	巴尔的摩子弹	4比2战胜费城勇士
1949	明尼阿波利斯湖人	4比2战胜华盛顿国会
1950	明尼阿波利斯湖人	4比2战胜塞拉库斯民族
1951	罗切斯特皇家	4比3战胜纽约尼克斯
1952	明尼阿波利斯湖人	4比3战胜纽约尼克斯
1953	明尼阿波利斯湖人	4比1战胜纽约尼克斯
1954	明尼阿波利斯湖人	4比3战胜塞拉库斯民族
1955	塞拉库斯民族	4比3战胜福特韦恩活塞
1956	费城勇士	4比1战胜福特韦恩活塞
1957	波士顿凯尔特人	4比3战胜圣路易斯老鹰
1958	圣路易斯老鹰	4比2战胜波士顿凯尔特人
1959	波士顿凯尔特人	4比0战胜明尼阿波利斯湖人
1960	波士顿凯尔特人	4比3战胜圣路易斯老鹰
1961	波士顿凯尔特人	4比1战胜圣路易斯老鹰
1962	波士顿凯尔特人	4比3战胜洛杉矶湖人
1963	波士顿凯尔特人	4比2战胜洛杉矶湖人
1964	波士顿凯尔特人	4比1战胜旧金山勇士
1965	波士顿凯尔特人	4比1战胜洛杉矶湖人
1966	波士顿凯尔特人	4比3战胜洛杉矶湖人
1967	费城76人	4比2战胜旧金山勇士
1968	波士顿凯尔特人	4比2战胜洛杉矶湖人
1969	波士顿凯尔特人	4比3战胜洛杉矶湖人
1970	纽约尼克斯	4比3战胜洛杉矶湖人
1971	密尔沃基雄鹿	4比0战胜巴尔的摩子弹
1972	洛杉矶湖人	4比1战胜纽约尼克斯
1973	纽约尼克斯	4比1战胜洛杉矶湖人
1974	波士顿凯尔特人	4比3战胜密尔沃基雄鹿
1975	金州勇士	4比0战胜华盛顿子弹
1976	波士顿凯尔特人	4比2战胜菲尼克斯太阳
1977	波特兰开拓者	4比2战胜费城76人
1978	华盛顿子弹	4比3战胜西雅图超音速
1979	西雅图超音速	4比1战胜华盛顿子弹
1980	洛杉矶湖人	4比2战胜费城76人
1981	波士顿凯尔特人	4比2战胜休斯敦火箭
1982	洛杉矶湖人	4比2战胜费城76人
1983	费城76人	4比0战胜洛杉矶湖人
1984	波士顿凯尔特人	4比3战胜洛杉矶湖人
1985	洛杉矶湖人	4比2战胜波士顿凯尔特人
1986	波士顿凯尔特人	4比2战胜休斯敦火箭
1987	洛杉矶湖人	4比2战胜波士顿凯尔特人
1988	洛杉矶湖人	4比3战胜底特律活塞
1989	底特律活塞	4比0战胜洛杉矶湖人
1990	底特律活塞	4比1战胜波特兰开拓者
1991	芝加哥公牛	4比1战胜洛杉矶湖人
1992	芝加哥公牛	4比2战胜波特兰开拓者
1993	芝加哥公牛	4比2战胜菲尼克斯太阳
1994	休斯敦火箭	4比3战胜纽约尼克斯
1995	休斯敦火箭	4比0战胜奥兰多魔术
1996	芝加哥公牛	4比2战胜西雅图超音速
1997	芝加哥公牛	4比2战胜犹他爵士
1998	芝加哥公牛	4比2战胜犹他爵士
1999	圣安东尼奥马刺	4比1战胜纽约尼克斯
2000	洛杉矶湖人	4比2战胜印第安纳步行者
2001	洛杉矶湖人	4比1战胜费城76人
2002	洛杉矶湖人	4比0战胜新泽西网
2003	圣安东尼奥马刺	4比2战胜新泽西网
2004	底特律活塞	4比1战胜洛杉矶湖人
2005	圣安东尼奥马刺	4比3战胜底特律活塞
2006	迈阿密热火	4比2战胜达拉斯小牛
2007	圣安东尼奥马刺	4比0战胜克利夫兰骑士
2008	波士顿凯尔特人	4比2战胜洛杉矶湖人
2009	洛杉矶湖人	4比1战胜奥兰多魔术
2010	洛杉矶湖人	4比3战胜波士顿凯尔特人
2011	达拉斯小牛	4比2战胜迈阿密热火
2012	迈阿密热火	4比1战胜俄克拉荷马城雷霆
2013	迈阿密热火	4比3战胜圣安东尼奥马刺
2014	圣安东尼奥马刺	4比1战胜迈阿密热火
2015	金州勇士	4比2战胜克利夫兰骑士
2016	克利夫兰骑士	4比3战胜金州勇士
2017	金州勇士	4比1战胜克利夫兰骑士
2018	金州勇士	4比0战胜克利夫兰骑士
2019	多伦多猛龙	4比2战胜金州勇士
2020	洛杉矶湖人	4比2战胜迈阿密热火
2021	密尔沃基雄鹿	4比2战胜菲尼克斯太阳
2022	金州勇士	4比2战胜波士顿凯尔特人

历届常规赛 MVP

赛季	球员姓名	所属球队
1955/1956	鲍勃·佩蒂特	圣路易斯鹰
1956/1957	鲍勃·库西	波士顿凯尔特人
1957/1958	比尔·拉塞尔	波士顿凯尔特人
1958/1959	鲍勃·佩蒂特	圣路易斯鹰
1959/1960	威尔特·张伯伦	费城武士
1960/1961	比尔·拉塞尔	波士顿凯尔特人
1961/1962	比尔·拉塞尔	波士顿凯尔特人
1962/1963	比尔·拉塞尔	波士顿凯尔特人
1963/1964	奥斯卡·罗伯逊	辛辛那提皇家
1964/1965	比尔·拉塞尔	波士顿凯尔特人
1965/1966	威尔特·张伯伦	费城76人
1966/1967	威尔特·张伯伦	费城76人
1967/1968	威尔特·张伯伦	费城76人
1968/1969	维斯·昂塞尔德	巴尔的摩子弹
1969/1970	威利斯·里德	纽约尼克斯
1970/1971	卡里姆·贾巴尔	密尔沃基雄鹿
1971/1972	卡里姆·贾巴尔	密尔沃基雄鹿
1972/1973	戴夫·考恩斯	波士顿凯尔特人
1973/1974	卡里姆·贾巴尔	密尔沃基雄鹿
1974/1975	鲍勃·麦卡杜	布法罗勇敢者
1975/1976	卡里姆·贾巴尔	洛杉矶湖人
1976/1977	卡里姆·贾巴尔	洛杉矶湖人
1977/1978	比尔·沃顿	波特兰开拓者
1978/1979	摩西·马龙	休斯敦火箭
1979/1980	卡里姆·贾巴尔	洛杉矶湖人
1980/1981	朱利叶斯·欧文	费城76人
1981/1982	摩西·马龙	休斯敦火箭
1982/1983	摩西·马龙	费城76人
1983/1984	拉里·伯德	波士顿凯尔特人
1984/1985	拉里·伯德	波士顿凯尔特人
1985/1986	拉里·伯德	波士顿凯尔特人
1986/1987	埃尔文·约翰逊	洛杉矶湖人
1987/1988	迈克尔·乔丹	芝加哥公牛
1988/1989	埃尔文·约翰逊	洛杉矶湖人
1989/1990	埃尔文·约翰逊	洛杉矶湖人
1990/1991	迈克尔·乔丹	芝加哥公牛
1991/1992	迈克尔·乔丹	芝加哥公牛
1992/1993	查尔斯·巴克利	菲尼克斯太阳
1993/1994	哈基姆·奥拉朱旺	休斯敦火箭
1994/1995	大卫·罗宾逊	圣安东尼奥马刺
1995/1996	迈克尔·乔丹	芝加哥公牛
1996/1997	卡尔·马龙	犹他爵士
1997/1998	迈克尔·乔丹	芝加哥公牛
1998/1999	卡尔·马龙	犹他爵士
1999/2000	沙奎尔·奥尼尔	洛杉矶湖人
2000/2001	阿伦·艾弗森	费城76人
2001/2002	蒂姆·邓肯	圣安东尼奥马刺
2002/2003	蒂姆·邓肯	圣安东尼奥马刺
2003/2004	凯文·加内特	明尼苏达森林狼
2004/2005	史蒂夫·纳什	菲尼克斯太阳
2005/2006	史蒂夫·纳什	菲尼克斯太阳
2006/2007	德克·诺维茨基	达拉斯小牛
2007/2008	科比·布莱恩特	洛杉矶湖人
2008/2009	勒布朗·詹姆斯	克利夫兰骑士
2009/2010	勒布朗·詹姆斯	克利夫兰骑士
2010/2011	德里克·罗斯	芝加哥公牛
2011/2012	勒布朗·詹姆斯	迈阿密热火
2012/2013	勒布朗·詹姆斯	迈阿密热火
2013/2014	凯文·杜兰特	俄克拉荷马雷霆
2014/2015	斯蒂芬·库里	金州勇士
2015/2016	斯蒂芬·库里	金州勇士
2016/2017	拉塞尔·威斯布鲁克	俄克拉荷马雷霆
2017/2018	詹姆斯·哈登	休斯敦火箭
2018/2019	扬尼斯·阿德托昆博	密尔沃基雄鹿
2019/2020	扬尼斯·阿德托昆博	密尔沃基雄鹿
2020/2021	尼古拉·约基奇	丹佛掘金
2021/2022	尼古拉·约基奇	丹佛掘金

历届总决赛 MVP

年份	球员姓名	所属球队
1969	杰里·韦斯特	洛杉矶湖人
1970	威利斯·里德	纽约尼克斯
1971	卡里姆·贾巴尔	密尔沃基雄鹿
1972	威尔特·张伯伦	洛杉矶湖人
1973	威利斯·里德	纽约尼克斯
1974	约翰·哈维奇克	波士顿凯尔特人
1975	里克·巴里	金州勇士
1976	优优·怀特	波士顿凯尔特人
1977	比尔·沃顿	波特兰开拓者
1978	韦斯·昂赛德	华盛顿子弹
1979	丹尼斯·约翰逊	西雅图超音速
1980	埃尔文·约翰逊	洛杉矶湖人
1981	塞德里克·麦克斯维尔	波士顿凯尔特人
1982	埃尔文·约翰逊	洛杉矶湖人
1983	摩西·马龙	费城76人
1984	拉里·伯德	波士顿凯尔特人
1985	卡里姆·贾巴尔	洛杉矶湖人
1986	拉里·伯德	波士顿凯尔特人
1987	埃尔文·约翰逊	洛杉矶湖人
1988	詹姆斯·沃西	洛杉矶湖人
1989	乔·杜马斯	底特律活塞
1990	伊塞亚·托马斯	底特律活塞
1991	迈克尔·乔丹	芝加哥公牛
1992	迈克尔·乔丹	芝加哥公牛
1993	迈克尔·乔丹	芝加哥公牛
1994	哈基姆·奥拉朱旺	休斯敦火箭
1995	哈基姆·奥拉朱旺	休斯敦火箭
1996	迈克尔·乔丹	芝加哥公牛
1997	迈克尔·乔丹	芝加哥公牛

年份	球员姓名	球队
1998	迈克尔·乔丹	芝加哥公牛
1999	蒂姆·邓肯	圣安东尼奥马刺
2000	沙奎尔·奥尼尔	洛杉矶湖人
2001	沙奎尔·奥尼尔	洛杉矶湖人
2002	沙奎尔·奥尼尔	洛杉矶湖人
2003	蒂姆·邓肯	圣安东尼奥马刺
2004	昌西·比卢普斯	底特律活塞
2005	蒂姆·邓肯	圣安东尼奥马刺
2006	德文·韦德	迈阿密热火
2007	托尼·帕克	圣安东尼奥马刺
2008	保罗·皮尔斯	波士顿凯尔特人
2009	科比·布莱恩特	洛杉矶湖人
2010	科比·布莱恩特	洛杉矶湖人
2011	德克·诺维茨基	达拉斯小牛
2012	勒布朗·詹姆斯	迈阿密热火
2013	勒布朗·詹姆斯	迈阿密热火
2014	科怀·莱昂纳德	圣安东尼奥马刺
2015	安德烈·伊戈达拉	金州勇士
2016	勒布朗·詹姆斯	克利夫兰骑士
2017	凯文·杜兰特	金州勇士
2018	凯文·杜兰特	金州勇士
2019	科怀·莱昂纳德	多伦多猛龙
2020	勒布朗·詹姆斯	洛杉矶湖人
2021	扬尼斯·阿德托昆博	密尔沃基雄鹿
2022	斯蒂芬·库里	金州勇士

◇◇◇◇◇◇◇◇◇◇◇◇◇◇◇◇◇◇◇◇◇◇◇◇

历届全明星赛 MVP

年份	球员姓名	举办城市
1951	爱德华·麦考利	波士顿
1952	保罗·阿里金	波士顿
1953	乔治·麦肯	韦恩堡
1954	鲍勃·库西	纽约
1955	比尔·沙曼	纽约
1956	鲍勃·佩蒂特	罗彻斯特
1957	鲍勃·库西	波士顿
1958	鲍勃·佩蒂特	圣路易
1959	埃尔金·贝勒	
	鲍勃·佩蒂特	底特律
1960	威尔特·张伯伦	费城
1961	奥斯卡·罗伯特森	雪城
1962	鲍勃·佩蒂特	圣路易
1963	比尔·拉塞尔	洛杉矶
1964	奥斯卡·罗伯特森	波士顿
1965	杰里·卢卡斯	圣路易
1966	阿德里安·史密斯	辛辛那提
1967	里克·巴里	旧金山
1968	哈尔·格里尔	纽约
1969	奥斯卡·罗伯特森	巴尔的摩
1970	威利斯·瑞德	费城
1971	兰尼·威尔肯斯	圣地亚哥
1972	杰里·韦斯特	洛杉矶
1973	大卫·考恩斯	芝加哥
1974	鲍勃·兰尼尔	西雅图
1975	沃特·弗瑞泽尔	凤凰城
1976	戴夫·宾	费城
1977	朱利叶斯·欧文	密尔沃基
1978	兰迪·史密斯	亚特兰大
1979	大卫·汤普森	底特律
1980	乔治·葛温	华盛顿
1981	内特·阿奇博尔德	克利夫兰
1982	拉里·伯德	新泽西
1983	朱利叶斯·欧文	洛杉矶
1984	伊塞亚·托马斯	丹佛
1985	拉夫·桑普森	印第安纳波利斯
1986	伊塞亚·托马斯	达拉斯
1987	汤姆·钱伯斯	西雅图
1988	迈克尔·乔丹	芝加哥
1989	卡尔·马龙	休斯敦
1990	埃尔文·约翰逊	迈阿密
1991	查尔斯·巴克利	夏洛特
1992	埃尔文·约翰逊	奥兰多
1993	卡尔·马龙	
	约翰·斯托克顿	犹他
1994	斯科蒂·皮蓬	明尼阿波利斯
1995	米奇·里奇蒙德	菲尼克斯
1996	迈克尔·乔丹	圣安东尼奥
1997	格伦·莱斯	克利夫兰
1998	迈克尔·乔丹	纽约
2000	蒂姆·邓肯	
	沙奎因·奥尼尔	旧金山
2001	阿伦·艾弗森	华盛顿
2002	科比·布莱恩特	费城
2003	凯文·加内特	亚特兰大
2004	沙奎因·奥尼尔	洛杉矶
2005	阿伦·艾弗森	丹佛
2006	勒布朗·詹姆斯	休斯敦
2007	科比·布莱恩特	拉斯维加斯
2008	勒布朗·詹姆斯	新奥尔良
2009	科比·布莱恩特	
	沙奎因·奥尼尔	菲尼克斯
2010	德怀恩·韦德	达拉斯
2011	科比·布莱恩特	洛杉矶
2012	凯文·杜兰特	奥兰多
2013	克里斯·保罗	休斯敦
2014	凯里·欧文	新奥尔良
2015	拉塞尔·威斯布鲁克	纽约
2016	拉塞尔·威斯布鲁克	多伦多
2017	安东尼·戴维斯	新奥尔良
2018	勒布朗·詹姆斯	洛杉矶
2019	凯文·杜兰特	夏洛特
2020	科怀·伦纳德	芝加哥
2021	扬尼斯·阿德托昆博	亚特兰大
2022	斯蒂芬·库里	克利夫兰